AF813158

Itziar Molina Sangüesa

Letras, números e incógnitas: estudio de las voces aritmético-algebraicas del Renacimiento

Lingüística Iberoamericana
Vol. 66

directores:

Mario Barra Jover, Université Paris VIII
Ignacio Bosque Muñoz, Universidad Complutense de Madrid,
Real Academia Española
Antonio Briz Gómez, Universitat de València
Guiomar Ciapuscio, Universidad de Buenos Aires
Concepción Company Company, Universidad Nacional Autónoma de México
Steven Dworkin, University of Michigan, Ann Arbor
Rolf Eberenz, Université de Lausanne
María Teresa Fuentes Morán, Universidad de Salamanca
Daniel Jacob, Albert-Ludwigs-Universität, Freiburg im Breisgau
Johannes Kabatek, Universität Zürich
Eugenio R. Luján Martínez, Universidad Complutense de Madrid
Ralph Penny, University of London

Itziar Molina Sangüesa

Letras, números e incógnitas: estudio de las voces aritmético-algebraicas del Renacimiento

Iberoamericana · Vervuert · 2017

Estas investigaciones se han podido llevar a cabo gracias a la ayuda predoctoral FPU, concedida en 2011 por el Ministerio de Educación, Cultura y Deporte (Ref.: AP2010-3663). Asimismo, la publicación de esta obra ha sido posible gracias a la ayuda económica recibida del proyecto I+D+i: "El *Diccionario de la Ciencia y de la Técnica del Renacimiento* (DICTER): implantación definitiva en la Red" (FFI2013-41386-P), financiado por la Dirección General de Investigación del Ministerio de Economía y Competitividad.

Cualquier forma de reproducción, distribución, comunicación pública o transformación de esta obra solo puede ser realizada con la autorización de sus titulares, salvo excepción prevista por la ley. Diríjase a CEDRO (Centro Español de Derechos Reprográficos) si necesita fotocopiar o escanear algún fragmento de esta obra (www.conlicencia.com; 91 702 19 70 / 93 272 04 47).

Reservados todos los derechos

© Iberoamericana, 2017
Amor de Dios, 1 - E-28014 Madrid
Tel.: +34 91 429 35 22
Fax: +34 91 429 53 97
info@iberoamericanalibros.com
www.iberoamericana-vervuert.es

© Vervuert, 2017
Elisabethenstr. 3-9 - D-60594 Frankfurt am Main
Tel.: +49 69 597 46 17
Fax: +49 69 597 87 43
info@iberoamericanalibros.com
www.iberoamericana-vervuert.es

ISBN 978-84-16922-20-8 (Iberoamericana)
ISBN 978-3-95487-595-5 (Vervuert)
ISBN 978-3-95487-596-2 (e-book)

Depósito Legal: M-12662-2017

Diseño de la cubierta: Carlos Zamora
Impreso en España

Este libro está impreso íntegramente en papel ecológico blanqueado sin cloro

A mi familia

CONTENIDO

PRESENTACIÓN

> Las matemáticas es el lenguaje más adecuado para idealizar la complejidad de la naturaleza y reducirla a una sencillez comprensible (Bell: 65).

> El habla de hoy es hija y nieta del habla de ayer y de una serie de ayeres y de anteayeres que se alejan en el pasado; y que la comprensión perfecta de lo que hoy es vivo precisa, no exclusivamente, pero sí también, de la luz que puede darnos el conocimiento de lo que era vivo ayer (Seco: 115).

En el ocaso de la Edad Media, un fuerte movimiento de renovación y transformación en los órdenes social, económico y cultural culminará, entrado el siglo XVI, en el despegue de la ciencia y de la técnica modernas y el asentamiento de las bases científicas en Europa.

No obstante, esta nueva realidad del estado moderno no hubiera sido posible sin el triunfo del espíritu de cálculo (Maravall 1972: 68), que, extendido a todos los ámbitos socioculturales, produjo un auténtico proceso de aritmetización de la realidad e inspiró una nueva configuración del saber, alejada del *trivium* y *quadrivium* medievales. En efecto, las aplicaciones del saber matemático a las necesidades sociales en sus dos dimensiones principales, aritmética y geometría, son los pilares fundamentales sobre los que se asienta el desarrollo, así como gran parte de las eminentes innovaciones científico-técnicas, de la época estudiada.

Entre todas las aplicaciones prácticas de estas ciencias exactas, la que mayor importancia tuvo en la España del siglo XVI fue el cálculo mercantil. En consecuencia, a lo largo de la centuria quinientista, se publicaron en español numerosas obras consagradas a las cuentas, vinculadas preferentemente a la preparación cultural del mercader y a la utilización de la cultura matemática como vía burguesa de ascenso y cambio social.

Desde un punto de vista lingüístico, la utilización por vez primera del vernáculo castellano como vehículo de divulgación de estos contenidos en competencia con la lengua latina trajo consigo un hecho revolucionario: la democratización del cálculo (impulsado por el triunfo de los algoristas y la incorporación del 0 al sistema numérico de origen indoarábigo, frente al ineficaz sistema del ábaco), que supuso el abandono del secretismo de los contadores medievales, convirtiéndose, así, la aritmética en una ciencia eminentemente práctica al servicio de tratadistas, comerciantes, banqueros, computistas, etc. Asimismo, en el seno de estos textos de aritmética comercial nace la difusión del álgebra en la Península Ibérica; disciplina que alcanzará a finales de esta centuria, aunque al otro lado de los Pirineos, un desarrollo espectacular.

Así pues, estas obras encierran un gran valor, tanto histórico como lexicológico, a lo que se sumaba, en palabras de Mancho Duque, «el hecho de ser prácticamente desconocidas, dado el marco científico y técnico en que se insertan, tradicionalmente relegado por los historiadores de la lengua española» (2004c: 1231).

En definitiva, la ausencia de investigaciones léxicas sobre el tecnolecto matemático del Renacimiento hispano en su vertiente aritmético-algebraica, relevante por lo que respecta a la historia de la lengua y a la propia historia de la ciencia, nos llevó a considerarlo un objeto de estudio apropiado para la confección de una tesis doctoral[1], de cuyo análisis léxico (volumen I)[2] emana este libro que presentamos, con el que pretendemos lograr un mejor y más adecuado conocimiento del léxico de la aritmética y el álgebra del Siglo de Oro, así como de la metodología científica en la que ambas disciplinas se enmarcan, y contribuir, en la medida de nuestras modestas posibilidades, a cubrir una de las lagunas de la lexicología histórica.

***

[1] *Las matemáticas en el Renacimiento hispano: estudio léxico y glosario* (2015, Universidad de Salamanca), cuya realización ha sido posible gracias a la ayuda predoctoral de Formación de Profesorado Universitario (FPU), concedida en 2011 por el Ministerio de Educación, Cultura y Deporte.

[2] Confeccionado a partir de la explotación de los datos etimológicos, morfológicos y semánticos registrados en el inventario lexicográfico realizado (de acuerdo con las directrices y metodología avalada por un consolidado grupo de investigaciones lexicológicas y lexicográficas de la Universidad de Salamanca, reconocido como grupo de investigación de excelencia —«GR. 56. Grupo interuniversitario para el estudio de la Historia de la Lengua Española (GIEHLE)»— por la Junta de Castilla y León) en la citada investigación doctoral: *Glosario de aritmética y álgebra del Renacimiento hispano* (volumen II). Actualmente, este glosario especializado está publicado e integrado entre las voces que conforman el *Diccionario de la Ciencia y de la Técnica del Renacimiento* (DICTER: <http://dicterusal.es>), proyecto que, desde hace más de una década, lleva a cabo, bajo la dirección de la Dra. Dña. Mª Jesús Mancho Duque, este reconocido equipo de investigadores.

Este libro no hubiera visto la luz sin la ayuda y guía de la Dra. Dña. María Jesús Mancho Duque, quien hace unos años me invitó a redescubrir las matemáticas desde una óptica filológica diacrónica a través del estudio de las voces integradas en los textos tecnocientíficos del Renacimiento hispano. Mil gracias por tus consejos, correcciones, aclaraciones, sugerencias y pautas a lo largo de mi trayectoria académica en general, así como por el entusiasmo y confianza depositada en este trabajo en particular.

Debo agradecer, igualmente, la ayuda que me han brindado en este trascurso de (re)descubrimiento diversos historiadores de las matemáticas y de la ciencia y la técnica. *Moltes gràcies* a la Dra. Dña. María Rosa Massa, a Dña. Fàtima Romero, al Dr. D. Antoni Vidal y al Dr. D. Carles Puig (del Centre de Recerca per a la Història de la Tècnica «Francesc Santponç i Roca» de de la Universitat Politècnica de Catalunya, Barcelona); al Dr. D. Rafael Mandressi y la Dra. Dña. Antonella Romano (del Centre Alexandre Koyré, París), *merci beaucoup*.

Asimismo, quiero manifestar mi gratitud a los miembros del tribunal —presidido por el Dr. D. José Antonio Pascual y constituido por él mismo junto con la Dra. Dña. Nieves Sánchez y la Dra. Dña. Antonella Romano— que juzgaron y evaluaron la tesis doctoral de la que, en buena parte, deriva el estudio que en las siguientes páginas puede leerse, por sus sugerencias, puntualizaciones e ideas de mejora, fundamentales para la publicación de esta obra.

Infinitas gracias a mi familia y a todas aquellas personas que, de una u otra forma, me han acompañado y alentado en este camino.

Itziar Molina Sangüesa
Salamanca, febrero de 2017

PRÓLOGO

María Jesús Mancho Duque

Las investigaciones lingüísticas transversales, a pesar de la evidente dificultad que entrañan, no dejan de sorprender por la fecundidad de trabajos que suscitan y la variedad de aproximaciones metodológicas que sugieren. Estas encrucijadas del conocimiento, frecuentemente desatendidas por la tradición, ejercen una irresistible atracción entre investigadores jóvenes y entusiastas.

Al poco tiempo de emprender —no sin cierto riesgo— el proyecto del *Diccionario de la ciencia y de la técnica del Renacimiento* (DICTER), concebido como una empresa colectiva y formadora de futuros investigadores —actualmente accesible desde la red (http://dicter.usal.es/)—, pude darme cuenta de que las áreas de geometría y matemáticas eran cruciales, pues, como advierte lúcida y sistemáticamente Juan de Herrera —en contextos recogidos por Itziar Molina Sangüesa—, están en la base de muchas disciplinas aplicadas de este período. En consecuencia, no es difícil constatar que el léxico matemático se esparce por todos los textos —es decir, los setenta y cuatro— del corpus sobre el que se levanta el DICTER.

No obstante, se erigía una dificultad: el terror reverencial que provocan las ciencias exactas en las mentes de los investigadores de «letras», mucho más cuando es preceptivo internarse en los meandros de los procesos evolutivos de la historia de las mismas, algunos ni siquiera bien conocidos por los propios especialistas.

El léxico de la geometría fue el primero en ser asediado mediante una excelente tesis realizada por un joven becario, que mereció el Premio Extraordinario de la Facultad de Filología del año 2009. Ahora bien, la disciplina geométrica, por tratar de cuestiones espaciales, es menos abstracta que las matemáticas, resulta más «visual» y, por ello, más comprensible. Mientras aguardaba a la persona idónea a quien ofrecer el arduo encargo de enfrentarse al léxico correspondiente a los inicios de la aritmética en castellano y al de los complejos titubeos de los albores del álgebra quinientista, realicé personalmente algunas calas, a manera de incursiones exploratorias, en el campo. Estas prospecciones filológicas fueron determinantes para comprobar la extraordinaria riqueza de los textos y el enorme interés que encerraba la lexicología del registro matemático, tanto para los historiadores de la ciencia como para los estudiosos de la historia del léxico especializado del español y filólogos en general.

Y, por fin, se presentó la ocasión de plantearle el reto a Itziar Molina Sangüesa, becaria de investigación FPU. Previamente, la sometí a la prueba de analizar los numerales con un Trabajo Fin de Máster, que desempeñó una función inicial e iniciática. El estudio, titulado *De la* «cantidad» *al* «número»*: estudio léxico de los paradigmas numerales en el Renacimiento hispano*, recibió impecablemente la máxima puntuación y puso en evidencia el profundo rigor con que aplicaba un método entendido y asimilado inteligentemente, la estricta sistematicidad que desplegaba en el análisis de los paradigmas y la exhaustividad que perseguía afanosamente en la búsqueda de casos y ejemplos. El resto ya fue una coherente consecuencia de tan excelentes comienzos, que cristalizó en una tesis de rango internacional, que mereció la máxima calificación y a la que se otorgó el Premio Extraordinario de la Facultad de Filología de la promoción 2014-2015.

El libro que ahora se ofrece al lector es el resultado de la reelaboración de la primera parte de la tesis. La segunda estaba conformada por un glosario —de más de 2000 fichas lexicográficas— que se ha volcado íntegramente en el DICTER. Las voces y acepciones se reconocen y pueden encontrarse por las marcas *Álg.*, *Arit.*, *Mat.* y *Fil.*, respectivamente.

La seriedad de las propuestas sobre las que está construido este trabajo queda de manifiesto en la estructuración de la materia en dos grandes bloques. El primero supone una inmersión en el marco histórico donde surge y se desarrolla esta ciencia en castellano en nuestro país. La autora se desenvuelve con gran solidez, como consecuencia de la consulta de numerosa bibliografía especializada, recopilada en la tercera parte de sus referencias («Estudios lingüísticos e históricos»). El genuino entusiasmo con que aborda estas cuestiones se plasma en la sucesión de enunciados como «necesidad de las matemáticas», «utilidad de las matemáticas» o «aplicaciones de las matemáticas», donde se desgrana la serie de profesionales que necesitan de esta disciplina como imprescindible herramienta, a los que se podría añadir, en este año en que se conmemora el centenario de la publicación de la segunda parte de la magna obra cervantina, a los caballeros andantes, tal y como afirmaba don Quijote, asumiendo presupuestos repetidos hasta la saciedad en su época:

> Es una ciencia [la caballería] —replicó don Quijote— que encierra en sí todas o las más ciencias del mundo, a causa que *el que la profesa* [...] ha de ser médico, y principalmente herbolario, para conocer en mitad de los despoblados y desiertos las yerbas que tienen virtud de sanar las heridas [...]; ha de ser astrólogo, para conocer por las estrellas cuántas horas son pasadas y en qué parte y en qué clima del mundo se halla; *ha de saber las matemáticas, porque a cada paso se le ofrecerá tener necesidad de ellas* [...]. Porque vea vuesa merced, señor don Lorenzo, si es ciencia mocosa lo que

aprende el caballero que la estudia y la profesa y si se puede igualar a las más estiradas que en los ginasios y escuelas se enseñan (*Don Quijote*, 2ª Parte, XVIII).

A partir de los planteamientos teóricos, la autora recala en la organización y planificación de su estudio en las instituciones en el suelo hispano, con la obligada mención de la Academia Real Mathemática, y en el enfoque de los planteamientos de las matemáticas, teóricas o prácticas, según la perspectiva hermenéutica y social que se adoptara previamente.

Seguidamente, presenta una panorámica de la historia de esta ciencia y de su desarrollo desde sus orígenes hasta el Renacimiento. La experiencia obtenida de sus estancias en centros de investigación especializados en historia de las matemáticas, de reconocido prestigio y nivel de excelencia, explican la claridad de su exposición en materias tan complejas como las del álgebra en estos comienzos de su andadura científica.

Esta primera parte se completa con una presentación sintética de los principales matemáticos en España en esta centuria, figuras tanto nacionales —Ortega, Pérez de Moya— como extranjeras —Aurel, Núñez Salaciense— que, afincadas en territorio español, exponen sus obras en castellano.

El segundo de los bloques es ya netamente lingüístico y se centra en el estudio del léxico especializado, que se aborda desde varios flancos. El origen o procedencia de las voces se afronta mediante un riguroso análisis etimológico que deja en evidencia, sobre la base latina patrimonial que nutre el vocabulario principal de las operaciones y reglas básicas, el eminente entronque culto —latino y griego, a través del latín— de una parte primordial de estos términos, como consecuencia de las profundas raíces universitarias del cultivo de esta disciplina desde el período medieval. En este apartado se hace una clasificación de los latinismos según el momento de su integración en la corriente de nuestra lengua, haciendo especial hincapié en los introducidos en el Siglo de Oro, contrastando la información recabada desde el corpus del DICTER con los datos suministrados por el DECH y los extraídos de los *corpora* académicos, para poder ofrecer un elenco de neologismos matemáticos de esta época. Se destaca, además, la no demasiado intensa aportación árabe, concentrada especialmente en el léxico del *álgebra* o *almucábola*, la presencia de algún italianismo semántico como la *Regla de la cosa* —es decir, de la «incógnita»—, junto al testimonio de ciertos germanismos, catalanismos y galicismos.

A continuación, se analiza exhaustivamente la estructura morfológica de los términos a través de los principales mecanismos creativos procedentes de la derivación y de la composición, junto a los esquemas esenciales de la parasíntesis. Los prefijos, no muy abundantes, revelan una ascendencia latina, y entre ellos sobresalen los cuantificadores. En cuanto a los sufijos, los morfemas más productivos y numerosos se presentan clasificados: nominales, adjetivales —generadores, a su vez, de series nominales—, verbales y adverbiales, con el resultado de un claro predominio de la categoría nominal.

Por lo que respecta al segundo de los procedimientos morfológicos, la composición, predominan los compuestos léxicos como resultado de la combinación de determinados paradigmas numerales, que la autora organiza con sistemático y pormenorizado rigor. En lo que se refiere a la composición sintagmática, de enorme rentabilidad y generadora de numerosos neologismos matemáticos, se presentan los principales grupos según los esquemas de mayor rendimiento: sustantivo más sustantivo, precedido o no de preposición, sustantivo más adjetivo, adjetivo más sustantivo, etc. Destacan los compuestos de número, que ascienden, según cómputo de la autora, a más de cuarenta tipos.

Finaliza este apartado con una presentación de voces surgidas a partir de mecanismos regresivos o por acortamiento. Interesa este último aspecto, ya que el álgebra quinientista es todavía sincopada, es decir: no ha alcanzado aún la etapa simbólica, por lo que, para la designación de las raíces y de las potencias de la incógnita, proliferan las abreviaturas que los matemáticos hispanos introducen siguiendo la tradición italiana instaurada por Pacioli, frente a la corriente alemana preferida, por ejemplo, por Marco Aurel.

El siguiente capítulo ofrece una sugestiva selección de mecanismos semánticos que intervienen en la creación del léxico matemático, a partir de los trasvases del léxico general al especializado en este ámbito, con una interesante relación entre letras y números que testimonia la proximidad original de ambos conjuntos. Pero también se presentan los cambios producidos en términos que pasan de un lenguaje especializado a otro, como a la geometría o a la cantería; así como las dinámicas que se producen en otros desplazamientos o en los préstamos semánticos de diferentes lenguas. Especial interés revisten los procedimientos metafóricos, muy rentables, donde predominan los antropomórficos, sin que falte la personificación de ciertos elementos matemáticos, las metáforas «biológicas», las de orientación espacial —en sus varias dimensiones—, las geométricas —con sus disposiciones y esquemas— o las de la vida cotidiana —con sorprendentes gráficos ilustrativos, como, para ciertas operaciones, los métodos del ajedrez, de la escalera, de la pirámide, de la galera, etc.—. Interesan también los recursos metonímicos, así como otros más específicos entre los que aparece la eponimia, originadora de los términos *guarismo* y *algoritmo*, por seleccionar alguno de los casos más conocidos.

En una apretada y muy útil síntesis final, la autora recapitula los principales aspectos de su estudio y resalta las principales conclusiones que se derivan del mismo.

Gracias a esta monografía, consecuencia del trabajo metódico y refinado de Itziar Molina Sangüesa, disponemos los lectores de hoy de unas ideas mucho más exactas, valga la redundancia, acerca de la configuración del léxico matemático en los momentos de su divulgación en castellano en el Siglo de Oro, del ambiente cultural en que floreció esta rama del saber y de los principales representantes que la cultivaron y que se vieron obligados a crear y recrear una terminología adecuada a su objeto en una época clave para su posterior evolución.

I.
LAS MATEMÁTICAS EN EL RENACIMIENTO HISPANO

1. Marco histórico-cultural

El siglo XVI en España puede considerarse como una época de despegue de la ciencia y de la técnica modernas. No obstante, este hecho no hubiera sido posible sin las matemáticas, disciplina que abarca diferentes ramas del conocimiento. El saber matemático se concibe como «un tipo de saber, que, de alguna manera, se encuentra en la base de todos los otros» (Flórez 2001: 41), un saber clave, por tanto, en la modernidad.

En efecto, se ha defendido la idea de que estas ciencias exactas se erigen como motor de la renovación y del desarrollo científico-técnico del Renacimiento, aspectos que intentaremos demostrar en el siguiente apartado, en el que detallamos, por un lado, la necesidad y utilidad de este saber en la centuria quinientista hispana y, por otro, las aplicaciones de las matemáticas a otras ramas científico-técnicas que o bien emergen o bien experimentan una notable evolución, ligada a una gran repercusión social y cultural, en la época estudiada.

1.1. La necesidad y utilidad de las matemáticas

De acuerdo con Esteban Piñeiro y Vicente Maroto, consideramos que para conocer el «estado» de una determinada rama científica en un momento histórico dado

> no basta analizar sus manifestaciones y realizaciones concretas y específicas; es preciso, además, estudiar su relación con la comunidad o grupo social que le sirve de soporte. En este sentido, resulta imprescindible precisar el grado de aceptación con que la citada materia o disciplina es acogida y cultivada, lo cual está en íntima relación con la idea sobre su utilidad y necesidad (596).

En este sentido, los matemáticos españoles del XVI, como el jienense Pérez de Moya, aseveran en sus tratados que la aritmética debe ser conocida por todo aquel que se considere un hombre racional: «las quatro reglas generales de Arithmética, conviene saber: summar, restar, multiplicar, partir por números enteros, *cosa muy necessaria para el servicio de la vida humana y digna de ser sabida de todo hombre que desseare ser puesto en el número de los que sienten d'esta razón*» (1562: X)[1].

Igualmente, esta premisa es compartida por el maestro Alejo Venegas en el prólogo dirigido al «benévolo y pío lector» de su *Aritmética práctica y speculativa*, en el que explica:

> el presente libro trata de *cuenta, que en latín se dize ratio, pues d'ella se llama el hombre animal racional, que es animal que solo entre los animales sabe de cuenta*. Fuera de razón sería querer persuadir al hombre racional que quiera entender la cuenta, por quien él tiene nombre distincto de todos los animales, porque no es razón que digamos que usa de cuenta el que no tiene cuenta con otro; y no la tendrá con otro el que no la tiene consigo; y no la tendrá consigo el que de qualquier estado y condición que sea no quisiere aprimar y polir por arte lo que naturalmente dessea saber, que es tener cuenta y razón de todas las cosas que a la memoria le vienen. *La virtud de la cuenta es tan innumerable, que solo Dios es el que la puede acabar de contar; teniendo sus ciertos límites todas las otras sciencias, sola ésta, de la qual el hombre se dize racional, no tiene fin* (1562: XII-XIII).

Esta ciencia es, por tanto, según palabras del censor, «natural a todos los hombres», en tanto que son animales racionales. Así, el saber de cuentas y, en definitiva, de la ciencia —aritmética— de la que estas emergen, es, además de necesario y útil, consustancial a su propia naturaleza.

Por otra parte, en el noveno y último libro[2] de la aritmética más difundida de la centuria, Pérez de Moya inserta un diálogo didáctico en el que, además de entretener al lector con amenidades matemáticas y juegos de ingenio de larga tradición[3], se exalta y defiende el valor y la dignidad de esta disciplina, la cual, en palabras de Sofronio, es «entre todas las artes liberales, una de las más excellentes y necessarias» (1562: 686).

---

[1] La cursiva de los ejemplos citados a lo largo de este estudio es nuestra.

[2] En cuyo título, *Razonamiento en forma de diálogo, el argumento del qual es introduzir dos estudiantes: el uno que dize no aver necessidad de Arithmética y tiene por opinión que no ay ninguno que no sepa contar teniendo dineros; el otro alaba el Arithmética y defiende lo contrario. En la plática d'estos dos, se tocan y tratan algunos avisos agradables y necessarios* (1562: 684), expone el bachiller el motivo de la discusión —la necesidad o utilidad de las matemáticas— y prepara el escenario en el que actuarán sus personajes —dos principales: Sofronio y Antímaco, y dos secundarios: Damon y Lucilio— (véase Molina Sangüesa 2016a).

[3] En términos de Rodríguez Vidal, «constituye la primera colección de Matemática recreativa, o de amenidades matemáticas, que se publica en castellano» (14).

De manera análoga, varios autores, tanto matemáticos como representantes de otras áreas científico-técnicas, ensalzan en los prólogos de esta literatura del XVI las excelencias que caracterizan a las ciencias exactas:

> Que *la sciencia mathemática, entre todas las Artes liberales*, muy Magnífico Señor, *sea la más clara y la más cierta y necessaria es cosa evidente*, pues sola ella (y principalmente lo que en ella se trata) es la que con más claras y abundosas demonstraciones se demuestra (Aurel: f. IIr).
>
> *Mathemáticas* [...] *manifiestan el méthodo verdadero y orden de saber*, disponiendo el entendimiento para que, levantados sobre las cosas materiales y sensibles, suban a la contemplación de las sobrenaturales y intelligibles (Herrera: f. 4v).
>
> *Entre todas las sciencias humanas, las que más ennoblecen y illustran los hombres*, y entre otros a los príncipes y personas preeminentes, *son las Mathemáticas*, las quales, con su variedad, no solamente deleytan el entendimiento, pero aun entretienen los sentidos. ¿Qué cosa más gustosa para el entendimiento[4] humano que una linda demostración mathemática? (Roiz: s/p).

Por otro lado, la necesidad o la utilidad de las matemáticas en aspectos cotidianos de la sociedad de la época, como evitar los —al parecer, bastante frecuentes— fraudes económicos, se convierte en la causa o justificación de la composición de multitud de aritméticas prácticas o mercantiles (véase § 2.2), como la de Juan de Ortega, redactadas en vernáculo —pues, expone el dominico, «el bien tanto es bien en quanto es comunicable» (f. 1v)— y dirigidas a una extensa franja social. Así lo certifica en el prólogo el matemático palentino, donde puede leerse:

> Yo, movido con el zelo que Dios es testigo y *porque no pasasen tantos fraudes como pasan por el mundo acerca de las cuentas*, pues que yo recebí este don de Dios, determiné con todas mis fuerças de trabajar, de *atajar este camino errado, por donde Dios tanto se ofende, como es con los fraudes hechos a los que poco saben* (s/p).

Esta concepción se reitera en los textos matemáticos del Quinientos hispano y reaparece en el diálogo que cierra la obra del bachiller Pérez de Moya, en el que el protagonista defensor de la aritmética, Sofronio, concluye un magistral parlamento en defensa y apología de esta ciencia, mediante la afirmación de su utilidad para evitar los fraudes o los engaños producidos «por los tratantes de ruin consciencia» a los que carecen de los preceptos de este arte, y establece un símil en el que la

---

[4] «Por esta época las matemáticas experimentan una valoración creciente, que se basa, de entrada, en la propia idiosincrasia de esta ciencia, cuyo estudio estimula la inteligencia y desarrolla otra clase de destrezas entre quienes la cultivan, a la vez que promueve y potencia el placer intelectual» (Mancho Duque 2005a: 23).

aritmética, por ser como un cartabón, dice, es una «herramienta con que se mide la verdad y la mentira» (1562: 688).

1.2. Las aplicaciones matemáticas

A partir de la segunda mitad del siglo xvi es perceptible en el ámbito europeo un claro impulso de la ciencia y de la técnica modernas, auspiciado, en buena medida, por el desarrollo de las matemáticas —especialmente la geometría[5]— aplicadas a numerosas disciplinas que requieren de esta ciencia como elemento auxiliar. Idea que recalca el matemático alemán Marco Aurel en el prólogo de su *Libro primero de Arithmética algebrática* (1552), al afirmar que no es posible «intentar de alcançar qualesquier otras disciplinas sin el conoscimiento d'ésta, pues veemos que de sola ésta todas las otras toman su luz y resplandor» (s/p).

Por consiguiente, tal y como se testimonia en los siguientes extractos, plateros, arquitectos, astrólogos y demás expertos tecnocientíficos requerían de un conocimiento interdisciplinar, caracterizado por una sólida formación de base matemática:

> Al *platero* le conviene la Aritmética para la redución de los quilates del oro y plata, y para quadrar los números y valores de las piedras preciosas, para saber el valor que terná la grande en comparación de la chica y, al contrario, como lo enseñamos en nuestro *Quilatador*, y el peso y costa que terná qualquier pieça, según su traça y forma (Arphe y Villafañe 1585: prólogo).

> En la primera parte trata cómo se reduzirán todos los paños y telas anchas en otros paños o telas más angostas, *aprovechándome para este efeto de muchas reglas del Arithmética para hazer estas reduciones ciertas y verdaderas* (Alcega: prólogo).

Una muestra detallada y profusa a este respecto aparece en la introducción general que Pérez de Moya dirige al lector de su *Manual de Contadores* (1589: ff. 1r-4v), en

[5] Esteban Piñeiro pone de manifiesto que, en el siglo xvi, «el mantenimiento del imperio en Europa y la colonización de las Indias, tanto Occidentales como Orientales, exigía enfrentarse a innumerables dificultades en los campos de la náutica —desde la construcción de navíos hasta la confección de las cartas marítimas—, de la ingeniería civil —desde la erección de todo tipo de edificios y aún de ciudades enteras hasta la desecación de lagunas—, de la ingeniería militar —desde el levantamiento y diseño de fortines y bastiones hasta la elaboración de mapas topográficos— o de la artillería, desde el cálculo del movimiento de los proyectiles hasta la fundición de cañones. La gran mayoría de estos problemas se planteaban en un lenguaje puramente geométrico [...]. En consecuencia, tan solo podían encargarse de ellos personas con una amplia formación matemática» (1993: 239). Brendecke apunta que el proceso de expansión y la colonia marcaron la génesis de la cultura del conocimiento empírico moderno en Europa.

la que incide sobre el carácter instrumental que poseen las diferentes ramas de las matemáticas (a saber, aritmética y geometría) para las aplicaciones de otras ciencias, así como técnicas, artes u oficios de la época, desgranadas en las siguientes líneas:

> Los *plateros*, para las aleaciones de oro y plata, lean el libro quarto, plana 283, capítulo 13.
> Los *lapidarios*, o *tratantes de perlas o piedras preciosas*, lean el libro 4, plana 296, capítulo 14.
> El *soldado*, para hazer esquadrones y para otras cosas de su arte, lea la demanda quarta del capítulo 50, plana 560 del de Arismética; [...].
> Los *labradores* lean el libro 10, folio 738, artículo 24 y 42; [...].
> *El que quisiere saber cosas del tiempo*, lea el libro décimo de Arismética, plana 719, capítulo 38, desde el artículo primero hasta el artículo 20.
> *El que quisiere saber el cómputo para sacar la celebración de las fiestas movibles* lea el libro décimo, folio 719, desde el artículo 20 del capítulo 38 hasta el artículo 41 [...].
> Los *albañires* lean el libro 3 de Geometría, folio 186, capítulo 18 hasta el capítulo 24; y el libro 4, folio 200, capítulos 2, 4, 6, 7, 8, 9, etc., hasta el capítulo 30, y en la plana 247, capítulo 34.
> Los *reloxeros* y los que quisieren saber la hora de día o de noche, y hazer reloxes con agua o arena, lean el tratado de Astronomía, libro 3, folio 203.
> Los *marineros* o *pilotos* lean el primero libro de Astronomía, plana 7, capítulo 1, artículos 22, 23, 31; y en el capítulo 22, folio 54, [...].
> *Los aficionados a la Astronomía* lean el primero libro d'este título, plana 28, capítulos 5, 6, 8, 9, hasta el capítulo 26 arreo; y en el 3 libro de Arismética, plana 226, capítulo 27; [...].
> El *legista*, para entender algunas leyes que suelen remitir a contadores, por consistir en cosas de cuenta, como lo son las *haeredibus instituendis, et de liberis et posthumis*, y otras, lea el libro 4 de Arismética, plana 302, artículo primero; y la plana 305, artículo 5, y la plana 308, artículo 7.

1.2.1. Academia Real Mathemática

La carencia en España de técnicos y científicos desencadenó que, desde los inicios de la segunda mitad del siglo XVI, se planteara la conveniencia de establecer en la Corte real una institución dedicada a la formación científico-técnica[6] que permi-

[6] Complementaria a otros ámbitos de difusión de este saber matemático, puesto que, según critica Herrera, «aunque en las Universidades y Estudios d'estos reynos ay instituydas y dotadas cáthedras de Mathemáticas, no ay muchos que las professen, antes tan pocos que apenas, ni en las Universidades ni fuera d'ellas, se halla quien con fundamento de principios sepa ni pueda discernir lo falso de lo cierto en estas sciencias, ni differenciar los professores verdaderos

tiera a la monarquía española satisfacer las necesidades técnicas demandadas por la defensa de su imperio (cf. Cañizares, Portuondo) y requeridas para el desarrollo de sus dominios (cf. Esteban Piñeiro y Vicente Maroto 1991, Pardo). Así, gracias a la labor e iniciativa del arquitecto de El Escorial, Juan de Herrera (1530-1597), aposentador mayor del rey Felipe II, se fundó la Academia Real Mathemática de Madrid, de la que fue también su primer director en 1582.

Como reconoce López Piñero, en esta iniciativa pesó, en primer término, la preocupación existente en la España de fin del siglo XVI por fomentar la enseñanza de las matemáticas, con vistas a aplicaciones de carácter pragmático. Esas aplicaciones tenían vertientes tan dispares como el cálculo mercantil, la astrología, el arte de navegar y la fundamentación de la cosmografía o el uso para problemas concretos del arte militar y la técnica de la construcción, cuyo interés era «que se promoviera en todas las ciudades la organización de cursos de matemáticas por el aprovechamiento de los oficios públicos que resultaran de la misma ciencia» (1979: 104) y paliar, así, la urgente necesidad de especialistas:

> Ha sido Su Magestad servido que en su Corte aya una lectión pública de Mathemáticas, trayendo para ello personas eminentes que las lean y enseñen pública y graciosamente a todos los que las quisieren oýr, y con esto, por medio de su liberalidad y magnificencia real, *sus súbditos se habiliten y ennoblezcan en estas facultades, y en sus reynos aya, sin esperarlos de otros, arithméticos theóricos y prácticos que, con fundamento de sciencia y verdad demonstrada, puedan determinar las dubdas y qüestiones escondidas que le offrecen en todas las sciencias y artes, no se hallando ninguna que dexe de aver menester algo de la Arithmética, qual más o qual menos*; y para que aya *geómetras* diestros en el medir todo género de superficies, cuerpos, campos y tierras; *astrónomos* intelligentes y fundados en la Astronomía y sciencia del curso y movimiento de los cielos; *músicos* expertos en la theórica, sin la qual es impossible que sepan dar razón demonstrativa de las consonancias musicales; *cosmógraphos* scientíficos para situar las tierras y descrivir las provincias y regiones; *pilotos* diestros y cursados que naveguen la mar y sepan guiar con seguridad las grandes flotas y poderosas armadas, que d'estos reynos para todo el mundo salen y navegan; *architectos* y *fortificadores* fundados y curiosos que, con fábricas magníficas y edificios públicos y particulares, ennoblezcan las ciudades y las fortifiquen y defendan, assegurándolas del ímpetu de los enemigos; *ingenieros* y *machinistas* entendidos en la arte de los pesos, fundamento para hazer y entender todo género de máchinas de que la vida política y económica se sirve; *artilleros* y maestros de instrumentos y aparatos béllicos y fuegos artificiales, para las baterías y otros usos y necessidades de las guerras (Herrera: ff. 1v-2v).

y fundados en ellas de los que, sin serlo, se toman nombre y título de facultades y artes que no entienden» (ff. 1r-1v).

Sus objetivos, así como el contenido de las lecturas y la relación de textos recomendados, «se redactaron y recogieron en 1583 por el propio Juan de Herrera en un escrito que pretendió que fueran los Estatutos de la Academia» (Piñeiro 2002-2003: 10), que este publicó a finales de 1584 con el título de *Institución de la Academia Real Mathemática*, en el que se detallan los libros y textos que debieran leerse en función de los objetivos de los alumnos:

> Porque, aviéndose de leer en la Corte la Cáthedra de Mathemáticas que Vuestra Magestad ha mandado instituyr para ennoblecimiento d'ella y bien universal, sepan los que quisieren aprovecharse el fin que en ello se tiene y lo que para conseguirle se ha de hazer, *he puesto en este quaderno* brevemente el intento de Vuestra Magestad en mandarlo, *los libros y autores que se han de leer en la Academia y lo que se ha de presuponer para la aprovación de los que en algo de lo que se leyere quisieren ser examinados y aprovados* (s/p).

Todos estos libros presentan un denominador común: una base matemática, dado que, en palabras de su fundador, las disciplinas matemáticas «*abren la entrada y puerta a todas las demás sciencias por su gran certitud y mucha evidencia*, donde tomaron el nombre de Mathemáticas o disciplinas, que todo es uno» (f. 4v). Es decir, Herrera defiende el papel de las matemáticas como fundamento general del saber científico, tal y como reconocen varios intelectuales de la centuria:

> Entre las virtudes, tanto es alguna mayor, quanto con las otras más se comunica, por lo qual la virtud de la justicia es más perfecta entre las otras virtudes, porque más comunica y participa con todas. Pues assí, entre las artes, el Arte de la Navegación es más excelente que las otras, pues no solo comunica con ellas, *mas incluye en sí las más principales, es a saber: Arithmética, Geometría, Astrología. Éstas tienen excelencia entre las Mathemáticas por la demostración veríssima que de sus conclusiones hazen* (Medina 1545: s/p).
>
> Mal se pueden conquistar ni ganar reynos no descubiertos; mal se pueden saber sitiar las ciudades sabidas, vistas y andadas sin Mathemática; *mal se puede saber ordenar un exército sin Aristhmética*, y, finalmente, mal se pudiera aver sacado la brújola, dimensión y orden del artillería sin ellas (García de Palacio 1583: ff. 38v-39r).

El arte de navegar fue una de las disciplinas a las que más atención prestó esta institución[7]; por consiguiente, la actividad de la Academia se centró eminentemente en los problemas de náutica o navegación, así como en las técnicas

[7] «Hacia fines del siglo XV, el descubrimiento de América (1492) tuvo para las matemáticas una importancia que nadie podía haber predicho. La necesidad de la navegación de precisión en alta mar, y la determinación de la posición en el mar mediante tablas basadas en astronomía dinámica, etc.» (Bell: 120).

militares y de guerra[8] o en la técnica de la construcción (cf. López Piñero, Navarro y Portela: 7-8).

En contraste con la enseñanza universitaria, por voluntad real, dispone Herrera en la *Institucion* (1584) el hecho fundamental de que todas las enseñanzas «se lean en nuestra lengua castellana, para que tanto bien sea a todos más fácilmente aprehendido y comunicado» y no en latín, de forma que se sorteaba el obstáculo que para los no universitarios suponía el desconocimiento de la lengua de Roma. Asimismo, se efectuaron numerosas traducciones al vulgar castellano de textos científicos que eran empleados para la formación de cosmógrafos, ingenieros y demás especialistas en dicha institución (cf. Mancho y Sánchez). Estas lecciones, admite López Piñero, tenían a menudo «carácter práctico, para lo que se contaba con abundantes instrumentos» (1979: 106).

La Academia cayó en decadencia medio siglo después, en 1624, y fue entonces absorbida por los Estudios reales de San Isidro o Colegio de Jesuitas (Rey Pastor: 143)[9].

2. La aritmética renacentista

La actividad en torno a la aritmética se desarrolló en la sociedad española de la época del Renacimiento en dos vertientes claramente diferenciadas: una teórica o especulativa —cultivada en las universidades, en el seno de la cultura académica de tradición bajomedieval— y otra práctica, esta última aplicada al cálculo mercantil —demandada por la incipiente burguesía y por el capitalismo económico—. Esta dicotomía dio lugar a una evolución divergente de la ciencia de los números en el Siglo de Oro, dado que de la misma emergen dos géneros totalmente autónomos y con objetivos distintos.

---

[8] Arguyen Esteban Piñeiro y Salavert Fabiani que «el desarrollo de la matemática en España durante los siglos XV y XVI tuvo como vertientes principales a la aritmética aplicada al cálculo mercantil y a la geometría, en particular relacionada con el arte de la navegación y las técnicas de guerra» (231). Véase también Sánchez Martín (2009).

[9] Otro lugar de encuentro para las ciencias matemáticas y la enseñanza de las mismas en el Renacimiento fue el de la Compañía de Jesús, en particular, el Colegio Romano. Un estudio detallado de la labor de estos teólogos en la didáctica de las ciencias exactas puede leerse en el estudio de Antonella Romano (1999): «Premier ordre né de la Contre-Reforme, la Compagnie de Jésus est engagée dès son origine dans une activité éducative qui privilégie l'enseignement. Le processus d'élaboration d'un programme des études se d´ploie sur la seconde moitié du XVIe siècle, à l'heure où la crise de l'aristotélisme contribue à designer cette période comme une phase essentielle d'une réflexion sur la définition, le statut et le rôle des mathématiques dans leur doublé rapport à la théologie et à la *philosophia naturalis*» (1999: 2).

2.1. Aritmética teórica: un saber elitista de las universidades

Por un lado, nos encontramos ante una aritmética «académica o universitaria, dedicada al estudio de las propiedades de los números enteros y relaciones entre magnitudes, que tenía un carácter propedéutico en disciplinas anejas, como la música, la filosofía, etc.» (Salavert Fabiani 1994: 52). En el mundo universitario, las matemáticas, en general, y la aritmética en particular, se entendían como instrumentos para facilitar el razonamiento filosófico[10]; en ellas era notable la falta de ejercicios prácticos y ejemplos, mientras que abundaban las definiciones y comentarios de tipo escolástico. Asimismo, lo numérico devenía en una numerología de marcado carácter pitagórico, muy influida por antiguos autores griegos y latinos como Nicómaco o Boecio. En este contexto las matemáticas eran uno de los «saberes teóricos cristalizado[s] como discurso científico a través de una larga tradición» (López Piñero 1979: 41), sin innovaciones ni evolución alguna, pues continuaban la doctrina de los autores del siglo v.

El enfoque de esta vertiente teórica era culto y elitista, reducido a una minoría escasa y selecta que pudiera tener acceso a los claustros universitarios, en los que las doctrinas, como era habitual, se enseñaban en latín. Entre los representantes más ilustres dedicados a la difusión y desarrollo de la aritmética teórica sobresalen los matemáticos Gaspar Lax (1487-1560), Juan Martínez Guijarro (1477-1557) —más conocido por su nombre latinizado: Silíceo— y Pedro Sánchez Ciruelo (1470-1548)[11]. La mayoría, una vez formados en Salamanca, imparten sus lecciones y obtienen insignes cátedras en la Sorbona de París, alzándose como representantes de unas matemáticas estancadas, en comparación con las desarrolladas en Italia y Alemania a lo largo del siglo xvi, dado que «el saber teórico que se autoproduce en las universidades, cuando no participa de las necesidades sociales de la época (lo cual pasa en la mayoría de ocasiones), se transforma en estéril y permanece como un hecho marginal, que poco a poco se consume sin ninguna consecuencia» (Paradis: 138).

---

[10] Destaca Malet que la reflexión o especulación de la matemática en esta vertiente teórica «solo se justificaba como un instrumento para el discurso filosófico, pero no como ocurrirá en el siglo xvii, para matematizar la descripción de la naturaleza o los métodos de la filosofía natural»; estas obras «tienen la estructura de comentario sobre el texto de una autoridad [...]. Las matemáticas juegan un papel marcadamente propedéutico y auxiliar en la universidad antes del 1500, y parece que son solo de interés secundario para estos autores» (2000: 215).

[11] Las obras publicadas por Pedro Sánchez Ciruelo aparecen recopiladas en López Piñero *et al.* (1981: 121-129), así como las de Gaspar Lax (138-139) y las redactadas por Juan Martínez de Silíceo (181-182). Prácticamente la totalidad de estos textos matemáticos teóricos fueron publicados en París.

2.2. Aritmética práctica: un saber aplicado a las necesidades sociales

Por otro lado, la aritmética práctica, «concebida como útil herramienta de cálculo para la resolución de los problemas de la aritmética comercial» (Salavert Fabiani 1994: 52), se erige como la disciplina que vertebra el despegue del llamado capitalismo comercial. De acuerdo con José Antonio Maravall, «el dinamismo económico, en el siglo xv, y no menos en el xvi, permite, como hasta entonces no se podía imaginar, la adquisición de riquezas nuevas, lo que trae consigo una movilidad social que se manifiesta sobre todo en esa esfera intermedia, en ese "estado llano" o de gente ciudadana, en el que se encuentran mercaderes, burócratas, letrados, etc.» (1972: 128). Es decir, el denominado *animus lucrandi* o afán de riqueza de la clase burguesa se convierte en el impulso general o primer síntoma del Renacimiento como época de iniciación del capitalismo (cf. Maravall 1984: 22, Swetz 1987).

En los últimos siglos del otoño medieval, se constata la conciencia de vivir una nueva época, caracterizada por un fuerte movimiento de renovación impulsado por amplios grupos de personas cultas de las sociedades europeas —primero en Italia, y, algo más tarde, en otros países, como España o Francia—. Según Maravall, «el cálculo mercantil y la contabilidad que practica el burgués en sus negocios nos dan la estampa de la nueva actitud, la cual se encuentra difundida por todas partes» (1984: 69), pues, el espíritu del cálculo es una manifestación del Renacimiento que «acaba proyectándose sobre todos los aspectos de la cultura e inspirando un nuevo y admirable desarrollo de la ciencia y de la filosofía» (1972: 170).

En efecto, entre todas las aplicaciones prácticas de las matemáticas, la que mayor importancia tuvo en la España del siglo xvi fue el cálculo mercantil. A lo largo de esta centuria se publican numerosas obras consagradas a las cuentas, vinculadas preferentemente a la preparación cultural del mercader (Docampo 2004) y a la utilización de la cultura matemática como vía burguesa de ascenso y cambio social[12].

---

[12] «Estos comerciantes o mercaderes poseen y se sirven de conocimientos que no son, sin duda, los de la cultura distinguida de eclesiásticos y letrados, pero [...] han tenido una participación, mayor quizá que la de los segundos, en el desarrollo de una mentalidad que ha llevado a la economía, a la administración, al Estado, etc., hacia sus formas modernas» (Maravall 1972: 161). «Los mercaderes, haciendo de estos una nueva clase social que adquiría en el seno de las ciudades mercantiles una preponderancia cada vez superior en los asuntos de la administración de las ciudades [...]. Todos estos personajes cultivan la ciencia y la técnica en consonancia con las necesidades sociales de la época, son en cierta forma causa y consecuencia de un determinado estadio social en constante transformación dialéctica, que apunta a la configuración de lo que en el siglo siguiente sería la estructura de la sociedad moderna» (Paradis: 124).

Los numerosos y pujantes centros urbanos renacentistas impulsan que esta «nueva ciudad» se consagre como centro de negocios, motivo por el que muchos de sus ciudadanos requirieron de mayor preparación para el ejercicio de la imperante actividad comercial y financiera. Una buena parte de esa formación fue proporcionada por la aritmética, ya que se hicieron imprescindibles cálculos precisos para resolver series de problemas cotidianos[13]. Así pues, la aritmética occidental de la baja Edad Media y comienzos del siglo XVI aparece íntimamente ligada a la expansión urbana y comercial, como herramienta de apoyo a unas actividades contables y fiscales.

La rápida expansión del comercio determinó la difusión de nuevas técnicas comerciales y «estimuló enormemente el desarrollo de la aritmética, una aritmética mercantil con fines claramente pragmáticos» (Caunedo 2000: 43), concebida como un instrumento de trabajo que ayudaba a resolver situaciones que se presentaban en la vida cotidiana, tanto en los grandes comercios como en el mercado local. De este modo, las matemáticas dejan de ser en el Quinientos aquellos enunciados de proposiciones euclídeas que planteaban resultados conocidos para convertirse en una ciencia de resolución de problemas interrelacionados con las otras ciencias y la sociedad.

En definitiva, estos tratados de aritmética práctica son reflejo de una sociedad que necesita de estas técnicas para el desarrollo de la actividad profesional en el campo mercantil y financiero, y «por esta razón, los valores monetarios y los tipos de cambios consiguieron, desde el principio, un lugar destacado en sus páginas» (Salavert Fabiani 1994: 56), como veremos en el apartado 4.

Mientras que las matemáticas «especulativas» apenas consiguieron interesar, sus aplicaciones prácticas «constituyeron un motivo de seria preocupación que la sociedad española mantuvo a lo largo de toda la centuria» (López Piñero 1979: 169)[14]. De ahí que, en aras de favorecer la difusión social a una franja más extensa

[13] Como explica López Piñero, el cultivo de la ciencia fue durante el siglo XVI una actividad propia de las comunidades urbanas: «Madrid llegó a figurar entre los principales escenarios de la ciencia española del siglo XVI como consecuencia directa de su conversión en capital política por Felipe II [...]. La Corte, los distintos consejos y, en general, las organizaciones dependientes del poder real proporcionaron numerosos puestos de trabajo de carácter científico. El Escorial y, sobre todo, la Academia de Matemáticas fueron, por otro lado, importantes centros de cultivo de varias disciplinas. [...] Salamanca y Alcalá eran las ciudades universitarias por antonomasia, Salamanca, sobre todo, era la auténtica capital intelectual de la Corona de Castilla» (1979: 62). Los principales protagonistas fueron, según este autor, «los estratos medios urbanos, es decir, la parte del estado llano a la que corresponde el calificativo de burguesía [...], durante esta época se consagró en el seno de la nobleza un jerarquía basada en la diversidad de posición económica» (67).

[14] «Desde 1482 hasta 1600 se publicaron 43 obras distintas de 35 autores, que alcanzaron en total 77 ediciones, cifras que casi triplican las 15 obras y las 29 ediciones correspondientes a la aritmética especulativa durante el mismo periodo» (López Piñero 1999: 334).

de la población —plagada de inquietudes intelectuales y necesidades prácticas— de la vertiente aplicada de la ciencia de los números, se utilizara en el Quinientos la lengua vulgar como vehículo para la expresión de las ciencias exactas:

> A la hora de redactar sus obras los autores se ven obligados a elegir entre el latín y el vernáculo, en tanto que instrumentos de comunicación científica. Quienes optan por el castellano, esgrimen en sus prólogos diferentes razones, entre las que priman la necesidad de las materias, la escasez de obras especializadas en castellano, el perjuicio que se deriva para la nación española de tal carencia y, sobre todo, la existencia de una amplia gama de lectores potenciales desconocedores de la lengua del Lacio (Mancho Duque 2005a: 27).

Entre otros, el matemático alemán Marco Aurel, «por un pragmatismo explícito en el deseo de utilizar un vehículo de comunicación más extendido para dar a conocer materias nuevas» (Mancho Duque 2001: 50), destaca en el prólogo de su aritmética práctica su decisión de emplear el castellano:

> considerando, amado lector, la gran falta que en estos reynos de España ay de la sciencia mathemática, por ser ella tan necessaria a los sabios verdaderos, me he atrevido de escrivir esta obra [...] en lengua agena de mi natural, si ya mi voluntad de querer aprovechar y la necessidad que d'ello ay no desculpassen del todo a mi atrevimiento [...]. Assí que, por ser cosa nueva lo que trato y jamás vista ni declarada, y podrá ser que ni aun entendida ni imprimida en España, me he atrevido a tratarla y escrivirla en lengua tan por entero repugnante a la mía (IIIr).

Del mismo modo, el algebrista luso Pedro Núñez Salaciense autotraduce su obra al español —publicada 30 años antes en su lengua nativa, portugués— por los siguientes motivos:

> considerando que ho bem, quanto mais commun e universal, tanto hé mais excellente, e porque a língoa castelhana hé mais commum em toda Espanha que a nosa, por esta causa a quis trasladar em língoa castellana para nella se aver de imprimir, porque nam careça della aquella naçaõ tanto nosa vizinha, com a qual tanto communicamos e tanta amizade temos (IIIr-IIIv).

En suma, las justificaciones se basan en la importancia de la materia tratada y la necesidad social de su difusión[15], aspecto que, sin duda, fue favorecido por

[15] «Favorecer el acceso de todos a la realidad de la ciencia era la principal razón que argüían quienes defendían la escritura en lengua romance. Muchos pensadores renacentistas trataron de que la ciencia y la técnica fueran de dominio público, para lo que había que despojarlas de su velo de misterio y demostrar su utilidad en manos de cualquiera. Esta actitud se

la invención de la imprenta. Esta supone una nueva concepción de la cultura, que implica la posibilidad de una mayor extensión y rapidez de divulgación del conocimiento a lectores no universitarios; profesiones como la de mercader o diversos oficios vinculados al ámbito de la economía y el comercio son los representantes del surgimiento de nuevas necesidades o demandas científico-técnicas a las que las obras estudiadas en este libro, entre otras, pretenden proporcionar cabal respuesta:

> la fonction du vernaculaire dans les domaines scientifiques, déjà établie au Moyen Âge, est celle de diffuser à un public plus large, mais toujours cultivé, un savoir d'abord formé en latin. Après des vernacularisations qui sont plutôt des adaptations et des compilations, à partir du XIIIe siècle monarques et princes commissionnent des traductions de textes scientifiques, textes anciens, mais aussi médiévaux, d'auteurs arabes, juifs ou chrétiens [...]. Dans le cas des arithmétiques [...] j'y vois (pour dresser un gros plan) le résultat d'une ascension sociale et intellectuelle de la tradition vernaculaire du livre d'abaco médiéval à porteé pratique (Blair: 25-27).

En general, la lengua vulgar dominó en las materias de carácter aplicado y en los enfoques ajenos al mundo académico, mientras que el latín halló su principal reducto en la exposición académica de temas teóricos (véase § 2.1.). Así, las cuatro reglas, que hasta entonces habían sido un misterio exclusivo de unos pocos especialistas, aislados la gran mayoría en claustros de órdenes religiosas, atraviesan esos gruesos muros, los superan y se diseminan hasta convertirse en enseñanza obligada para todo aprendiz de mercader[16]. No obstante, escribir en lengua vulgar acerca de cuestiones científicas resultaba a menudo bastante más difícil que hacerlo en un tradicional latín, debido a la necesidad de ir configurando una terminología todavía inexistente en romance castellano.

2.2.1. Orígenes: *Liber abaci* de Fibonacci (1202)

A partir del siglo XII, señala Paradis (122), uno de los aspectos fundamentales en la Europa occidental —que en el siglo XVI se convierte en un motor clave para la transformación social que enmarca el Renacimiento— es el comercio continental, par-

---

basaba en la premisa de que la facultad de conocer la realidad era, en principio, la misma en todos los hombres» (Gutiérrez Rodilla 1998: 65).

[16] «Estas reglas no fueron útiles solo para los mercaderes, sino también para todos aquellos que ejercieron profesiones relacionadas con lo que denominamos "oficios urbanos": cambistas, banqueros, artesanos, arrendadores de impuestos, letrados, fabricantes de moneda... que formaban parte de una compleja red que comprendía distintos campos artesanales y abarcaba parcelas muy concretas y variadas de la actividad comercial y mercantil» (Caunedo 2007: 6).

ticularmente el que enlaza el Occidente cristiano y el Oriente musulmán. El surgimiento de una fuerte actividad económica, vinculada a la navegación entre ciudades como «Venecia, Amalfi, Pisa y Génova, favorecido también por las cruzadas, transforman a Italia en un puente natural para el comercio entre las regiones del norte de África y el Oriente próximo y las del norte de Europa» (Martín Casalderrey: 26).

Este proceso evolutivo del comercio italiano trajo consigo la creación de instrumentos comerciales nuevos —como la letra de cambio y el nacimiento de las primeras instituciones bancarias— y, en consecuencia, el requerimiento de técnicas contables más avanzadas y de mayor complejidad. Los antiguos mercaderes o comerciantes singulares, transformados en grandes empresas de distribución y comercialización, pasaron a necesitar empleados que supieran leer y escribir, y, sobre todo, que fueran capaces de hacer cálculos de manera ágil, rápida y eficaz. En este contexto, era necesario dominar los cambios de monedas y la conversión de unidades de medida, distintas de un país a otro e incluso de una ciudad a otra, así como saber calcular las tasas y aranceles que debían ser pagados por cada operación de transporte y de importación y exportación de mercancías. Emerge así la necesidad de instituciones y especialistas para formar a estos empleados comerciales y proporcionar instrucción matemática a un nuevo sector social mercantilista.

En un principio, las escuelas catedralicias se convirtieron en los centros de enseñanza, donde las doctrinas se limitaban a la escritura de los números romanos y al uso de tablas de cuentas para realizar operaciones sencillas: los ábacos. No obstante, la complejidad de los procesos implicados en las transacciones comerciales habituales hacían esta formación insuficiente:

> el ábaco y los numerales romanos eran inadecuados para llevar los libros de contabilidad y para efectuar las multiplicaciones y divisiones, tan necesarias en este tipo de transacciones. Mucho más práctico resultaba el sistema de cálculo algorítmico, basado en el sistema de numeración posicional de los hindúes, común entre los comerciantes árabes. Este método permitía llevar a cabo de manera más rápida y segura, con empleo de papel y pluma, operaciones bastante complejas y, lo que era aún más importante, permitía y facilitaba la revisión de las operaciones y la detección de los posibles errores (Martín Casalderrey: 29).

En este ambiente prerrenacentista aparece la figura de Leonardo de Pisa (1180-1250), más conocido como Fibonacci, hijo de Bonaccio, mercader y funcionario comercial italiano que ocupó el puesto de director de la oficina aduanera de Bugía (actual Argelia)[17] por cuenta de la Orden de los mercaderes pisanos. Este, preocupado por la educación de su hijo, contrató a un maestro árabe que le enseñó el

[17] «A trading enclave established by the city of Pisa and located on the Barbary Coast of Africa in the Western Muslim Empire» (Sigler: 3).

sistema de numeración indoárabe y los avanzados métodos de cálculo indios, al mismo tiempo que le inició en asuntos de negocios y contabilidad mercantil. En su madurez, Leonardo realizó numerosos viajes por motivos comerciales —recorrió Egipto, Siria, Grecia, Sicilia, Bizancio, etc.— que le brindaron la oportunidad de efectuar intercambios culturales y profundizar en las técnicas y en las matemáticas árabes que después llevaría a Italia.

En el año 1202 Fibonacci publica su obra cumbre: el *Liber abaci*, un tratado de aritmética de inspiración árabe, a través del cual comienza a difundirse por Europa una nueva forma de concebir y practicar esta rama de las matemáticas. Este texto se convirtió en «la fuente principal, aunque posiblemente no la única, de un género de obras que iban a ejercer una gran influencia social e intelectual, los tratados llamados de ábaco de la baja Edad Media. A este género pertenecen mayoritariamente los primeros libros de matemáticas que pasan por la imprenta» (Malet 2000: 201).

El *Liber abaci* fue el motor del primer libro de matemáticas que conoció los honores de la imprenta: una aritmética anónima escrita en italiano y publicada en 1478 en la entonces importante ciudad mercantil de Treviso, cercana a Venecia (Malet 2000: 201), así como del primer libro de matemáticas impreso en la Península Ibérica, la *Suma de l'art de arismetica*, publicada en Barcelona en 1482[18] y escrita en catalán por el maestro de cuentas o aritmética llamado Francesc Santcliment[19], e igualmente, la influyente aritmética renacentista compuesta en 1512 por el dominico palentino Juan de Ortega (cf. Karpinski 1936 y § 4.1.1.).

En las últimas décadas del siglo XV, así como a lo largo del siglo XVI, las aritméticas mercantiles son, con diferencia, las obras matemáticas que conocen

[18] Como hemos señalado, las ciudades italianas estuvieron a la cabeza de las novedades vinculadas a la práctica de la actividad comercial y financiera, ahora bien «distintos testimonios certifican su temprana asimilación en la Corona de Aragón» (Salavert Fabiani 1997: 112-113), a través de esa gran vía de comunicación que fue el Mediterráneo. De hecho, «encontramos los nuevos sistemas en Barcelona, al menos desde 1350» (113).

Por otro lado, el libro manuscrito de aritmética que se custodia en la Real Colegiata de San Isidoro de León, ms. 46, estudiado por Caunedo y Córdoba (2000), se presenta, según estos investigadores, como el primer tratado de aritmética mercantil escrito en castellano del que tenemos noticia. Elaborado aproximadamente en 1393, adelanta en 100 años la fecha que hasta hace poco se manejaba para hablar de textos de aritmética mercantil peninsulares.

[19] «De Santcliment solo sabemos que enseñó aritmética en Barcelona y Zaragoza entre 1482 y 1487 [...]. El texto de la *Suma* muestra sin lugar a dudas su vinculación a la misma escuela franco-provenzal a la que pertenecen el importante manuscrito anónimo de Pamiers (ca. 1435) y la aritmética de Nicolás Chuquet (1484)» (Malet 2000: 205). Su influencia posterior entre los aritméticos españoles, según Salavert Fabiani, «fue ahogada por la enorme difusión de la *Summa* de fra Luca Pacioli» (1990: 63). Un ejemplar original se conserva hoy en la Biblioteca de Catalunya. Una edición crítica de este tratado ha sido publicada por Malet (1998).

más impresiones y que llegan a un público más amplio. En opinión de los especialistas, estas provienen directamente de los *tratados de ábaco* que proliferan en Italia en el siglo XVI, cuyo precursor es el *Liber abaci*. Estos textos matemáticos popularizados por los italianos del Trecento están escritos en lengua vernácula y sus contenidos hacen referencia a la aritmética práctica de corte mercantil, muy influidos por la obra de Fibonacci. El esquema típico que presentan contiene una primera parte «que podríamos denominar teórica, con la descripción de las operaciones aritméticas fundamentales», y una segunda parte práctica, «que contiene una colección más o menos extensa de problemas sobre unos temas característicos» (Caunedo: 31)[20]. Un aspecto particular de esta literatura científica es que los desarrollos matemáticos adquieren en ella un innegable matiz aplicado.

En suma, la aritmética práctica o mercantil, originada a partir del enciclopédico texto de Fibonacci, supuso la generalización de la numeración posicional y de la precisión en el cálculo y, al mismo tiempo, posibilitó la enseñanza del álgebra, dado que el nacimiento de las obras de esta disciplina tuvo lugar en el seno de tales aritméticas prácticas (véase § 4.), fundamentalmente dirigidas a los mercaderes, con la finalidad de facilitarles sus transacciones comerciales[21].

Sin embargo, como veremos a continuación, la asimilación y difusión de estas avanzadas técnicas contables de origen oriental, así como de los elementos empleados en sus algoritmos u operaciones aritméticas, no estuvo exenta de dificultades, polémicas y detractores.

2.2.2. Abacistas vs. algoristas: una disputa del Renacimiento

Para escribir las diez cifras a partir de las cuales se puede representar cualquier número, los hindúes, a diferencia de los sistemas contables nacidos en el seno de otras civilizaciones, optaron por no usar letras de su alfabeto. En su lugar

[20] «Muchos problemas que presenta Fibonacci se convertirán pronto en clásicos y alimentarán un género de literatura aritmética que circulará por el Mediterráneo occidental en los siglos XIV y XV» (Caunedo: 39).

[21] «*Liber Abaci* has also been recognized as an important step in the development of algebra in medieval Europe. For example, Leonardo is seen as a pioneer in the development of systematic methods for solving linear equations in several unknowns and he gives one of the earlierst European accounts of the algebraic methods of al-Kwārizmī an Abū Kāmil for solving quadratic equations» (Hannah: 306-307). «In algebraic terms, single false position works for any linear equation $ax = b$ as long as the coefficient a is a nonzero number [...]. In later European mathematics it became more common, even for writers strongly influenced by Leonardo, to give general descriptions first and then specific examples as applications» (311).

usaron símbolos que derivaban de la escritura *brahmi*, surgida en el siglo III a. C. para escribir el sánscrito. Las cifras *brahmi*, a su vez, evolucionaron, se diversificaron y dieron lugar en el siglo IV y V a las cifras *gupta* y a partir del siglo VII a las *nagari*, que fueron precisamente las que tomaron inicialmente los árabes y que con el tiempo adaptaron a su alfabeto (Durán 2007: 378, cf. Ifrah 2002: 854-879).

Esta forma de representar los números, así como la aplicación del principio posicional decimal ideado por el hindú Aryabbata (cf. Boyer, 2003: 270-276; Ifrah, 2002: 945-947) que los árabes aprendieron en Oriente circuló hasta el otro extremo de sus dominios; y así, a través del norte de África, el sistema de numeración hindú llegó a España en el siglo IX. De hecho, el registro más antiguo que la humanidad conserva en que los nueve números indoarábigos (sin el cero) aparecen representados es el manuscrito hispano titulado *Codex Vigilianus*, fechado en 976 y conservado en la biblioteca de El Escorial.

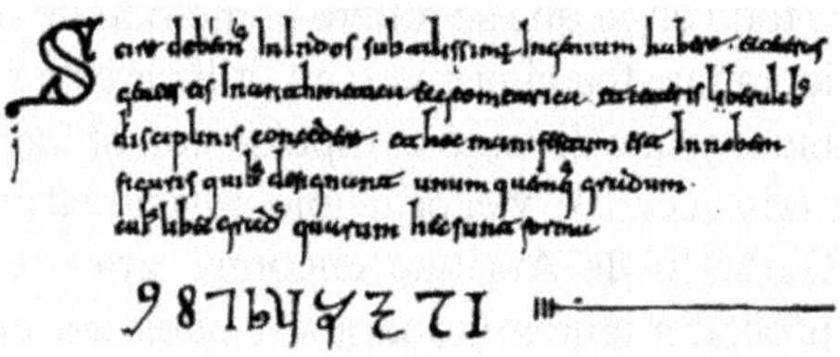

Numerales indoarábigos en *Codex Vigilianus* (Ifrah 1987: 286)

Entre los matemáticos árabes sobresale la figura del persa al-Juarismi o al-Khwārizmī (c. 780-850)[22], considerado como el primer gran divulgador de la aritmética hindú en el mundo musulmán. Este escribió, entre otras, una obra destinada explícitamente a las operaciones con el nuevo sistema decimal hindú, cuyo original se ha perdido, y que conocemos por su traducción latina del siglo XII: *De numero indiorum*. Reelaborada como *Liber de algorismi*, esta versión, que se abre con las famosas palabras «*Dixit Algorismi*», está atribuida a Juan de Sevilla (1118-1153), un judío converso más conocido por su nombre latino, Johannes Hispalensis, que trabajó en Toledo junto al clérigo Domingo Gundisalvo. La relevancia de este texto se debe a que es el primer libro árabe conocido en el que la numeración decimal posicional y los métodos de cálculo de origen hindú son

[22] Muhammad ibn Mūsa al-Khwārizmī «fue un matemático árabe que nació en Khwarizm o Jwarizm (actualmente Jiva, Uzbekistán). Trabajó como bibliotecario en la corte del califa de la dinastía abasí Abdullah al-Ma'mun, famoso por ser el gobernante que aparece en *Las mil y una noches* y por ser el fundador en Bagdag de la denominada Casa de Sabiduría (Dar al-Hikma). Al- Khwarizmi fue también astrónomo en el observatorio de Bagdag» (Martín Casalderrey: 22).

objeto de explicaciones detalladas y de ejemplos (cf. Ifrah 1987 y 2002)[23]. Este tratado, gracias al papel de las traducciones, supuso la introducción en el Occidente cristiano del llamado «cálculo indio», hecho que tuvo una enorme repercusión en el desarrollo de las matemáticas.

El primer embajador de esta nueva ciencia oriental más allá de los Pirineos fue el clérigo francés Gerberto de Aurillac (c. 945-1003)[24]. Este monje se trasladó a España en 967 y fue durante tres años discípulo del obispo de Vic —a quien sus superiores habían confiado para completar su educación (Malet 2000: 198)— en el condado de Barcelona. Es probable que durante este trienio tuviera relación con el monasterio de Santa María de Ripoll, donde por entonces se estudiaba el *quadruvium* basado en las fuentes islámicas, y en cuya biblioteca había un manuscrito latino con traducciones de algunos tratados árabes. El que se convirtiera en el año 999 en papa (Silvestre II), fue uno de los primeros europeos que vinieron a España para estudiar la ciencia árabe; ciencia que tuvo ocasión de introducir en Europa durante su estancia en Reims, sobre todo en lo que se refiere al método de numeración indoarábigo. De hecho, se considera que fue el primero en utilizar este sistema numeral fuera de las fronteras hispánicas y que divulgó e impulsó con ahínco el empleo de las nueve cifras indoarábigas (sin el cero)[25] y el principio posicional en el Occidente medieval.

No obstante, Gerberto de Aurillac encontró gran resistencia cada vez que intentó propagar procedimientos indoárabes, pues los clérigos de la época «se consideraban en su mayor parte herederos dignos y fieles de la gran tradición romana y no era fácil que admitieran la superioridad de otra» (Ifrah 2006: 128). Con todo, este singular papa matemático señala un despertar cultural que, poco a poco, merced al desarrollo del comercio, favorecerá la transmisión y la definitiva implantación de los numerales indoarábigos.

Durante muchos siglos se prefirió la notación romana a estos signos. Su uso suscitó, de hecho, una gran oposición y una fuerte resistencia europea a la innovación que suponía la propagación de los mismos. La razón que argüían los detractores de las cifras de origen hindú era el temor al fraude. Su rival, el sistema de numerales romanos, resultaba, sin embargo, ineficaz e inadecuado para llevar con orden, claridad, precisión y exactitud los nuevos libros de contabilidad y para

---

[23] De ahí que el nombre de este tratado matemático, latinizado, se haya convertido sucesivamente en sinónimo del sistema: *alchoarismi*, *algorismi* y *algorismus*, finalmente, *algoritmos*.

[24] Quien ocupó una serie de cargos en la Iglesia, como abad de Rávena y arzobispo de Reims, antes de ser elegido finalmente como papa, del año 999 al 1003, con el nombre de Silvestre II (cf. Malet 2000, Bell).

[25] «La ausencia del signo para el cero en la mayoría de las series se explica porque durante los siglos XI, XII y XIII se utilizaban mucho los ábacos, en los cuales bastaba dejar vacía la casilla correspondiente al orden de unidades que faltasen en el número escrito» (Sánchez Pérez 1949: 116).

efectuar multiplicaciones, divisiones, operaciones con fracciones, y otros cálculos, imprescindibles en cualquier tipo de transacción comercial. El nuevo método de numeración les permitía, por el contrario, efectuar de manera más rápida, segura y eficaz, con tinta y papel, operaciones diferentes y, lo que es más importante, facilitaba la revisión de operaciones y la detección de posibles errores. Esta invención, explica Georges Ifrah, «permitía una notación racional perfectamente coherente de todos los números e incluso proporcionaba a las inteligencias más cerradas para la aritmética la posibilidad de realizar toda clase de cálculos sin recurrir a la ayuda de la mano, el ábaco o contador» (2006: 93).

Paulatinamente se impusieron las ventajas del sistema indoarábigo, y en el siglo XIII era ya ampliamente difundido para el intercambio y el comercio. A pesar de las evidentes ventajas, en 1229 se aprobó una ley en Florencia que prohibía su uso y que ordenaba a los mercaderes la escritura de los nombres verbales para los números o la notación romana[26].

Un acérrimo defensor de los números indoarábigos fue Leonardo de Pisa, quien, a través de su *Liber abaci*, explicó todas las reglas de cálculo cifrado o trazado sobre arena mediante guarismos y no con las columnas del ábaco, como pudiera imaginarse por el título que eligió para su célebre tratado —en español, *Libro de ábaco*—, «sin duda para evitar que lo fulminaran quienes detentaban el monopolio y preconizaban por encima de todo el cálculo con ábacos de fichas» (Ifrah 2006: 131)[27].

Avanzada la Edad Media, surgen en el norte de Italia los *tratados del ábaco*, precedentes de los textos de aritmética práctica, así como las *escuelas de ábaco* (cf. Franci y Rigatelli 1982, Heeffer 2009). El origen de tales denominaciones no está bien establecido. En este sentido, Malet postula que los tratados tal vez habían heredado el nombre «junto con mucho de su contenido, del *Liber abaci* de Fibonacci, o tal vez —y ambas razones no se excluyen— el nombre hace referencia a Gerberto, mediante el cual las cifras árabes y el sistema de numeración posicional empezaron

[26] «En los estatutos del gremio de banqueros florentinos de 1299 aparece: "Que ningún miembro de este gremio se atreva a escribir, o permita que sea escrito, en su libro mayor de asientos o libro de cuentas [...] ninguna partida en lo que es conocido como estilo de escritura arábiga; por el contrario, escribirá abiertamente y por extenso, utilizando letras"» (Rico 1985: 24).

[27] «Los griegos y los romanos enseñaban a sus niños a contar y efectuar cálculo por medio de guijarros, bolas, fichas y peones de piedra caliza, por lo que la palabra vino a significar, finalmente, cualquiera de las operaciones aritméticas elementales (suma, resta, multiplicación o división)» (Ifrah 2002: 246). Las fichas o guijarros se depositaban en el suelo o en columnas de un tablero de contar. Una variante fue la idea de «sustituir tales columnas por varillas de metal o madera dispuestos en paralelo, y cada guijarro, por una bola perforada que así podía deslizarse libremente a lo largo de esas varillas. Así se inventó el ábaco» (2006: 91).

a ser conocidas en Europa» (2000: 203). Igualmente, Martín Casalderrey (2000: 38) apunta que el rótulo de estas escuelas o *botteghes d'abaco* quizás derivara del que pudo ser el primer libro escrito para este tipo instituciones (de nuevo: el *Liber abaci* de Fibonacci), en las que se enseñaba a hacer cuentas prescindiendo, precisamente, del ábaco y acudiendo, en su lugar, a los números indoarábigos y a las operaciones basadas en los algoritmos árabes. Estos espacios se preocupaban también por la aplicación de tales aprendizajes al comercio, dado que su finalidad era proporcionar a los empleados comerciales (o de otros oficios) la instrucción matemática de base que demandaban los nuevos hombres de negocios.

En este momento, «los entusiastas del cálculo moderno se hicieron cada vez más numerosos y el equilibrio comenzó a inclinarse sensiblemente a su favor» (Ifrah 2006: 131). Este aspecto supuso un auténtico movimiento de democratización del cálculo en Europa y superó las limitaciones del ábaco, un instrumento que ayudaba a la aritmética, pero que al mismo tiempo le ponía límites.

Sin embargo, en este contexto, los abaquistas se sentían una clase privilegiada y celosa de sus privilegios:

Cálculo con ábaco y fichas (Swetz 1987: 30)

> los profesionales de la época que practicaban las operaciones con ábaco querían guardar celosamente para sí los secretos de este arte; para conservar su monopolio y, viendo su sustento amenazado, no querían ni oír hablar de esos métodos revolucionarios que ponían el cálculo al alcance de cualquiera. Aunque probablemente este rechazo tuviera otra razón de índole ideológica [...]. Así, algunas autoridades eclesiásticas hicieron correr la voz de que siendo tan fácil e ingenioso, el cálculo arábigo había de tener por fuerza algo de magia, o tanto da, de diabólico: algo así solo podía proceder del mismísimo Satanás (Ifrah 2006: 132).

En efecto, las cifras indoarábigas fueron un objeto prohibido durante cierto tiempo, tanto que los partidarios del cálculo moderno se vieron forzados a usarlas a escondidas, a modo de código secreto. De hecho, la batalla entre los abaquistas (defensores de las cifras romanas y del cálculo con ábaco de fichas) y los algoristas (partidarios del cálculo cifrado de origen hindú) duró varios siglos, que van del ocaso del Medievo hasta bien entrado el Renacimiento, como dejan constancia varias ilustraciones de la época:

Cálculo con algoritmos vs. cálculo con ábaco y fichas (Swetz 1987: 32)

Arithmética (Gregorius Reish, 1503)[28]

[28] «Grabado en madera que adorna la *Margarita Philosophica* de Gregorius Reish (Friburgo, 1503): la Aritmética (simbolizada por la mujer de pie en el centro) parece zanjar el debate entre *abacistas* y *algoristas*; en efecto, ella está mirando hacia el calculador que usa las

Como hemos apuntado, a finales del siglo XV, la revolución comercial vivida en la Europa medieval, origen del moderno capitalismo, y las necesidades contables que el desarrollo del comercio había generado en esta época, requirieron de los eficaces métodos de cálculo que la aritmética hindú permite, lo que hizo que la victoria se decantara, tras casi tres largos siglos, por el sofisticado sistema indoarábigo. Con todo, el uso del ábaco permaneció en las costumbres: «en el siglo XVIII aún se enseñaba y los profesionales aún verificaban con prudencia todos los cálculos hechos con pluma repitiéndolos con el ábaco de fichas» (Ifrah 1987: 301). Finalmente, a partir de la Revolución francesa se prohibió de modo definitivo el uso del método arcaico del ábaco en las escuelas y administraciones públicas.

3. El álgebra en el Quinientos hispano: un saber nuevo

En el marco histórico en el que nos situamos se testimonia —en lo que se refiere al desarrollo del álgebra como disciplina independiente de las matemáticas— ese gusto o preferencia por «lo nuevo» y el ideal utópico a los que Maravall hace alusión en *Antiguos y modernos*, entendidos ambos como una «manifestación del espíritu innovador, libre e insaciable del Renacimiento» (1998: 28)[29]. En efecto, estas características se pueden apreciar en el prefacio o prólogo del primer libro de álgebra publicado en España, a mediados de la centuria, por el germano Marco Aurel[30], quien afirma, a propósito del capítulo de su tratado dedicado al estudio de esta rama de las matemáticas, que «es *cosa nueva lo que trato y jamás vista ni declarada*, y podrá ser que ni aun entendida ni imprimida en España» (f. IIIr). Del mismo modo, el matemático luso Pedro Núñez Salaciense sostiene que «*em Espanha há muy poucos que tenham notícia de Algebra*» (1567: f. IIv), sentencia que deja entrever, por tanto, el cariz novedoso de las cuestiones que se presentan en su tratado. Curiosamente, esta visión viene de la mano de autores foráneos que, por diversa índole, causas o motivos, redactaron sus textos aritmético-algebraicos en español.

---

cifras árabes (cifras que, por otra parte, están también reproducidas en su vestido) simbolizando el triunfo del cálculo moderno en la Europa occidental» (Ifrah 1987: 300).

[29] Este autor confirma que «no solo los señores están abiertos a este interés por "lo nuevo". También los pueblos, las masas del estado llano, entre las que germina la gran ascensión histórica de la burguesía, revelan la misma actitud vital» (Maravall 1998: 30).

[30] Docampo (2004) trabaja en su tesis, entre otros, con un manuscrito (454 de la Biblioteca de Catalunya) de anónima autoría que precede en unos veinte o treinta años aproximadamente al texto de Marco Aurel. Según sus pesquisas, es el único documento conservado hoy día que es anterior a dicha publicación (1552) y que incluye contenidos de álgebra en una lengua vernácula peninsular (sin contar con el portugués de Évora).

Asimismo, en el libro séptimo de la *Arithmética* del andaluz Juan Pérez de Moya (1562) hallamos una exaltación similar cuando el catedrático de retórica de la Universidad de Salamanca, Francisco Sánchez de las Brozas —el Brocense—, juzga en su presentación al lector:

> Yo, en algunas obras del bachiller Moya que por mandado del señor Provisor he examinado, gran doctrina en las artes mathemáticas he hallado, mas *este Libro de la cosa dexa atrás todo loor, porque es en nuestra lengua cosa nueva y muy ingeniosa*, y, por no gastar palabras, es un libro donde se da razón de todas las qüestiones o sciencias que se fundan en número y proporción, cosa que todo hombre tiene natural en querer saber la razón de las cosas y no se contenta hasta que la alcança (1562: 447).

De modo que, en estos tres proemios, vislumbramos la imagen proyectada por Maravall acerca de la actitud que históricamente define a ese hombre del Renacimiento que «camina hacia las formas de la modernidad» (1998: 30). De hecho, «la clase de la burguesía mercantil es considerada como la causante y difusora de toda extraña innovación en el seno de la sociedad» (94), como por ejemplo la abstracción que define, en esencia, al pensamiento algebraico[31].

Sin embargo, el desarrollo y avance del álgebra en la Península Ibérica no hubiera sido posible sin los profundos cambios socio-económicos que se estaban produciendo en Europa en el ocaso medieval, "la irreversible ascensión de una clase mercantil directamente ligada a la evolución de los gremios de artesanos más poderosos queda reflejada en la aparición de manuscritos de aritmética y de álgebra en lengua vernácula" (Paradis y Malet: 99). Estos manuscritos serán influencia directa de los libros publicados a lo largo del Siglo de Oro, entre los que destacan, principalmente, los tres que analizamos en este estudio: *Libro primero de Arithmética algebrática* (1552) de Marco Aurel, *Arithmética práctica y speculativa* (1562) de Juan Pérez de Moya y *Libro de Álgebra en Arithmética y Geometría* (1567) de Pedro Núñez Salaciense (§ 4.).

3.1. Génesis: entre Oriente (al-Khwārizmī) y Occidente (Diofanto)

Si bien se documentan algoritmos de resolución de ecuaciones algebraicas en las matemáticas griegas y en otras civilizaciones primitivas —como las babilónicas o egipcias (cf. Couchoud, Folwer y Robson)—, se considera que la implantación y

[31] «El incremento de movilidad social, y con ello el desarrollo de la clase social adinerada y las transformaciones en el orden de la economía, son factores que habían impulsado el gusto por lo nuevo en las capas de población que de manera más directa e inmediata se habían visto afectadas favorablemente por los nuevos hechos» (Maravall 1998: 99).

el desarrollo del álgebra en Occidente emana de la difusión del libro escrito por el persa Muhammad ibn Mūsa al-Khwārizmī (Bagdad[32], ca. 780-¿? 850), quien, tras realizar un viaje a la India, retornó y escribió —a instancias del califa al-Ma'mūn— el famoso tratado titulado *Kitab al-Mukhtasar fīhisāb al-jabr w'almuqābala* (ca. 825)[33], que se tradujo como *Libro conciso de cálculo de restauración y oposición*, de donde proviene el nombre de la disciplina: *álgebra* (véase § III. 3.1.).

El proyecto algebraico del que se conoce como «el padre del álgebra» (Boyer: 297-299) aparece reflejado en el esquema de este libro, dividido en los siguientes capítulos, de acuerdo con el análisis de Puig (2010: 89):

1. Introducción
2. Las especies de números
3. Las seis formas canónicas, simples y compuestas[34]
4. Los algoritmos de solución de las formas canónicas simples
5. Las demostraciones de los algoritmos de solución de las formas canónicas compuestas
6. Sobre la multiplicación [de expresiones con especies]
7. Sobre la adición y la substracción [de expresiones con especies y radicales]
8. Sobre la división [de radicales]
9. Los seis problemas [ejemplos de las seis formas canónicas]
10. Varios problemas
11. Transacciones mercantiles
12. Medidas [de áreas y volúmenes]
13. Testamentos
14. Devolución de dotes

---

[32] Testimonian Paradis y Malet que «después de la decadencia de la cultura helénica y de la desaparición del último gran centro cultural, que fue Alejandría, el saber de los griegos fue reconstruyéndose lentamente a partir de traducciones [...]. La depositaria fundamental de este saber era Siria» (49). No obstante, en el año 762, el califa al-Mansur estableció su corte en Bagdag, transformando, así, esta ciudad «en un gran emporio cultural» que se convertirá en el gran centro protagonista de producción científica. Debido a la situación geográfica privilegiada de esta ciudad, Bagdag, «se alimentó de las corrientes de pensamiento matemático procedentes de la India, así como del saber dispersado de la cultura helénica» (50).

[33] En palabras de Bell, *al-jabr w'almuqābala* significa «*restauración* y *reducción*, aludiendo a lo que ahora se llama transposición de términos negativos, para producir ecuaciones con todos sus términos positivos, y a la subsiguiente reducción simplificando los términos de igual potencia de la incógnita» (109).

[34] Expone al-Khwārizmī, en los siguientes capítulos, la forma de resolver los seis tipos de ecuaciones canónicas de segundo grado o cuadráticas, las cuales, a su vez, incluyen todas las posibilidades de ecuaciones lineales y cuadráticas que tengan una raíz positiva, que, traducidas al simbolismo actual, equivalen a: $ax^2 = bx$; $ax^2 = c$; $bx = c$; $ax^2 + bx = c$; $ax^2 + c = bx$; $bx + c = ax^2$.

En el prólogo del libro, al-Khwārizmī expresa que este texto conciso de *al-jabr* «encierra todo lo que es útil en el cálculo y lo que en él es lo más noble» (Puig 2008: 106), cuya finalidad es «facilitar las operaciones que se presentan en afrontar las necesidades de la vida, sin ningún otro fin superior» (Vera 1947: 31). Sobre este pragmático y efectivo trasfondo construye lo que se reconocerá, a partir de su legado, como una nueva disciplina[35].

El lenguaje algebraico empleado es de tipo retórico, esto es, los problemas expuestos y las fórmulas matemáticas o algoritmos utilizados para su resolución están caracterizados únicamente por instrucciones verbales, por haber eliminado los vestigios de simbolismo que se hallaban en algunas obras griegas, como la de Diofanto. Esta característica, propia del estadio primitivo del álgebra, según la clasificación de Nesselman (1842)[36], avanzará, paulatinamente y de un modo inexorable, hacia el álgebra simbólica actual, en la que los símbolos predominan sobre las palabras.

Por lo que respecta a la resolución de las ecuaciones, la fórmula diseñada y utilizada por al-Khwārizmī es de construcción o justificación geométrica, influencia directa de los métodos expuestos en los *Elementos* de Euclides, que se convirtieron en una referencia constante en todas las obras árabes (cf. Paradis y Malet). En efecto, el punto de partida de las aritméticas árabes se encuentra, fundamentalmente,

> en la herencia de los últimos matemáticos griegos, como Diofanto[37], y en la influencia procedente de las técnicas de los matemáticos hindúes, entre otros, Aryabhata (siglo VI) y Brahmagupta (siglo VII). Estas se fueron convirtiendo con el tiempo en el entramado

---

[35] «Dans les pages [de *Kitāb al-Mukhtasar fīhisāb al-jabr w'almuqābala*], on voit por la première fois surgir l'algèbre comme discipline mathématique, distincte et indépendante» (Rashed 1987: 350).

[36] Este autor realiza una periodización del álgebra distribuida en tres estadios: el del álgebra retórica (en los textos árabes), el álgebra sincopada (característica del Renacimiento, véase § IV. 5.) y el álgebra simbólica (desarrollada en los siglos XVI-XVII por Viète y Descartes, que da lugar al álgebra actual, § 3.4.).

[37] Se conocen pocos datos sobre su biografía. Vivió en la que se denomina como «Edad de Plata» de la matemática griega —según Boyer, «en el siglo que va del año 250 al 350 aproximadamente» (235)— en Alejandría, ciudad que se convirtió en el mayor centro de esta actividad, sin precedentes en la historia. Se considera a Diofanto de Alejandría como el más importante de los algebristas griegos, ya que su *Arithmética*, que, en línea con el álgebra babilónica, está divorciada de los métodos geométricos, destaca por la introducción de símbolos para la expresión de las distintas potencias de la incógnita y para las relaciones y operaciones entre números (cf. Cajori). De ahí la originalidad y relevancia del texto, propia de un álgebra más avanzada, el *álgebra sincopada*, que no se retomará hasta el siglo XV.

sobre el cual se construyó el álgebra retórica de los árabes, que a las puertas del Renacimiento acabó pasando a Europa (Paradis: 47-48).

Por este motivo, en el Renacimiento, tras la recuperación de los clásicos griegos, comienza a expandirse la idea de que en la Hélade, y especialmente en la *Arithmética* de Diofanto —redescubierta por Regiomontano (cf. Klein, Vitrac, Stedall)— estaría el verdadero origen y descubrimiento del álgebra. Una muestra de la dicotomía o dualidad de la génesis, tanto oriental como occidental, de esta ciencia puede leerse en el prólogo del matemático portugués Núñez Salaciense:

> é Algebra nome arábigo que significa «restauracaõ», porque tirando o sobejo e restaurando o diminuto vimos em conhecimento do que buscamos. A outros paresce que se chama assi porque dizem que ho inventor desta arte foy hum mathemático mouro cujo nome era Gebre[38], e há em algunas livrarias hum pequeno tractado em arábigo que contem os capítulos de que usamos. Mas Ioanne de Monterégio, em huã oracaõ que fez dos louvores das Mathemáticas, faz mencaõ dos livros que Diophante, autor grego, desta arte escreveo, que ainda nam sam divulgados (ff. IIr-IIv).

3.2. Evolución de la disciplina

En 711 los árabes entraron en España y trajeron consigo la aritmética y el álgebra de la India y Grecia. La obra de al-Khwārizmī llegó al Occidente cristiano relativamente pronto, a partir de diversas traducciones al latín. La más antigua de las dos versiones latinas conservadas es la que realizó Roberto de Chester[39] (aproximadamente en 1145), con el título de *Liber algebræ et almucabola*; poco después, Gerardo de Cremona[40] confeccionó una segunda versión (ca. 1170): *De jebra et*

---

[38] Según investigaciones de Stedall, en un gran número de textos matemáticos renacentistas (como los de Francesco Ghaligai, 1521; Michael Stifel, 1544, o Jacques Peletier, 1554) aparece, directa o indirectamente, la atribución del álgebra a Geber. Esta autoría corresponde «probably Jabir ibn Aflah, a twelfth-century astronomer from Andalucia» (220). Análogamente, existen referencias a Mahoma como introductor del álgebra (por ejemplo, en el *Ars Magna* de Cardano, 1545): «son of an Arab by the name of Moses appear in a few text as the last remaining traces of earlier knowledge of the writings of Mohammed ibn Musa al-Khwārizmī» (220).

[39] Poco o nada se sabe de la vida de este autor inglés hasta 1145, año en el que, desde Segovia, realizó una traducción al latín del *Álgebra* de al-Khwārizmī, «algo anterior a la de Gerardo de Cremona y de inferior calidad», según Moreno (44). Finalmente, regresó a Londres, donde vivió desde 1147 hasta 1150.

[40] Italiano de nacimiento (Cremona, 1114-Toledo, 1187), fue uno de los traductores más ilustres, prolíficos y fecundos del siglo XII. A pesar de que se conserva poca información acerca de su vida (véase Boncompagni 1851; Santoyo 2000: 120-128), se sabe que conocía el griego, el árabe y el latín, y que sus traducciones abarcan una multiplicidad de temas (tales como la

almucabola. De este modo, introdujeron en Europa una ciencia «completamente desconocida hasta entonces y con ella una terminología fluctuante aún, pero ya totalmente desarrollada» (Vernet 2006: 185).

Al parecer, estas traducciones eran sometidas a un doble proceso. Primeramente un judío o mozárabe hacía la versión a la tosca *fabla* vulgar o al latín bárbaro y luego los doctos la interpretaban en el latín culto que había de divulgarse por toda Europa. Los traductores tuvieron que superar el problema de verter una lengua tan educada científicamente como el árabe, *lingua franca* de los intelectuales de la cultura islámica, dotada ya de toda una terminología técnica para las diferentes disciplinas y alejada filológicamente del carácter de la lengua de Roma, para poner en curso un léxico científico adecuado.

De este modo, cuando los traductores medievales del siglo XII «logran la simbiosis de las tres culturas: árabe, judía y cristiana, el Occidente europeo entra en contacto con la geometría griega y el álgebra árabe y se produce el despertar en la matemática» (Vera: XIV)[41].

Con el tiempo, debido a la fuerte actividad comercial, el álgebra comenzó a desarrollarse. Como hemos destacado, en los *tratados de ábaco* y, posteriormente, en los manuales de aritmética mercantil, era habitual la inclusión de algunos problemas que trascendían la aritmética directamente aplicable al comercio[42]. En ellos, mediante el empleo de antiguas reglas de falsa posición de origen hindú, se llegaba a la resolución de problemas algebraicos. Un autor medieval que tomó como punto de referencia la obra de al-Khwārizmī fue Fibonacci, quien condensó los conocimientos aritméticos y algebraicos árabes y orientales en su *Liber abaci* (1202). En efecto, la divulgación y vulgarización de los novedosos mecanismos algebraicos se debe a su influyente tratado prerrenacentista (cf. Franci y Rigatelli

astronomía, geometría, óptica, matemáticas o la alquimia). Entre sus traducciones más importantes destacan el *Almagesto* de Ptolomeo y el *Al-jabr* de al-Khwārizmī, «la cual tuvo un peso decisivo en todos los matemáticos posteriores hasta el Renacimiento» (Moreno: 43).

[41] Vernet (1978: 84) confecciona, a propósito de las traducciones del árabe al latín, un inventario por materias que permite examinar las «tendencias culturales» de la época, en la que van a predominar las ciencias exactas (matemáticas, astronomía, etc.), con el 47% del total.

[42] Además de tener una finalidad lúdica o motivadora, «estos problemas ejercitaban la mente del mercader y mejoraban su capacidad analítica, necesaria para enfrentarse a las circunstancias cambiantes de su profesión. Parece razonable suponer que pocos mercaderes llegaban a tener un conocimiento sólido del álgebra. Probablemente, los que lo llegaban a adquirir tenían una motivación más relacionada con la formación intelectual que con la puramente profesional. Sin embargo, debemos señalar que fuera del mundo de los mercaderes había personas cuyas inquietudes intelectuales también generaban una demanda de conocimientos de álgebra. Estos podían ser miembros de un patriciado urbano o de la nobleza o los alumnos de algunas universidades» (Docampo 2004: 562).

1985). De ahí que se considere que Leonardo de Pisa es el autor que representa, en buena medida, el paso de la aritmética medieval al álgebra renacentista.

Ya en el siglo XVI, la nueva importancia del álgebra, reconocida paulatinamente y no sin tensiones, «se expresa en una serie de tratados que enseñan a utilizar los nuevos símbolos de los radicales, las incógnitas y sus potencias, a escribir ecuaciones, y que sistematizan los resultados básicos sobre las ecuaciones de primer y segundo grado» (Malet 2000: 207), como los escritos por los matemáticos más representativos de esta centuria en el marco hispánico (véase § 4.), los cuales presentan notables influencias, como las que se detallan a continuación.

3.2.1. Influencia euclídea: el libro X de los *Elementos*

Sin duda, la obra de Euclides es una referencia constante en los textos matemáticos del Quinientos publicados en la Península Ibérica. De acuerdo con Millán Gasca, consideramos que

> Euclides intervino sobre la herencia cultural de las matemáticas en dos direcciones. Por una parte, [...] escogiendo los conocimientos *elementales*, en el sentido que estaban firmemente asentados y de que constituían la base de investigaciones actuales y futuras. Por otra, exponiendo estos conocimientos de manera ordenada, según una trama que facilitaba enormemente su estudio y que favorecía su utilización en ulteriores investigaciones para la búsqueda de nuevos resultados (53).

En los capítulos dedicados al álgebra de estos tratados renacentistas, del mismo modo que en las álgebras arábigas, se emplean construcciones y justificaciones geométricas para la resolución de ecuaciones de primer y segundo grado. De hecho, incluso en algunas de las designaciones se puede apreciar esa herencia de la geometría griega (como *lado*, *cubo*, etc.; véase § V.1.1.4.). Al parecer, «solo en la mente matemática moderna de los siglos XVII y siguientes se percibieron claramente el número y la forma como diferentes aspectos de unas mismas matemáticas» (Bell: 48).

Se considera que libro X de los *Elementos*, el más extenso y difícil, dedicado a la clasificación de los irracionales, es el texto que en mayor o menor medida explica el álgebra en forma geométrica renacentista. Este «se ocupa de los irracionales clasificando, mas no calculando, una serie de combinaciones de expresiones racionales e irracionales, tales como las que se presentarían como raíces de una ecuación bicuadrada» (Rey y Babini: 76).

Entre los matemáticos de esta centuria hay quienes llegan a considerar el libro X como el origen de la disciplina. Este es el caso del célebre geómetra Molina Cano, que, en el prólogo a sus *Descubrimientos geométricos*, escribe:

> Pues, ignorando yo la lengua latina con las demás letras humanas que a otros sobran para filosophar, y no haviendo aprendido de voz viva los *Elementos* del solo introductor d'ellos, Euclides Megarense, sino por solo el estudio que con suma affición (en intervalos) e hecho en estos estados de 13 años a esta parte, leyendo en italiano y francés (los ratos desocupados) sus primeros nueve libros, que tratan de los admirables efectos de las dos hermanas Mathemáticas, y procurando rastrear lo más que he podido *en el décimo, por no ignorar el origen de la industriosa Álgebra*, a sido su divina Magestad servido dexarme hallar lo que a los que con mucho estudio les ocultó. De que le doy infinitas gracias, pues, por ello, de oy más no carescerá el mundo de lo que antes ignorava (1598: s/p).

Igualmente, Marco Aurel y Pedro Núñez Salaciense explican en las páginas de sus álgebras los fuertes lazos geométricos que caracterizan y constituyen la disciplina:

> La Regla del álgebra, vulgarmente llamada Arte mayor o Regla de la cosa, *sin la qual no se podrá entender el décimo de Euclides*, ni otros muchos primores, assi en arithmética como en geometría (Aurel 1552: Ir).

> *De todos llos livros que nas sciências mathemáticas tenho composto [...], nenhum hé de tanto proveito como este de Algebra [...].* E posto que os princípios desta subtilíssima arte sejam tirados dos livros elementários de Euclides, nam se pode, porém, sem ella ter a práctica dos mesmos livros (Núñez 1567: IIr).

3.2.2. Influencia italiana: la *Summa* de Luca Pacioli (1494)

Luca Pacioli di Borgo San Sepolcro[43] es uno de los autores más relevantes e influyentes del Quattrocento italiano[44], ya que se le considera «*il punto de partenza della matematica del Rinascimento*» (Giusti y Maccagni: 15). Su popular obra: *Summa de arithmetica, geometria, proportioni et proportionalità* (1494), dedicada a su discípulo Guidobaldo da Montefeltro, duque de Urbino, fue una de las primeras obras matemáticas impresas en lengua vernácula y el último de los tratados

---

[43] O fray Lucas de Burgo, «como usava chiamarsi dopo aver vestito il saio francescano» (Giusti y Maccagni: 15).

[44] Según Martín Casalderrey, «en lo que respecta a las matemáticas, los atisbos del Renacimiento científico se dibujarán plenamente en la segunda mitad del siglo XV. Esta etapa servirá de puente temporal entre la matemática medieval —escasísima pero enriquecida con la recuperación de la ciencia clásica y aportaciones de la ciencia árabe— y la nueva concepción de la ciencia [...]: la denominada ciencia moderna» (2000: 18).

de ábaco[45]. Concebida como una auténtica enciclopedia del saber matemático de la época, constituye el despegue de la matemática moderna, puesto que

> la *Summa* è un'opera totale, che comprendia e rende obsoleti tutti gli scritti d'abaco che l'avevano preceduta; un'opera con cui si misureranno i maggiori matematici del secolo successivo, non fosse altro che per rilevarne gli errorri, e da cui prenderanno le mosse per superare per la prima volta le colonne d'Ercole delle scoperte degli antichi (Giusti y Maccagni: 18).

De hecho, la *Summa* de Pacioli se convirtió en la «lectura básica para los algebristas del s. XVI, que, apoyados en ella, pudieron hacer nuevos descubrimientos» (Martín Casalderrey: 84).

En el corpus textual manejado podemos apreciar la influencia ejercida por la *Summa* tanto para la divulgación como para el desarrollo del álgebra. Así, Pedro Núñez explicita en el prólogo y en las conclusiones de su obra la innegable herencia italiana presente en la misma:

> Pareciome bien avisaros de los libros de Álgebra, que hasta ora son venidos a España, para que los leaes con juizio y eligaes el que fuere de más provecho. El primero de todos, que yo sepa, fue *La summa de Arithmética y Geometría*, que compuso Fray Lucas de Burgo, excellente Arithmética *de la qual todos después nos avemos aprovechado* (ff. 321v-322r).

No obstante, a pesar de su gran utilidad, no duda el matemático portugués en criticar ciertos aspectos de la *Summa*, que le servirán, al mismo tiempo, para justificar la estructura de su *Libro de Álgebra*:

> Ho primero livro que de Algebra se imprimio hé o que Frey Lucas de Burgo compôs em língoa veneciana, *mas tam obscuramente e tam sem méthodo que pasa de 60 annos que foy impresso* e ainda oje em Espanha há muy poucos que tenham notícia de Algebra (f. IIv).

> La demonstración trae Fray Lucas de Burgo, pero *tan obscuramente, que no se podrá entender de todos, y por esta causa la quesimos escrevir más claramente*, poniendo primeramente los fundamentos de que avemos de usar (f. 248r).

En lo que respecta al álgebra, la influencia de la obra de Pacioli emana de la «Distinctio 8», dedicada al Arte Mayor o Regla de la cosa, de la *Summa*. Este

---

[45] Pacioli afirma que el *Liber abaci* (1202) de Leonardo de Pisa, el primer y más difundido tratado del ábaco, «contituisce senz'altro la sua principale fonte di ispirazione» (Ulivi, 2000: 41). No obstante, el autor también reconoce haberse apoyado en textos de Euclides, Boecio y Sacrobosco, principalmente.

texto, a diferencia de los confeccionados por Fibonacci o por otros matemáticos árabes —que partían de la tradición marcada por el *al-jabr w'almuqabala* de al-Khwārizmī—, presenta un tipo de álgebra sincopada en la que, según Etayo Miqueo, «se intercalan abreviaturas para hacer más ágil el razonamiento, que sigue expresándose sin embargo en palabras» (1986: 147), una característica propia del Renacimiento, momento en el que el álgebra se escapa de las instrucciones verbales y apunta en direcciones simbólicas. Las notaciones empleadas por el franciscano son la gran contribución de la obra a la sociedad del momento. Estas serán adoptadas por el resto de países con los que Italia, uno de los focos comerciales y culturales de la época más relevantes, tenía un fuerte vínculo, como es el caso de España. Así, entre los tratados hispánicos del XVI proliferan las abreviaturas de la *Summa* (véase § IV.4.)[46].

3.2.3. Influencia alemana: los *Rechenmeister* Ries, Rudolff y Widman

Otro gran foco comercial europeo de la baja Edad Media y el Renacimiento fue la Hansa, una liga mercantil formada por ciudades de los mares Báltico y del Norte. Allí, y por los mismos motivos que en las repúblicas del norte de Italia, la importancia de la aritmética fue pareja al desarrollo del comercio. Un *Rechenmeister* o maestro calculista «era un funcionario encargado por la ciudad de la contabilidad, sobre todo la relativa a la salida de los puertos, salida y entrada natural del comercio entre ciudades de la liga» (Durán 2006: 161-162). Los *Rechenmeister* escribieron buena parte de las aritméticas que vieron la luz en Alemania durante el primer siglo de la imprenta.

Entre las numerosas álgebras germánicas de la época, destaca *Die Coss*, escrita en 1524 por el famoso *Rechenmeister* Adam Ries (Staffelstein, 1492-Annaberg, 1559)[47], uno de los matemáticos más influyentes entre los que tendieron a reemplazar los viejos métodos de cálculo, basados tanto en el uso de cuentas o fichas como en el de numerales romanos, por los nuevos métodos, que utilizaban la pluma y los numerales indoárabes (Boyer: 360)[48]. De igual modo, es relevante el texto habitualmente conocido como *Coss* (1525) —cuyo título completo es: *Behend*

---

[46] Asimismo, observamos ciertas analogías en el campo de la aritmética, como el paralelismo de algunos algoritmos para la resolución de las cuatro reglas (cf. Rankin), expuestos en § V.1.1.2.

[47] «The most famous cossist was Adam Ries, who published many influential textbook on arithmetic. In 1525, he wrote a Coss manuscript which accurately reflected the state of algebra in his day» (Bashmakova y Smirnova: 62).

[48] «Sus numerosos textos de aritmética resultaron ser tan efectivos que aún se usa en Alemania la frase "nach Adam Riese" como un elogio a la exactitud de los cálculos aritméticos» (Boyer: 360).

vund Hubsch Rechnung durch die kunstreichen regehn Algebre so gemeincklich die Coss genent werden—, escrito por Christoph Rudolff (Silesia, 1499-Vienna, 1543)[49].

Así, hallamos un paralelismo total entre algunos conceptos tratados en las obras de estos autores y las de los hispanos, primordialmente en la nomenclatura y notaciones empleadas para la designación y clasificación de las potencias de la incógnita. Por ejemplo, destaca el tecnicismo *sursólido*, compuesto del latín *sŭrdum*, «sordo» (DECH), y *sŏlĭdus*, «íd.» (DECH)[50], procedente de esta corriente establecida por los algebristas alemanes; además del término *bisursólido*, compuesto por el prefijo latino *bi-*, «dos veces», y el nombre *sursólido*, acuñado, asimismo, por estos *cossistas* germanos (véase § IV.2.1.1.). De hecho, según Paradis y Malet (139), se deben a los alemanes «diferentes tentativas interesantes, aunque infructuosas, de elaborar una buena notación para la sucesión de potencias de la incógnita», recogidas en los tratados de Ries y Rudolff, ambos referencias directas de la *Arithmética algebrática* de Marco Aurel (1552), el introductor del álgebra en la Península Ibérica.

La notación de Rudolff en la que se basa Marco Aurel deriva, a su vez, de la árabe desarrollada por el granadino al-Qalasādī (Baza, 1412-Béja, 1486) (cf. Vernet: 111). Entre las virtudes reseñables de la obra de Marco Aurel, Malet destaca «la de utilizar la notación algebraica alemana de la época, más formal y evolucionada hacia lo que sería finalmente el lenguaje algebraico moderno, y por ello claramente superior a la italiana del momento» (2000: 207). Con todo, desafortunadamente, las notaciones de filiación alemana utilizadas por Aurel tuvieron poca repercusión en las obras que le sucedieron en la península en el siglo XVI (véase § IV.4.1.).

Por el contrario, los símbolos germánicos para la suma y la resta (+ y –) nacidos de las aritméticas mercantiles, en concreto de la *Rechenung auff allen Kauffmanschafft*, escrita por Johann Widman y publicada en 1489 en Leipzig, acabaron por desplazar las abreviaturas *p.* y *m.* italianas (§ IV.4.2.). Estos símbolos se utilizaban originalmente, al parecer, para indicar exceso o defecto en las medidas de

---

[49] Matemático germano, publicó el primer libro de álgebra escrito en alemán, el cual ejerció una gran influencia en la producción de matemáticos posteriores (Stifel, Aurel, etc.). Su contribución es relevante desde el punto de vista de la notación de las raíces y significativa por su clasificación y designación de las potencias de la incógnita.

[50] «*Of* sursolidum *Ries said that it was a "deaf number" (eine taube Zahl). In the manuscript of* The Founder of Algebra, x^5 *is called* surdum solidum *(deaf solid). The german* taub *and the Latin* surdum *are translations of the Arabic asam, used by the Arabs for the greek ἄλογος (inexpressible). The use of the word* solidum *indicates that the cossists regarded certain powers as generalized cubes*» (Bashmakova y Smirnova: 64-65).

las mercancías de los almacenes (cf. Boyer: 360). También de origen alemán es el signo para la radicación √ (§ IV.4.3.)[51].

3.3. Fin de la centuria, un paso más: de la *Regla de la cosa* a la abstracción simbólica de Viète y Descartes

El último tercio del siglo XVI aparece dominado por la figura del francés François Viète (1540-1603)[52], cuya obra algebraica más importante es *In artem analyticem isagoge*, publicada en Tours en 1591. En la *Isagoge*, Viète se basa expresamente en el libro VII de la *Colección* de Pappus y en la *Arithmetica* de Diofanto de Alejandría, uno de los precursores del álgebra moderna. En efecto, la recuperación de la *Arithmetica* de Diofanto supuso otro paso fundamental para la formación del álgebra simbólica tal y como hoy la conocemos, en la que los símbolos predominan sobre las palabras. Por consiguiente, la incógnita, designada *cosa* o *co.* en los textos renacentistas, será representada mediante las últimas letras del alfabeto: *x, y, z*[53].

---

[51] Finalmente, cabe señalar las aportaciones de otros países europeos, como Francia e Inglaterra. Al inglés Robert Recorde (1510-1558), por ejemplo, debemos el signo = (véase § IV.4.2.). Por otro lado, en el contexto francés, destaca la *Triparty en la sciencie de les nombres* de Nicolas Chuquet, publicada en Lyon (1484). Esta obra «es en sí misma el trabajo de matemáticas más importante escrito en Europa desde el *Liber abaci* de Fibonacci hasta el *Ars Magna* de Cardano» (Paradis y Malet: 135), la cual contenía importantes innovaciones notacionales, como la de las raíces (véase § IV.4.3.), que, por desgracia, debido a su escasa difusión, fueron ignoradas. El conjunto de la obra de Chuquet es «un anticipo de los problemas básicos y de las pautas que se seguirán para resolverlos, y que constituirán a finales del siglo XVI la cimentación del lenguaje algebraico» (145). A pesar de que la obra no llegó a ser impresa, una de las versiones llegó a las manos del matemático Etienne de la Roche, quien copió una parte de la obra de Chuquet y dio a conocer el simbolismo de las potencias de la incógnita sobre la base de los exponentes.

[52] Nacido en Fontenay le-Comte, estudió Leyes en la Universidad de Poitiers. En 1570 se traslada a París, donde tres años después «es nombrado por Carlos IX consejero del Parlamento de Bretaña en Rennes. En 1980 regresa a París como consejero privado real, pero desde 1584 hasta 1589 cae en desgracia y es desterrado de París, por las conspiraciones de sus enemigos. Este fue el periodo dedicado por Viète a sus estudios matemáticos» (Martínez Pérez: 103).

[53] «La propia idea de emplear sistemáticamente letras para designar variables, incógnitas o constantes indeterminadas ha liberado al álgebra del yugo ejercido desde siempre por el verbo. En oposición con los vocablos y las abreviaturas heterogéneas empleados hasta entonces para representar ideas preconcebidas como el "número", nuestra *x* actual es totalmente independiente de la naturaleza de los elementos particulares que se supone que representa. Esto equivale a decir que la notación literal algebraica ha permitido pasar de lo individual a lo general [...]. Se ha podido, a partir de entonces, pasar de un razonamiento individual, referido a propiedades específicas, a un razonamiento global sobre las propiedades comunes a todos los casos de una misma especie» (Ifrah 2002: 1446).

> The creation of the formal language of mathematics is identical with the foundation of modern algebra. From the thirteenth until middle of the sixteenth century, the West absorbed the Arabic science of «algebra» in the form of a theory of equations, probably itself derived from Indian as well as from Greek sources. As far as the Greek sources are concerned, the special influence of the *Arithmetic* of Diophantus on the content, but even more so on the form, of this Arabic science is unmistakable if not in the *Liber Algorismi* of al-Khwarizmi himself, at any rate from the tenth century on. Now concurrently with the elaboration, particularly in Italy, of the theory of equations which the Arabs had passed on the West, the original text of Diophantus began, as early as the fifteenth century, to become well known and influential. But it was not until the last quarter of the sixteenth century that Vieta undertook to broaden and to modify Diophantus technique in a really crucial way. He thereby became the true founder of modern mathematics (Klein: 4-5).

Una de las ideas innovadoras de este autor, a quien le disgustaba el nombre bárbaro de origen árabe *álgebra*, fue proponer la sustitución del mismo por la expresión «arte analítica», en la que distinguía entre una *logistica speciosa* o álgebra numérica usual y una nueva *logistica speciosa* o álgebra de especies o magnitudes más generales que las numéricas. Dado que poco se podía avanzar hacia una teoría algebraica mientras la preocupación principal fuera únicamente la de hallar la «cosa» en una ecuación con coeficientes numéricos concretos,

> un geómetra podía representar por una figura y llamar *ABC* a un triángulo arbitrario, pero un algebrista en cambio no disponía de ningún recurso para poder escribir una ecuación general de segundo grado que las incluyese a todas. Ya desde los tiempos de Euclides se habían utilizado letras para representar magnitudes, conocidas o desconocidas, y Jordano en particular lo había hecho libremente, pero no se había inventado ningún método para distinguir las magnitudes que se suponen conocidas de las cantidades desconocidas que se tratan de calcular (Boyer: 387).

En este sentido, Viète —en aras de crear una notación literal para las expresiones algebraicas— propuso, por un lado, la utilización de una vocal para representar una cantidad que se supone en álgebra desconocida o indeterminada y, por otro, una constante para representar una magnitud o un número que se supone en esta ciencia conocido o dado. Esta es la primera vez en que tal disciplina ofrece una distinción clara entre el esencial concepto de parámetro y la idea de incógnita. A pesar de la modernidad de su obra, esta conserva una parte tradicional o antigua, como es el carácter sincopado de las designaciones y, en particular, de las potencias de la incógnita. Con todo, se trata de una de las etapas fundamentales para el cambio que culminará, una generación más tarde, con la aportación del también matemático galo Descartes.

René Descartes (1596-1650)[54], padre de la geometría analítica y de la filosofía moderna, pone claramente de manifiesto en su *Discours de la méthode pour bien conduire sa raison et chercher la vérité dans les sciences* (1637) cómo «a partir del siglo XVII, la matemática se desarrolla más bien por su propia lógica interna que por fuerzas de tipo económico, social o tecnológico» (Boyer: 424). En *La géométrie*, uno de los tres apéndices al *Discours de la méthode*, el francés se dedica a suministrar un marco geométrico para las operaciones algebraicas: este texto contiene un sistema de instrucciones detalladas para resolver geométricamente ecuaciones cuadráticas, aunque «no en el sentido algebraico de los antiguos babilonios, sino como los griegos de la antigüedad» (Boyer: 428). Por lo que respecta al álgebra contenida en este texto, Descartes fue más sistemático que sus predecesores, tanto en el carácter simbólico de la misma como en su interpretación geométrica. Así, «el álgebra simbólica formal, que había seguido desde el Renacimiento un proceso más o menos continuo de avance, encuentra su culminación en *La géométrie*» (427), donde la notación algebraica apenas difiere de la actual. Del uso por parte de Descartes de las primeras letras del alfabeto (a, b, c...) para los parámetros constantes y de las últimas (x, y, z) para las incógnitas o variables, adoptando para ellas la notación exponencial (n^2, n^3, n^4...) y la utilización de los símbolos germánicos + y –, deriva el álgebra tal como hoy conocemos.

Como hemos podido apreciar, el siglo XVI —concretamente la centuria cuyos contornos se podrían ubicar en el periodo que media entre el *Ars Magna* de Cardano (1545) y el *Discours* de Descartes (1637)— puede considerarse como el gran siglo del álgebra; una etapa relativamente corta de la historia, apenas cien años, en la que asistimos a un cambio revolucionario en el desarrollo de las matemáticas: la creación de un lenguaje nuevo para el álgebra, un campo lexicológico sobre el que sería muy interesante trabajar en futuras investigaciones.

[54] Nacido en La Haye, en el seno de una familia adinerada, «recibió una educación sólida y esmerada en el colegio de los jesuitas de La Flèche, en el que los libros de texto de Clavius ocupaban un lugar destacado. Después se graduó en la Universidad de Poitiers, en la que estudió Derecho sin demasiado entusiasmo. Más tarde viajó Descartes por diversos países durante unos cuatro años, participando en algunas campañas militares, primero en Holanda con Mauricio, príncipe de Nassau, después con el duque Maximiliano I de Baviera, y más tarde aún con la armada francesa en el asedio de La Rochelle. A pesar de ello no fue nunca un militar profesional y sus breves periodos de servicio en conexión con las campañas mencionadas estuvieron separados por largos intervalos de viajes independientes y de estudio durante los cuales entró en contacto con algunos de los intelectuales más importantes de Europa» (Boyer: 424-425).

4. Los matemáticos españoles del siglo XVI

A continuación presentamos algunos de los autores y textos matemáticos más representativos del periodo áureo hispano[55]. Estos textos, recogidos en el corpus del DICTER (editado por Mª Jesús Mancho y Mariano Quirós en 2005[56]), son la base de nuestro trabajo, dado que gran parte del caudal léxico analizado en el presente estudio lexicológico emana de las siguientes obras y de varios escritos científico-técnicos de diversa índole en los que se incluyen apartados y cuestiones matemáticas.

4.1. Juan de Ortega

Palentino de origen (ca. 1515-1542), aunque tal vez formado en París, fue miembro de la orden de predicadores y adscrito a la provincia de Aragón. Enseñó aritmética y geometría en España y en Italia, privada y públicamente (cf. Rey Pastor: 67). Suya es la más importante de las aritméticas mercantiles publicadas en España, de propósito esencialmente práctico y didáctico, para que «no passasen tantos fraudes como pasan por el mundo de las cuentas» (f. 1v), esto es: con la idea «de facilitar la exactitud, tan ligada a la honestidad en las prácticas mercantiles, conforme a las virtudes que en su profesión los burgueses deben cultivar» (Maravall 1972: 167).

---

55 Incluimos en esta nómina algunos matemáticos foráneos (como el alemán Marco Aurel o el portugués Pedro Núñez Salaciense) que estuvieron instalados en la Península Ibérica durante cierto tiempo, en el que escribieron una serie de tratados aritmético-algebraicos en español, fundamentales en el desarrollo de ambas disciplinas en el contexto del Quinientos hispano. Por otro lado, además de las obras seleccionadas para las investigaciones de este trabajo, destacan, entre otras, una serie de aritméticas prácticas publicadas en el Renacimiento español, como la *Arithmetica* de Antic Roca (publicada en Barcelona en 1564), el *Libro y tratado del arismetica y arte mayor y algunas partes de astrología y matematicas* del catedrático de astronomía y matemáticas de la Universidad de Salamanca Diego Pérez de Mesa (1598), el *Dorado contador* de Miguel Gerónimo de Santa Cruz (1594), el *Libro intitulado Arithmetica practica muy vtil y prouechoso para toda persona que quisiere exercitarse en aprender a contar agora nueuamente* confeccionado por Juan de Icíar (1549), el *Compendio de los números y proporciones* del catedrático de la universidad de Huesca Pedro Melero (1535, Lyon), el *Sumario breve de la práctica de Arithmética* redactado por Juan de Andrés (1515, Sevilla) o la *Suma de arithmetica pratica y de todas mercaderias; con la horden de contadores*, publicada en Valladolid en 1546 por Gaspar de Tejeda. Para más información, véase Salavert Fabiani (1990a). Como puede apreciarse, tanto en número de autores como de textos confeccionados y de ediciones, los tratados de la corriente práctica superaron ampliamente a los universitarios (Esteban Piñeiro y Salavert Fabiani: 250).

56 Accesibles en la web del DICTER: <http://dicter.usal.es/?idContent=elenco_obras>.

4.1.1. *Conpusición de la arte de la Arismética y de Geometría* (Lyon, 1512)

Esta obra, la primera aritmética mercantil que se publicó en español y la mejor de todo el periodo renacentista, fue una de las más importantes en el panorama científico de la Península Ibérica a lo largo del Quinientos, motivo por el que alcanzó numerosas ediciones (Paradis y Malet: 232).

Se trata de una aritmética comercial que apareció en la ciudad francesa de Lyon, en 1512, a cargo de un librero barcelonés (cf. Salavert Fabiani 1990a: 69), y cuya influencia francoprovenzal[57], a la que también se adscribe la *Suma* de Francesc Santcliment (1482), ha sido destacada por distintos investigadores (cf. Seisano, Malet 2000; Labarthe 2004) y explica la presencia de catalanismos (como la voz *tranzado*, para designar al número quebrado) o galicismos (como el término *nombre* para referirse a número), tal y como se estudiará en § III.4.3. y III.4.5. Fue traducida tempranamente al italiano (Roma, 1515; Mesina, 1522) y al francés (Lyon, 1515), versión esta que estuvo a cargo de Claude Platin (López Piñero *et al.* 1984: 263) y que, bajo el título *Oeuvre tres subtille et profitable de l'art et science de aristmeticque: et geometrie, translaté nouvellement d'espaignol en francoys...*, se convirtió en el primer texto de aritmética práctica publicado en Francia en dicho idioma. Asimismo, se reeditó varias veces en castellano en Sevilla (1534, 1537, 1542; ampliada por Gonzalo de Busto en 1552) y en Granada (en 1563, corregida por Juan Lagarto): en todas ellas, el dominico aporta un método original de aproximación de raíces que, según ha estudiado Rey Pastor (79-81), mediante un método de intercalación aditiva, satisface óptimamente la ecuación de Pell.

En cuanto a su contenido, de manera análoga al resto de las aritméticas comerciales de la época, centra el interés en las reglas de tres, de compañías (o repartos proporcionales) y de cambios, principalmente (cf. Labarthe 2004). Asimismo, dedica una gran atención a estudiar las cuatro reglas (en los seis primeros capítulos) y las fracciones (a partir del noveno capítulo al decimocuarto). Igualmente explica Ortega las distintas progresiones (a lo largo del capítulo sexto) y los algoritmos para la extracción de las raíces cuadradas y cúbicas (en el séptimo). En los capítulos finales de la aritmética del palentino, en línea con la fecunda tradición inspirada por las aritméticas mercantiles de los siglos XIII, XIV y XV, se documentan los métodos de una y dos falsas posiciones (capítulos 34 y 35, ff. 171r-192v), los cuales nos conducen hasta las puertas del álgebra[58].

---

[57] El tratado de Ortega esta próximo al *Compendion de l'abaco* de Francés Pellos, una aritmética comercial editada en Turín en 1492 (Malet 2000: 206, Labarthe 2004: 88-90).

[58] Estos métodos resuelven problemas de ecuaciones de primer y segundo grado que expresaríamos por la ecuación $ax = b$, introduciendo una falsa posición $x1$, que dará $b1$, y hallan la solución correcta x por proporcionalidad entre esta, $x1$, b, y $b1$.

El análisis de los problemas recogidos en este manual nos permite acercarnos al mundo mercantil de la época, pues muchos de ellos presentan una aplicación directa a situaciones comerciales y reflejan, por tanto, costumbres contractuales, repartos, testamentos, censales, arrendamientos, precios, etc. Por lo que respecta al modo de introducción de los distintos métodos de cálculo, Ortega es absolutamente práctico: a través de una colección más o menos larga de ejemplos concretos procede a la descripción y somera explicación de cada operación, mediante una exposición simple y directa.

En definitiva, la importancia de estos textos de aritmética práctica, en los que las innovaciones son casi inexistentes, debe considerarse «como reflejo de una sociedad que los necesitaba como divulgación de técnicas fundamentales para el desarrollo de la actividad económica» (Salavert Fabiani 1990a: 87). Dirigidas al futuro mercader u hombre de negocios, constituían una herramienta de trabajo «con algunas de las funciones de las calculadoras de bolsillo de hoy» (Paradis y Malet: 107).

4.2. Marco Aurel

Matemático alemán afincado en Valencia en las décadas centrales del siglo XVI, ejerció, según detalla en sus obras, la profesión de maestro de contar. En esta misma ciudad publicó, en 1541, un manual dirigido a mercaderes: *Tratado muy útil y provechoso para toda manera de tratantes y personas afficionadas al contar: reglas breves de reduciones de monedas y otras reglas tanto breves como compendiosas*. Se trata de uno de los numerosos manuales de cuentas impresos en España a lo largo de la centuria quinientista, en relación directa con los principales centros de actividad mercantil y financiera españoles de la época (DBE: 83-84). Efectivamente, a finales del siglo XV y principios del XVI «había en Valencia una importante presencia de mercaderes alemanes que operaban a través de compañías mercantiles como la Große Ravensburger Handelsgesellschaft» (cf. Hinojosa: 457), de tal modo que es posible que el origen de la presencia de Aurel en Valencia estuviese relacionado con estos agentes comerciales (Docampo 2004: 549).

Una década después, en 1552, publicó su obra más importante, titulada *Libro primero de Arithmética algebrática*, la cual ejerció una gran influencia en el desarrollo posterior de la matemática en España (Rey Pastor: 103).

4.2.1. *Libro primero de Arithmética algebrática* (Valencia, 1552)

Dedicado al muy magnífico señor Mossén Bernardo Cimón, ciudadano de Valencia (Picatoste, 1891: 21), con fecha de 16 de enero de 1552, fue el primer libro de álgebra impreso en la Península Ibérica: de ahí que, aunque no el primero que se escribía (cf. Docampo 2004), haya sido considerado tradicionalmente como el introductor del álgebra en el marco hispánico del Renacimiento.

Este libro, especialmente su apartado dedicado a la *Regla de la cosa* o *Arte Mayor*, ejerció una gran influencia en el desarrollo de la vertiente abstracta de las matemáticas en España, ya que el resto de tratados de álgebra aquí publicados en el siglo XVI se basaron en el compuesto por Marco Aurel, como puede apreciarse en la *Arithmética* de Antic Roca (1565) o en la de Juan Pérez de Moya (1562) (véase § 4.3.1.).

La estructura de la *Arithmética algebrática* es semejante a la del resto de manuales de cálculo mercantil o aritméticas prácticas: comienza con una descripción del sistema de numeración posicional de base decimal y los algoritmos de las cuatro operaciones con números enteros positivos, para, a partir de ahí, presentar una descripción de las propiedades de los números fraccionarios y de sus operaciones. A continuación trata el concepto aritmético de la proporción y la proporcionalidad (capítulo tercero), las reglas de tres, de una y dos falsas posiciones, así como otras reglas de repartos proporcionales implicadas en la resolución de problemas derivados del arte mercantil (capítulos cuarto y quinto) o las progresiones (capítulo sexto). Una vez expuestos estos contenidos, característicos del Arte Menor, el algebrista alemán estudia, en los seis capítulos siguientes (del séptimo al decimoquinto), los números cuadrados, cúbicos y sus raíces o binomios.

Finalmente, este texto contiene un rasgo que lo distingue de otras aritméticas prácticas: un apartado complementario dedicado a explicar y divulgar las reglas básicas del álgebra, denominado *Regla de la cosa* o *Arte Mayor*: doce últimos capítulos finales en los que estudia el álgebra de radicales y polinomios y las ecuaciones, con numerosos ejemplos prácticos de aplicación. Esta ciencia aparece en la obra de Marco Aurel como un instrumento, complejo y poderoso, necesario para la resolución de problemas. En efecto, «el álgebra fue el fruto más refinado de una nueva concepción característica del siglo XVI, la de que las matemáticas son imprescindibles para manejar aspectos fundamentales de la vida social» (Paradis y Malet: 134).

4.3. Juan Pérez de Moya

Juan Pérez de Moya (Santisteban del Puerto, Jaén, ca. 1513-Granada, 1597) completó sus estudios en Alcalá de Henares[59] y Salamanca, ciudad en la que fue docente, pues, según detallan contemporáneos suyos, como el maestro Alejo de

[59] Donde alcanzó el título de bachiller y abrazó la carrera eclesiástica (Leal: 17) que culminará —ya muy anciano— como canónigo de la catedral de Granada.

Venegas, allí «con público applauso ha leýdo», al igual que lo hiciera «en la Corte y en otros muchos lugares insignes»[60].

Los biógrafos de este matemático jienense aseguran que fue un hombre extraordinariamente culto que leyó y asimiló todo lo publicado en su época. Su formación como humanista justifica su amplia y variada producción, la cual puede dividirse en dos ramas diferenciadas: escritos de tema científico-matemático y escritos de tema religioso-moral (cf. Valladares: 378, Rodríguez Vidal: 7-13), aunque en todos ellos está presente el mismo denominador común que caracteriza al Bachiller: su espíritu didáctico y su incansable interés divulgativo.

No obstante, fue en su faceta de matemático en la que más destacó, tal y como lo demuestran los elogios de sus coetáneos —entre otros, el de Lope de Vega, que en el *Peregrino de su patria* (1604) escribe: «Moya es notable y célebre aritmético»— o la valoración posterior de la crítica especializada:

> Moya fue un matemático distinguido y profundo que reunió en sus obras, con gran criterio, cuanto entonces se sabía de estas ciencias, aclarando muchos conceptos y buscando demostraciones ingeniosas y resoluciones breves y sencillas a los problemas de mayor aplicación [...]. Formó parte un grupo de hombres eminentes que luchó tenazmente en España, durante todo el siglo XVI, por vencer el odio, el desprecio o el temor al estudio de las ciencias (Picatoste 1891: 245).

4.3.1. *Arithmética práctica y speculativa* (Salamanca, 1562)

La obra más relevante de Moya, *Arithmética práctica y speculativa*, fue publicada por primera vez en el año 1562 en la imprenta de Mathías Gast de Salamanca, y llegó a alcanzar más de 30 ediciones hasta el año 1875[61]. Fue muy conocida dentro y fuera de nuestra fronteras: de hecho, Simon Stevin (1548-1620), el famoso matemático e ingeniero flamenco contemporáneo del autor, la cita en su *Pratique d'Arithmétique* (1585: 29-30) como uno de los libros que aconseja para estudiar la regla de tres y la extracción de la raíz cúbica.

Este tratado es considerado por la crítica como el libro «más importante en la España del siglo XVI, no tanto por sus innovaciones (que no las tiene) sino por lo

[60] Véase el prólogo de su *Arithmética práctica y speculativa*, que el maestro Venegas dirige «Al benévolo y pío lector» (Pérez Moya, 1562: XIII-XV).

[61] Para más información, véase Valladares (389), López Piñero *et al.* (1983) y Navarro Brotóns *et al.* (1999).

que supuso en la divulgación de esta materia, tenida por muchos como excesivamente árida y, por ende, inaccesible» (Valladares: 391)[62].

La obra se divide en nueve partes o libros, desigualmente extensas y relevantes, que versan sobre aspectos relativos a la aritmética, tanto en su vertiente práctica como especulativa, y a la *regla de la cosa* o álgebra. La primera y la segunda están dedicadas a las operaciones con números enteros positivos y quebrados, respectivamente. La tercera «trata de la regla de tres y compañías, y testamentos o partijas o finezas de oro, y otras cosas tocantes al Arte, que dicen menor» (225-304), en la que se explican diversos métodos de reparto proporcional, así como los métodos de una y dos falsas posiciones. El libro cuarto presenta algunas reglas de geometría práctica, necesaria, en palabras de Moya, para medir heredades, es decir, para el cálculo de áreas. El quinto libro es una miscelánea que contiene una parte de la teoría pitagórica de números (en cuya clasificación destacan: el número superfluo, diminuto o perfecto, entre otros), un capítulo dedicado a las consonancias y disonancias de la música y sus definiciones, y otro dedicado a la proporcionalidad. A su vez, el sexto trata de reglas para contar sin pluma y de reducir unas monedas con otras.

En la página 443 comienza el libro séptimo, un compendio sobre la *Regla de la cosa* o *Arte mayor* que, tanto por su extensión —más de 170 páginas— como por el poema y el proemio del Brocense que lo encabezan, consideramos, de acuerdo con Paradis y Malet (241), la parte manifiestamente más importante de la obra si atendemos a la intención del autor. En este apartado dedicado al álgebra las coincidencias con Marco Aurel indican la atenta lectura que Moya hizo del alemán, aunque no haga alusión o mención alguna de él, una práctica, por otra parte, muy habitual en este tipo de tratados, donde los autores se copian unos a otros sin especificarlo. Efectivamente, la obra de Aurel parece haber sido una de las fuentes principales de la aritmética más popular que se escribió en la península, hasta tal punto que Moya llega incluso a reproducir algunos errores del algebrista germano.

La octava parte de la obra desarrolla ciertos caracteres de cuentas, monedas, y pesos antiguos, así como unas reglas para sacar las fiestas que dicen movibles. Finalmente, el «libro nono», última parte de la obra, contiene un diálogo (cf. Gómez 1988; Ferreras 1993 y 2008) entre dos estudiantes, Sofronio y Antímaco, que

---

[62] De ahí que el catedrático de Retórica de la Universidad de Salamanca, Francisco Sánchez de las Brozas, conocido como «el Brocense», comente en la introducción del libro séptimo de la *Arithmética* de Moya que «teniendo todos tan abierto el camino para aprenderla que nadie pueda pretender ignorarla, pues el bachiller Juan Pérez de Moya tanto ha trabajado en esta arte, para que nadie tenga trabajo en saberla» y, que, del mismo modo, Menéndez Pelayo afirme que «Moya fue un vulgarizador incansable de las ciencias exactas y sus aplicaciones, exponiéndolas con singular método, elegancia y claridad» (258).

exponen de forma ordenada sus argumentos a favor y en contra de la aritmética (cf. Rodríguez Vidal, Baranda Leturio, Molina 2016a).

La *Arithmética práctica y speculativa* de Moya fue, sin duda, «uno de los manuales de mayor éxito en la Castilla y en la España de su época» (Esteban Piñeiro y Salavert Fabiani: 246). Escrita con una gran claridad de exposición, reúne excelente información claramente sistematizada y expuesta de forma muy precisa, amena y atractiva. Este libro ofrece un compendio del saber coetáneo sobre aritmética —abarca desde los niveles más elementales, como contar con los dedos, hasta las últimas novedades, como la Regla de la cosa o álgebra (López Piñero 1999: 334)— que revela la erudición de su autor, quien realizó una brillante labor vulgarizadora y didáctica. Subraya Picatoste que apenas hay un párrafo en las obras de Pérez de Moya en que no resalte y se descubra claramente este propósito, al que parece dedicó su vida: procurar poner la ciencia al alcance de todo el mundo (1891: 245).

4.3.2. *Manual de contadores* (Madrid, 1589)

Otro texto matemático elaborado por el jienense Pérez de Moya, no tan relevante y difundido como el anterior. Se trata, como se deduce del título, de un manual de aritmética práctica destinado a aquellos que aspiraban a desempeñar el oficio de contadores o computistas; un tratado «en que se pone, en suma, lo que un contador ha menester saber, y una orden para que los que no saben escrivir, con oyrlo leer, sepan contar y convertir de memoria unas monedas en otras. Con unas tablas al fin en guarismo y castellano, para averiguar con facilidad las cuentas de los réditos de los censos y juros, según usança de España y otros Reynos» (1589: portada).

Efectivamente, los valores, así como las paridades monetarias y los tipos de cambio encuentran un lugar destacado en estas páginas, auspiciados probablemente por «el afán de cálculo y de exactitud que empezó a inundar la mentalidad mercantil y urbana de la época» (Salavert Fabiani 1990: 87), dado que, en el siglo XVI, la normalización de los pesos, las medidas y las monedas preocupó en repetidas ocasiones. De hecho, según Docampo (2004: 570-571), la inclusión de ejercicios de trueques en gran parte de los tratados aritméticos de la época confirman la escasez de moneda. Estos problemas de cambios de moneda nos aportan una información muy valiosa sobre el mundo financiero medieval.

Este texto sigue el modelo de los manuales de mercadería surgidos en el seno de ciertas empresas mercantiles europeas «que se elaboraban para servir de guías de la actividad comercial mediante la recopilación de datos concretos y mensurables sobre la realidad bajomedieval. No eran tratados escolásticos o teóricos, sino volúmenes de índole eminentemente práctica que, por eso mismo, solían recoger sólo las noticias que interesaban a la compañía» (Igual: 5).

Como hemos anticipado, para la instrucción de este grupo socioprofesional resultaba de gran utilidad aprender las reglas aritméticas básicas y algunas operaciones más complejas, explicadas, en general, mediante el planteamiento de problemas que reproducían posibles situaciones reales.

El *Manual de contadores* (1589) se divide en cuatro libros: el punto de partida de este texto es la enseñanza de la denominada por Moya «cuenta de guarismo» (es decir, del sistema de numeración indoarábigo y el valor posicional), la cual va seguida de la exposición de la cuenta castellana (sistema de numeración romano) y de la tabla de contar mediante cálculos o jetones. A continuación, el célebre matemático andaluz presenta con todo detalle los algoritmos de las cuatro operaciones básicas —adición, sustracción, multiplicación y división—, aplicados al peso, a determinadas medidas áridas (como el trigo, el centeno o la cebada), líquidas (entre otras, la miel, el vino o el aceite), así como a la cronometría y a las diversas monedas de Valencia, Aragón y otros reinos hispanos, acompañados por una serie de reglas o pruebas que confirman o refutan su veracidad.

En el libro segundo se exponen y estudian los números quebrados: por un lado, su simplificación o conversión (del primer capítulo al decimocuarto) y, por otro, las cuatro operaciones aritméticas fundamentales aplicadas a los mismos, esto es, la suma, resta, multiplicación y división de fraccionarios (capítulos XV-XXII). En el tercero, Pérez de Moya introduce la regla de tres (con sus variantes simple y compuesta) y la regla de compañía (con y sin tiempo), aplicadas al contexto mercantil o al ámbito de los negocios, donde a menudo se da la necesidad de efectuar una serie de repartos proporcionales relativos a las «alcavalas y otros tributos» (166), «rentas ecclesiásticas» (167), «subsidio» (170), «pujas de rentas» (171), «monto o cuenta de navío» (172) o testamentos en los que se debe partir una hacienda entre muchos o pocos herederos. Finalmente, hallamos una serie de muestras que enseñan a hacer cuentas para comprar y vender tapicería, oro y plata (en las que Moya ofrece precisiones sobre su peso, quilates, etc.).

El cuarto y último libro está encabezado por una tabla en que se ponen los valores de las monedas y pesos de Castilla (200-202), Portugal, Flandes, Francia (Perpiñán) e Italia (Nápoles, Génova, Milán, Palermo, Sicilia, Venecia); esto es: de las grandes ciudades comerciales del Mediterráneo. Los capítulos que le siguen son una muestra de cómo reducir monedas: por ejemplo, ducados en maravedís (205), maravedís en ducados (207), escudos o coronas en maravedís (209), reales en maravedís (211), y un largo etcétera.

En definitiva, esta obra es una muestra de un género de escritos corrientes en los ambientes económicos de la época, los cuales denotan la demanda que tenía el saber matemático entre los mercaderes.

4.4. Pedro Núñez Salaciense

Pedro Nunes Salaciense (Alcácer do Sal[63], 1502-Coimbra, 1578), más conocido por su nombre latinizado, Petrus Nonnius Salaciens[64], o por la forma española, Pedro Núñez Salaciense, estudió Filosofía y Medicina en Lisboa, donde obtuvo el grado de doctor y ocupó una cátedra de Filosofía desde 1530 hasta 1533. Asimismo, se aplicó especialmente al estudio de las Ciencias Matemáticas, disciplina en la que obtuvo la primera cátedra de Coimbra en 1544 (Picatoste 1891: 218) y que le permitió ejercer durante seis años como profesor de Matemáticas en la Universidad de Salamanca (Flórez Miguel 2006: 418).

Es en su faceta de matemático en la que más sobresalió[65]: según Malet (2000: 209), se debe considerar a Núñez como «el mejor matemático que diera la Península Ibérica en los siglos XVI y XVII»[66]. Entre sus muchos trabajos y estudios en este campo, su obra más importante es *Libro de Álgebra en Arithmética y Geometría*, «per la gran influència que va exercir en aquella època i per la singularitat dels procediments i justificacions geomètriques i algebraiques emprades per l'autor» (Massa Esteve, Rommevaux y Roca-Rosell: 4). Esta fue publicada en 1567 y reimpresa en dos ocasiones[67], y una de sus características más llamativas es la autotraducción que, del portugués al español, realizó el propio autor: según constata Bosmans, «portugais de naissance, l'auteur écrit une première rédaction dans l'idiome national. Trente ans plus tard il la développe et la traduit en espagnol, langue plus parlée, dit-il lui-mème, que la langue maternelle. Il met enfin le volume au jour bien loin au delà des frontières de la patrie, à Anvers» (1908b: 222).

---

[63] «Cidade emperatória no século XVI, chamada Salácia, no tempo dos Romanos» (Ventura Sousa: 15).

[64] Afirma Ventura Sousa que «nos trabalhos editados em Coimbra designase habitualmente» de este modo (15).

[65] Picatoste lo considera «como uno de los primeros matemáticos del siglo XVI y como uno de los que más trabajaron por el progreso de todas las ciencias en la teoría y en la práctica» (1891: 219). También Rey Pastor ensalza su labor intelectual, al señalar que «enriqueció la matemática con varias ideas verdaderamente geniales, que lo colocan a una altura inmensa sobre los demás matemáticos españoles y portugueses de aquella época, y quizás de todos los tiempos» (115). Leitão afirma que «foi um dos matemáticos europeus de maior fama no século XVI» y que «em practicamente todos os grandes matemáticos, astrónomos e cosmógrafos da segunda metade do século XVI e do século XVII é possível encontrar, se não referências directas ao trabalho de Pedro Nunes, pelo menos alguns traços da sua influência» (9).

[66] Una de sus contribuciones más importantes a la ciencia fue la creación del instrumento conocido como *nonius* y de la curva loxodrómica vinculada a la navegación.

[67] «Una en casa de Steelsio y otra por los herederos de Arnaldo Birkman» (Picatoste 1891: 221).

4.4.1. *Libro de Álgebra en Arithmética y Geometría* (Amberes, 1567)

La edición del texto Núñez que manejamos para este estudio es la segunda, publicada en Amberes, gran centro editor de literatura científica. Entre las obras de Aurel o Moya y su *Libro de Álgebra en Arithmética y Geometría* de 1567 existe una profunda diferencia. Como hemos analizado en § 4.2.1. y 4.3.1., tanto en la *Arithmética algebrática* del alemán como en la *Arithmética práctica y speculativa* del andaluz, al igual que en otros tratados matemáticos de la época, el álgebra es un capítulo más o un apéndice de la aritmética, quedando casi reducida a la *Regla de la cosa*, aplicada a las diversas igualaciones simples y compuestas, expuestas dogmáticamente. Por el contrario, la obra del portugués —que, como explicita en el prólogo, fuera publicada 30 años antes en su lengua materna (ff. IIIr-IIIv)— supone un gran avance, ya que al dedicar las dos primeras partes a la disciplina del álgebra como tal, confiere a este saber una entidad de la que hasta entonces carecía. «Si tenemos en cuenta que su libro fue escrito hacia 1537 podemos decir que se anticipó a Cardano, que es considerado como el primero que dio autonomía al Álgebra en su obra: *Ars Magna*, publicada en el año 1545» (Flórez Miguel: 418), aspecto que Massa Esteve denomina como «la algebrització de les matemàtiques», esto es, «quan l'àlgebra comença a ser considerada una disciplina independent dins de la matemàtica» (2010: 101).

En esta innovadora obra desarrolla Núñez una teoría de las ecuaciones, una teoría de las operaciones polinómicas y un «estudio completo de las operaciones algebraicas casi idéntico al actual, mediante reglas que van acompañadas de su demostración geométrica» (Rey Pastor: 117-118). De hecho, el autor alude a esa relación intrínseca que existe entre álgebra y geometría:

> Pero, obrando por este modo y encobriendo el artificio, no se engendra sciencia y, por esta causa, aplaze más esta arte de Álgebra, la qual, puesto que sea práctica, van, pero, en ella las operaciones siguiendo las demonstraciones, de manera que quien sabe por Álgebra sabe scientíficamente. Principalmente, que vemos algunas vezes no poder un gran mathemático resolver una questión por medios geométricos y resolverla por Álgebra, *siendo la misma Álgebra sacada de la Geometría, que es cosa de admiración* (f. 268v).

Encontramos en Núñez «una preocupación por el rigor y la claridad en los conceptos que introduce, y por la justificación de las reglas y técnicas que utiliza, que le identifican como un matemático de gran nivel» (Malet 2000: 210), con una evidente finalidad didáctica, según él mismo reconoce: «no es nuestra intención escrevir para los doctos, los quales de nuestra escriptura no ternán necessidad» (f. 46r). Su obra contiene además algunas innovaciones notacionales (por ejemplo, para las raíces, véase § IV.4.3.) o el planteamiento del problema de máximo común denominador de polinomios —necesario para la simplificación de fracciones algebraicas—.

El *Libro de Álgebra* que el matemático luso confeccionó y dedicó al príncipe cardenal infante don Enrique (en Lisboa, a 1 de diciembre del año 1564) se divide en tres partes principales. La primera consta de seis capítulos en los que se exponen cuál es el fin del álgebra, de sus conjugaciones (ecuaciones, en terminología de Núñez) y de sus reglas (f. 1). A continuación, en los folios 2-5, exhibe el autor la «práctica de las reglas», aplicadas, en el tercer y cuarto capítulo, a la resolución de ecuaciones de primer y segundo grado (ff. 5-23), para las cuales ofrece varias demostraciones.

La segunda parte, estructurada o subdividida en tres secciones con once, doce y quince capítulos respectivamente, presenta operaciones con polinomios y fracciones algebraicas (ff. 24-42), con radicales (ff. 43-60) y con proporciones (ff. 61-124). Para ello, define, en primer lugar, cuáles son los elementos algebraicos con los que ha de operar a lo largo de su tratado: las potencias, denominadas en su obra «dignidades». Igualmente, tras explicar cómo se simplifican los números quebrados a un común denominador (f. 34), enseña Pedro Núñez a abreviar, sumar, restar, multiplicar y dividir con esta tipología numeral específica aplicada al álgebra. A continuación, propone una clasificación de los distintos tipos de raíces —las cuales van, a su vez, acompañadas por su respectiva definición— con las que, de manera análoga a las potencias y quebrados, demuestra cómo han de sumarse, multiplicarse, dismunirse y repartirse, al mismo tiempo que ofrece una serie de reglas generales para la ejecución de dichas operaciones. Por último, aporta el autor una definición del concepto de proporción, así como una detallada clasificación de sus distintos géneros, mediante los que manifiesta, entre otras posibilidades, cómo por lo noto o conocido podemos llegar a conocer lo ignoto (f. 99).

Finalmente, la tercera parte, que es la principal, la más práctica y extensa (ff. 125- 323), está compuesta por siete capítulos y dedicada a la resolución de problemas «aritméticos» —que ascienden a un total de 110 y que responden al modelo «8. Buscar dos números en proporción dupla que, multilicando el uno por el otro, hagan 10» (f. 153) o «54. Partamos 10 en tales dos partes, que, partiendo la mayor por la menor, lo que viniere sea la mitad de lo que se haze multiplicando la mayor por la menor» (f. 170)— y «geométricos»[68] (se cuentan 77), del tipo: «7. Si el excesso del diámetro sobre el lado fuere conoscido, cada uno por sí será conoscido» (f. 230) o «63. Si los lados del triángulos fueren conoscidos, por ellos podremos saber quánto el centro del peso es apartado de cada uno de los ángulos» (f. 287).

[68] «Pour Nunes, l'algèbre apparaît comme un art qui permet de résoudre dans un langage qui lui est propre des problèmes de natures différentes, géométrique ou arithmétique» (Labarthe 2012: 212).

En suma, esta obra dedicada al álgebra es una muestra de cómo esta disciplina «est la clef, l'entrée et la porte des abismes qui sont en la science des nombres» (Chuquet: f. 83v).

***

El análisis que hemos realizado en este primer capítulo, en el que resaltamos algunos de los hechos más destacados de la historia de las matemáticas y, en particular, de la aritmética y el álgebra, hasta finales del Renacimiento, da cuenta de la importancia, la difusión y el desarrollo que ambas disciplinas gozaron en esta centuria, aspecto que nos parece esencial para una mejor comprensión y caracterización del tecnolecto matemático renacentista, del que nos ocuparemos en los capítulos III, IV y V de este volumen.

El desarrollo de las ciencias exactas en el Quinientos hispano estuvo marcado fundamentalmente por las aplicaciones prácticas de este saber a las demandas sociales. El dinamismo económico de los siglos XV y XVI y el afán de riqueza de la clase burguesa desencadenaron una auténtica revolución comercial que, origen del moderno capitalismo, propició una rápida expansión urbana y un incremento de las relaciones comerciales continentales. En este contexto nace la imperiosa necesidad de aprender aritmética, un instrumento ineludible para llevar a cabo con éxito la nueva contabilidad; y, de ahí, la proliferación de los libros de cuentas o aritméticas prácticas en estos años.

El objetivo —y el gran mérito— de estos textos, inspirados en el *Liber abaci* de Fibonacci (1202), fue la democratización del cálculo y la generalización del uso de los numerales indoarábigos, así como del principio posicional de base decimal y de los sofisticados algoritmos de origen oriental. Este sistema, mucho más eficaz y aventajado que el tradicional uso del ábaco, la mano o los numerales romanos, permitió que el secretismo medieval en torno a las cuentas se disolviera y que el conocimiento al respecto se propagara, en el Siglo de Oro, a una franja más extensa de la población.

Uno de los hechos que contribuyó en gran medida a la aritmetización de la sociedad quinientista fue el empleo de la lengua vulgar como vehículo de expresión científica. Así, los matemáticos hispanos de la época, movidos, sobre todo, por un afán de hacerse entender y de poner la ciencia al alcance de todo el mundo, escribieron en romance castellano un gran número de obras consagradas a las cuentas y a la formación matemática del mercader (u otros oficios análogos). Entre las aritméticas más representativas del marco hispánico destacan las confeccionadas por Juan de Ortega (1512), Marco Aurel (1552) y Juan Pérez de Moya (1562 y 1589), tanto por la elevada difusión que alcanzaron como por la eficacia divulgadora de sus contenidos.

Otro de los logros que emanan de la publicación de las aritméticas prácticas fue el desarrollo del álgebra en la Península Ibérica, ya que estas obras solían contener un apéndice final o capítulo dedicado a la resolución de ecuaciones de primer y segundo grado con una o más incógnitas (son los casos de Marco Aurel y Pérez de Moya), en el que se trascendían los límites de las operaciones directamente aplicables al comercio y se agudizaba el ingenio de los más curiosos e interesados en esta ciencia de los números. En esta línea, el libro redactado por Pedro Núñez da un paso más y le confiere al álgebra una entidad propia, independizándola de la aritmética: motivo por el que se convierte en uno de los mayores avances —si no el mayor— reseñables en las matemáticas entre los producidos en España en el gran siglo de desarrollo del álgebra.

En efecto, el siglo XVI revolucionó la concepción y la expresión del álgebra, que a lo largo de la centuria, y frente a una aritmética marcada por la tradición y por el mantenimiento de las teorías y las designaciones acuñadas por autoridades grecolatinas, fue avanzando desde la retórica de los textos árabes surgidos a partir de la obra de al-Khwārizmī hacia las síncopas (de origen italiano, por un lado, y, alemán, por otro), hasta alcanzar, a finales del Renacimiento y ya entrado el siglo XVII, la abstracción y expresión simbólica que hoy le caracteriza.

Desde un punto de vista histórico y cultural, la excelencia de estas obras, así como de la materia tratada en las mismas, es un hecho palmario. Asimismo, desde un punto de vista lexicológico, estos tratados encierran un rico y vasto material, aspecto que intentaremos demostrar en el estudio del tecnolecto matemático del Renacimiento hispano que, a continuación, presentamos.

II.
LENGUA Y CIENCIA MATEMÁTICA

1. Lenguaje de especialidad vs. lenguaje general

Para poder estudiar y caracterizar el registro lingüístico que nos ocupa debemos, en primer lugar, definirlo y delimitarlo con respecto del lenguaje general[1]. Así, la voz *tecnolecto* (también designado *lenguaje científico-técnico* o *léxico de especialidad*) engloba al conjunto de todos los sublenguajes especializados de las diversas ramas de la ciencia y de la técnica que emplean para comunicarse con éxito una terminología precisa.

En efecto, se considera que el lenguaje científico es «un subsistema que utiliza una terminología y otros medios lingüísticos con objeto de suprimir toda ambigüedad en la comunicación propia de un área concreta» (Lerat: 14), es decir, «todo mecanismo utilizado para la comunicación, cuyo universo se sitúa en cualquier ámbito de la ciencia, ya se produzca esta comunicación exclusivamente entre especialistas, o entre ellos y el gran público, sea cual sea la situación comunicativa y el canal elegido para establecerla» (Gutiérrez Rodilla 1998: 20).

Al conjunto estructurado de todos los términos, voces y expresiones que se utilizan en un dominio científico o técnico determinado —distinto e independiente, por tanto, en cada rama del saber— se le denomina *terminología*.

Como admite Gutiérrez Rodilla, entre la parcela del léxico científico de una lengua y los conceptos estructurados de las ciencias,

[1] No es una tarea fácil, pues existen opiniones de todo tipo: «desde quienes creen, en un extremo, que el lenguaje científico es un lenguaje completamente independiente del lenguaje común, hasta los que están convencidos, en el extremo contrario, de que el lenguaje científico no existe como tal, sino que se trata simplemente de una variante del lenguaje común, del que se aparta levemente tan solo en el uso que hace del vocabulario» (Gutiérrez Rodilla 2005: 19). En este estudio, de acuerdo con el análisis llevado a cabo por la profesora Gutiérrez Rodilla (1998 y 2005), se mantendrá una postura intermedia: no se considerará como un lenguaje completamente independiente, pero tampoco como una simple variación de tipo léxico.

se establece una fuerte relación de necesidad; el rigor con que los conceptos están organizados en una ciencia exige un rigor paralelo en el lenguaje especializado. La conceptualización, que desempeña un papel fundamental en el desarrollo de cualquier ciencia, debe reflejarse paralelamente en la formulación. Necesitamos de la palabra para expresar conceptos científicos, entre otros. «Denominar, es decir, crear un concepto es, al mismo tiempo, la operación primera y última de una ciencia» (Beneviste 1974: 247, cit. en Gutiérrez Rodilla 1998: 24).

En consecuencia, el lenguaje es una parte ineludible de la metodología científica, de ahí que resulte imposible aprender una ciencia sin dominar al mismo tiempo el lenguaje en el que esta se expresa. De hecho, probablemente lo que mejor caracterice a los lenguajes de especialidad es el vocabulario que los constituye[2], cuyo elemento básico es el término o tecnicismo: una unidad léxica constituida por una denominación y un concepto. Estas voces y expresiones propias de una determinada ciencia —cuyo fin más importante es la transmisión de conocimientos— constituyen la terminología de ese ámbito; así ocurre, por ejemplo, con la terminología o tecnolecto referido a las matemáticas de una época concreta, el Renacimiento, que es el objeto de estudio de este libro y que se materializa en los siguientes capítulos.

2. Selección de las voces relativas a la aritmética y el álgebra del siglo XVI

El punto de partida de este estudio es el corpus del DICTER, el cual está constituido por 74 obras científico-técnicas, de las que seleccionamos los términos pertenecientes a las especialidades de la aritmética y el álgebra. Para ello delimitamos, en un primer momento, las obras específicas de las matemáticas, entre otras, el *Libro primero de Arithmética algebrática* de Marco Aurel (1552), la *Institución de la Academia Real Mathemática* de Juan de Herrera (1584), el *Libro de Álgebra en Arithmética y Geometría* de Pedro Núñez Salaciense (1567), la *Conpusición de la arte de la Arismética y de Geometría* de Juan de Ortega (1512) y la *Arithmética práctica y speculativa* (1562) y el *Manual de contadores* (1589) de Juan Pérez de Moya.

Con todo, gracias a un programa de búsquedas complejas (*Ultraedit*), hemos podido localizar algunas voces y acepciones matemáticas integradas en el resto del corpus; quehacer ineludible si tenemos en cuenta el carácter aplicado de las

2 «La terminología es la columna vertebral de un texto especializado. Los términos representan nudos de conocimiento de una especialidad y mediante enlaces entre ellos conforman la estructura conceptual de un ámbito de especialidad. El conjunto de esos nudos y sus enlaces conforma el mapa conceptual esencial de una materia» (Cabré 2003: 50).

ciencias exactas y la relevancia que estas alcanzaron como elemento auxiliar para el aprendizaje y desarrollo de disciplinas anejas durante el Renacimiento, lo que hace que su presencia se documente en obras de diversa índole científico-técnica (así sucede, por ejemplo, con los numerales o las cuatro operaciones básicas de adición, sustracción, multiplicación y división).

No obstante, una de las dificultades en este sentido fue determinar una serie de criterios respecto a la selección del léxico matemático. En este cometido fue imprescindible una profunda inmersión en obras relativas a la historia de la disciplina en general y a la historia del álgebra, de los sistemas de numeración, etc., en particular, asesoradas por investigadoras expertas[3]. Entre los textos que nos fueron recomendados, destacan las investigaciones de Bashmakova y Smirnova (2000), Bell (2000), Boyer (2003), Caunedo del Potro (2000 y 2007), Cifoletti (1996), Dahan-Dalmedico y Peiffer (1986), Djebbar (2001 y 2005), Docampo (2004, 2006 y 2008), Durán (2000, 2006 y 2007), Etayo Miqueo (1986 y 2003), Franci (1988, 2003 y 2010), Franci y Toti Rigatelli (1982, 1985 y 1988), González Urbaneja (2000 y 2007), Giusti y Maccagni (1994), Heeffer (2009, 2010, 2012a y 2012b), Høyrup (1991 y 2010), Ifrah (1987, 2002 y 2006), Klein (1968), Kline (2012), Labarthe (2004, 2005, 2010 y 2012), Leitão (2010), Malet (2000), Martín Casalderrey (2000), Massa Esteve (2010 y 2012), Meavilla (1993 y 2001), Paradis y Malet (1989), Puig (1998, 2003 y 2010), Rashed (1984, 1987, 1997 y 2007), Romano (1999 y 2007), Romero (2007 y 2011), Rose (1967), Sigler (2002), Stedall (2012) o Swetz (1987): tras la lectura de aportaciones como estas pudimos, al fin, distribuir una serie de áreas relativas a la aritmética y el álgebra.

La primera, como se comprueba en las aritméticas prácticas del Renacimiento, comienza con el concepto de número, los sistemas de numeración y los elementos que los constituyen, que, en la época estudiada, eran el indoarábigo y el romano, lo que nos condujo a comenzar nuestras investigaciones con el estudio de los distintos paradigmas numerales. Aparecen a continuación las cuatro reglas para

[3] Queremos manifestar nuestro agradecimiento a la Dra. Dña. Antonella Romano (directora del Centre Alexandre-Koyré. Histoire des sciences et des techniques, laboratorio de l'Ecole des hautes études en sciences sociales [EHESS], del Centre national de la recherche scientifique [CNRS] y del Muséum national d'histoire naturelle, París) y a la Dra. Dña. Mª Rosa Massa Esteve (miembro investigador del Centre de Recerca per a la Història de la Tècnica «Francesc Santponç i Roca» de la Cátedra UNESCO de Técnica y Cultura de la Universitat Politècnica de Catalunya, Barcelona), por las recomendaciones bibliográficas y las orientaciones recibidas durante las dos estancias de investigación realizadas. Gracias a este asesoramiento, nos ha sido más sencillo establecer unos límites entre ambas disciplinas, principalmente, y entre las características internas propias de cada una de estas ciencias, en segundo lugar, ya que, debido a nuestra formación —exclusivamente filológica—, carecíamos, en un primer momento, de esta base matemática.

operar con los números enteros, esto es, los algoritmos de la suma, la resta, la multiplicación y la división, así como el concepto de la notación decimal posicional de base decimal, seguido de las fracciones y las operaciones específicas referidas a las mismas (como la multiplicación en cruz o la simplificación de sus denominadores, entre otras). Igualmente, las proporciones y las progresiones ocupan un papel destacado en la aritmética y, por consiguiente, en nuestro estudio. En los textos del corpus delimitado, particularmente, las reglas de tres y los repartos proporcionales (reglas de compañía —con y sin tiempo— y conceptos de inversión e inversores, de intereses generados, etc.), así como las reglas de cambios de monedas, las propias monedas y sus valores, y un sin fin de aplicaciones aritméticas al comercio adquieren un tratamiento profuso que, de igual manera, queda reflejado en este análisis. Del mismo modo, aspectos vinculados a la vertiente más teórica de esta ciencia, como la clasificación y la tipología de los números —y algunas de sus aplicaciones a la música, una materia presente aún en ciertos textos del siglo XVI—, aparecen recopilados en las siguientes páginas.

Por otro lado, a partir de los números irracionales, el concepto de inconmensurabilidad y las reglas de falsa posición, pasamos al álgebra, ciencia en la que predominan las raíces de variada naturaleza (perfectas, imperfectas, racionales, entre otras), las expresiones algebraicas (como binomios, trinomios, etc.), las ecuaciones con una o más incógnitas, así como las potencias de las mismas. Estas últimas constituyen un complejo entramado en los textos del periodo áureo, muy distante del simbolismo algebraico al que estamos acostumbrados. Además, el hecho de que esta disciplina estuviera en pleno proceso de desarrollo en la época estudiada nos condujo a la consulta de otros textos del contexto europeo coetáneo, como el *Coss* publicado por el alemán Rudolff o la *Summa* de Pacioli, a los que tuvimos que recurrir para comprender el significado y el origen de algunas de las voces referidas a las potencias de la incógnita (como *dragma*, *cosa*, *censo de censo* o *sursólido*), recopiladas en el estudio que presentamos. No obstante, debemos admitir que el hecho de que el corpus con el que trabajamos estuviera constituido por manuales didácticos nos permitió, como uno más entre los destinatarios no versados en matemáticas a los que van dirigidos, comprender y descifrar cuestiones tan abstractas como las síncopas y las operaciones ejecutadas con las mismas.

Por último, derivado de este pragmatismo implícito de los tratados matemáticos renacentistas, estimamos inexcusable atender en nuestra selección de voces algunos aspectos vinculados con la epistemología y con la metodología implicadas en la transmisión de contenidos aritmético-algebraicos, como son las reglas, los métodos, los procedimientos, las pruebas y excepciones, los axiomas, los postulados, los preceptos, las hipótesis, las preguntas y las respuestas, las demostraciones, los errores y los aciertos, entre otros muchos conceptos que a continuación examinaremos.

III.
PROCEDENCIA DE LAS VOCES MATEMÁTICAS

Uno de los principales objetivos que persiguen los tratados matemáticos publicados en el Siglo de Oro es el de adoctrinar y transmitir nociones de aritmética y álgebra a una extensa demanda social. Una condición indispensable en este cometido es el empleo de una terminología exacta y precisa que, por primera vez, es nombrada en vernáculo. Ante la necesidad de verbalizar, expresar y designar ideas, objetos y procedimientos relacionados con las matemáticas, la lengua castellana se sirvió, entre otros recursos, de la adopción de voces procedentes de otras lenguas, así como de la creación de términos nuevos mediante mecanismos morfológicos lexicogenésicos (véase capítulo IV) y de la atribución de nuevos significados técnicos a palabras ya existentes en la lengua común (véase capítulo V). Esta disciplina, marcada por una larga tradición en el ámbito académico, trae como consecuencia la proliferación de voces que, de una u otra forma, tienen como origen la lengua latina. A continuación, reseñamos los términos de la lengua del Lacio empleados en la configuración del tecnolecto matemático del Quinientos hispano, así como la aportación que otras lenguas tuvieron en el establecimiento de este registro especializado en español.

1. Voces patrimoniales

Desciende del latín el vocabulario fundamental del español, transmitido oralmente de generación en generación a lo largo de una ininterrumpida cadena de hablantes (Penny: 231). De ahí que las voces patrimoniales o heredadas de la lengua de Roma constituyan, generalmente, el caudal léxico más numeroso de las lenguas romances.

Por lo que respecta al vocabulario aritmético-algebraico hispano, el conjunto formado por las voces heredadas del latín es uno de los más cuantiosos. Hallamos un total de 136 vocablos: *absuelto, añadir, asentar, bajar, bastar, caber, cambiar, cambio, casa, castellano, catorce, certidumbre, ciento, cierto, cinco, cincuenta, componer, compuesto, común, contador, contar, crecer, cuadrado, cuadrar, cua-*

renta, cuatro, cuento, deber, demandar, demostrar, deuda, diez, diezmo, disminuir, doblar, doble, doce, dos, doscientos, entero, entrar, errar, falta, falsedad, falso, grado, hacer, hallar, igual, igualdad, incierto, incompuesto, inigual, junto, justo, lado, letra, llano, llevar, lugar, mayor, mayoridad, más, menguar, menor, menos, mitad, mostrar, nacer, nombrar, nombre, noventa, nueve, obra, obrar, ochavo, ochenta, ocho, once, oro, par, parte, partir, pedir, por, primero, primo, probar, proporcionado, punto, quebrar, quedar, quince, quinientos, raíz, razón, reducir, roto, sece, seis, seiscientos, sencillo, señal, ser, sesenta, seteno, setenta, sexmo, siete, sobrar, sobrecuadriparciente, sobretriparciente, sordo, subir, sumado, tabla, tanto, tercero, todo, traer, trece, treinta, tres, trescientos, triplicado, unidad, uno, valor, venir, verdad, vez, volver. Asimismo, documentamos un trío de casos dudosos: *postrero*[1], *quitar*[2] y *raya*[3].

Este componente patrimonial del léxico matemático está integrado por voces pertenecientes a campos fundamentales, como los numerales cardinales, ordinales y algunos verbos que designan acciones básicas de movimiento para la expresión de las cuatro reglas, así como por palabras de la lengua general que adquieren en los tratados científicos de la época estudiada, mediante modificaciones semánticas de contenido, valores matemáticos, como los adjetivos *sordo*, *roto*, etc. (véase §

[1] En opinión de Corominas y Pascual «*postrero* podría ser un **poster-arius* derivado de *postĕrus* "siguiente", "posterior", o de su comparativo *posterior*, en la misma forma que *postremero* deriva de *postremo*, es decir, con la terminación de los adjetivos vulgares citados arriba; la idea puede apoyarse en el calabr. *posteraru* "tardivo, che viene tardi", *pusteraru* "agnello tardivo", junto al cual están *postarinu*, *pusturinu*, *-ivu*, "tardivo, serótino", *posteriellu* "animale nato tardi", *posterata* "autunno", *pusterìu* "tardivo", sic. *pustirìu* íd. (Rohlfs; *REW* 6690), que bien parecen ser derivados de *posterus*. Por lo demás son los únicos que se hallan en la Romania, y esto, junto con la fecha tardía de *postrero* en castellano, y la rareza de *postreiro* en port., invita a la desconfianza. Este carácter tardío y localizado me inclina a creer que *postrero* se sacó secundariamente, en alguna forma, de *postrimero* o de *postremus*, como sugiere M.-L. (*REW* 6694). Lo más sencillo es creer que *postrero*, en forma parecida a *postremero*, se sacó de *postremo* por cruce con la terminación de *cabero*, *trasero*, *derrade(i)ro*, y sobre todo la del opuesto *primero*» (DECH, s. v. *postrimero*). De manera análoga, en la última edición del DLE se nos indica sobre el origen del adjetivo *postrero*: «probablemente del lat. **postrarĭus*, por *postrēmus*, influido por *primarĭus*».

[2] «Proceden por vía semiculta del lat. *quiētus* "tranquilo, libre de guerras": *quitar* significó primeramente "eximir de una obligación o gravamen", luego "liberar a alguno de manos de su opresor" y finalmente "quitárselo"; no es seguro si *quitar* viene del verbo lat. tardío *quietare* "apaciguar, tranquilizar" (derivado de *quietus*), con contracción de las dos vocales átonas en una sola —y entonces *quito* sería derivado romance de *quitar*—» (DECH). Consideramos, por tanto, que *quitar* provenga probablemente del lat. *quietāre* "apaciguar, tranquilizar" (derivado de *quĭētus*).

[3] «Probablemente derivada del lat. *radius* "rayo de carro", "rayo de luz", por la forma rectilínea que tienen estos objetos. 1288, *Acedrex*, 364.11; h. 1360, Sem Tob» (DECH).

V.1.). Por lo general, la mayoría de estos vocablos se introdujeron en los orígenes del idioma o en época temprana (cf. DECH, s. v. *añadir*, *asentar*, *bajar*, *dos*, *igual*, *nueve*, *mitad*, *subir*, entre otros).

2. Voces prestadas de raigambre culta

El préstamo lingüístico puede contemplarse como un traslado o recepción de un signo lingüístico de una lengua a otra, el cual implica el enriquecimiento del inventario léxico de la lengua receptora. El hablante se sirve de este recurso para rellenar una «laguna léxica» (cf. Geckeler: 159-160). De hecho, en lo que se refiere al léxico especializado científico-técnico, Martín Zorraquino (330) afirma que si bien es verdad que el tecnicismo no se manifiesta siempre a través de un significante nuevo, lo cierto es que, en la mayoría de ocasiones, surge de esta forma. En esos casos, en algunas lenguas, suele estar representado no por un término patrimonial, sino por un préstamo lingüístico.

Efectivamente, la lengua se vale de préstamos para ampliar su caudal léxico y para suplir las necesidades designativas, como el hecho de verbalizar nuevos objetos o conceptos (cf. Gómez Capuz 1998 y 2005). Uno de los recursos neológicos más productivos en la configuración del tecnolecto matemático es, como comprobaremos, el préstamo léxico —o neologismo externo—, el cual procede, habitualmente, de una lengua de cultura como el latín o el griego. Por consiguiente, en el léxico aritmético-algebraico del Quinientos hallamos una notable cantidad de préstamos cultos grecolatinos o cultismos[4].

Uno de los criterios más utilizados para la detección e identificación de los cultismos léxicos es el de la evolución fonética, entrelazado frecuentemente con el criterio cronológico. A este respecto, destacan las afirmaciones de Menéndez Pidal y Lapesa, quienes definen los cultismos a través de rasgos negativos, esto es, como antagonistas de las palabras populares y su evolución según las leyes fonéticas del español —ya que «lo interesante para la Gramática Histórica es el cambio, y no la ausencia de este» (Clavería 1991: 10)—, así como a través de su penetración tardía:

[4] De acuerdo con Herrero Ingelmo, consideramos que «el cultismo es un préstamo de una lengua culta, en nuestro caso el latín (clásico, tardío o eclesiástico) o el griego, a otra lengua; durante un período más o menos amplio, actúa como neologismo» (21). Del mismo modo, Azofra Sierra expone que «el término *cultismo* englobaría a todas aquellas voces procedentes de una lengua de cultura, ya sea el latín, el griego o el hebreo, además de todas aquellas que, sin proceder directamente de estas lenguas, se han visto influidas por ellas. En el caso de los latinismos, que son con mucho los más numerosos, es necesario aclarar que el latín como lengua de cultura debe entenderse en su sentido más amplio: latín clásico o literario, pero también latín tardío, medieval o eclesiástico» (234).

> Las voces literarias de introducción más tardía en el idioma, tomadas de los libros cuando el latín era ya una lengua muerta, son las que llamaremos en adelante *voces cultas*, y conviene distinguirlas siempre en el estudio histórico, pues tienen un desarrollo distinto de las voces estrictamente populares. Mientras estas son producto de una evolución espontánea y no interrumpida desde los periodos más antiguos, las palabras cultas son introducidas cuando esa evolución popular había terminado o iba muy adelantada en su camino, y por lo tanto no participan de toda la compleja serie de cambios que sufrieron en su evolución las voces primitivas del idioma. En general, las voces cultas apenas sufrieron modificaciones [...] (Menéndez Pidal: 3).
> Si las palabras populares son las que mejor reflejan la tradición oral del latín vulgar y ofrecen rasgos fonéticos peculiares de cada romance, los cultismos revelan la perenne tradición del espíritu latino en la civilización europea (Lapesa: 110).

Con todo, Lapesa concluye el párrafo anterior certificando que «su menor interés fonético se compensa crecidamente con el histórico-social: son el índice de apetencias, inquietudes, orientaciones ideológicas y —lo que, en nuestro caso, es más relevante— *conquistas científicas de los momentos culturales en que penetraron*». Este criterio implica, por consiguiente, que toda voz culta se incorpora en la lengua romance, en un primer momento, como neologismo formal o de préstamo. Estos préstamos cultos constituyen, según Clavería, «un elemento caracterizador de la lengua de diferentes épocas» (1991: 10) de su devenir histórico; de ahí la sucinta periodización que presentamos —con las dificultades, imprecisiones y provisionalidad que esta entraña— para el estudio de la ingente cantidad de empréstitos cultos de origen latino que se dan en el tecnolecto matemático, la cual nos permite, por un lado, observar las épocas más propensas a la incorporación de latinismos en la lengua romance pertenecientes a este registro de especialidad, y, por otro, valorar la aportación y relevancia de la lengua del Lacio en los textos renacentistas del corpus manejado, esenciales para la configuración de esta terminología relativa a las ciencias exactas en español.

2.1. Latinismos

Sobre las controversias en la denominación tradicional de *cultismo* como sinónimo de *latinismo*, Clavería defiende el empleo del último término, propuesta basada en «el tratamiento del cultismo como préstamo y la descripción de este último como elemento que forma parte del sistema lingüístico. Así, del mismo modo que los préstamos del francés son denominados *galicismos*, los del inglés, *anglicismos* y los del griego, *helenismos* o *grecismos*; parece que la denominación más apropiada para los préstamos procedentes del latín debería ser la de *latinismos*» (39). En esta línea, nos serviremos del término *latinismo* para referirnos a los préstamos léxicos que el castellano toma de su lengua madre, el latín, a lo largo de este estudio.

Como afirma Bustos Tovar, «el esfuerzo creador de léxico científico tenía como manantial la lengua latina» (200). El latín es, por tanto, al mismo tiempo que origen de las lenguas romances, superestrato permanente, puesto que sigue proporcionando a través del tiempo nuevas voces, cuando los nuevos hechos de cultura así lo exigen[5] . En una materia como las matemáticas, integrada en los planes de estudios de la universidad medieval, «no es de extrañar que proliferen los latinismos» (Mancho Duque 2010: 132). En el repertorio de voces seleccionado ascienden a un total de 342, la gran mayoría mantenidos en la actualidad[6].

A continuación, presentamos los cultismos científicos de carácter matemático recopilados en el inventario léxico objeto de este estudio, clasificados conforme a las distintas etapas de su introducción en el acervo léxico del español: una panorámica general de los latinismos tomados como préstamo antes del siglo XVI, por un lado, y, por el otro, un análisis más detallado de los introducidos como neologismos en los textos y obras renacentistas[7].

2.1.1. Latinismos introducidos antes del siglo XVI

Encontramos un total de 266 latinismos matemáticos introducidos en distintos momentos históricos previos a los textos de la época estudiada. En la época

[5] «El préstamo culto tiene algo que lo individualiza de los restantes. La fuente de este préstamo no es una lengua similar a la que proporciona otros préstamos, puesto que es la que le ha dado el gran caudal léxico, morfológico y sintáctico al nuevo idioma. En términos generales es el mismo del que procede. Claro está que producirá desajustes o llenará vacíos de significación, según los casos, pero sí puede señalarse como una peculiaridad de este préstamo su fácil entrañamiento en el sistema léxico en el que se inscribe» (Bustos Tovar: 30-31). En efecto, «el tipo de contacto que entraña el latinismo es el de un antecedente lingüístico, es decir, se basa en la creación de dos sistemas diferentes a partir de un mismo origen» (Clavería 1991: 67).

[6] Pascual postula que la necesidad léxica, sobre todo en lo que atañe a los términos técnicos, «ha sido quizá una de las causas más importantes para la adopción, generalización y mantenimiento de los préstamos latinos» (1974: 204).

[7] Los datos sobre la primera datación de los tecnicismos objeto de estudio provienen, fundamentalmente, de la información recogida por Corominas y Pascual en el DECH, así como del CORDE y del CDH académicos. No obstante, somos conscientes y debemos advertir sobre el carácter provisional de estas primeras dataciones, a la espera del *Nuevo Diccionario Histórico del Español* (NDHE) que se está gestando bajo la dirección del Dr. D. José Antonio Pascual en la RAE, el cual aportará, sin duda, valiosísimo e imprescindible material para la confección de futuros estudios lexicológicos como el que presentamos.

de orígenes[8] hallamos una serie compuesta por algo más de medio centenar de cultismos tradicionales, especialmente a finales del siglo x —*artículo, mediano, medio, multitud, pariter, regla, sano, simplo* o *suma*— y en la centuria siguiente —*denario*—. También en el siglo xii registramos las voces: *censo, cuadragésimo, duple, duplo, quinto, tercio.* Ahora bien, la mayoría de estos vocablos doctos se documentan por vez primera en el siglo xiii, en la obra del riojano Gonzalo de Berceo —caracterizado como «uno de los autores más latinizantes de nuestra historia literaria» (Alvar y Mariner: 31)— y, con especial intensidad, en la época prehumanista. Efectivamente, durante el siglo xv, se introducen más de cien tecnicismos cultos: *abreviación, absoluto, adición, angular, antecedente, argüir, argumentación, argumentador, argumentar, aumentar, aumentación, aumento, axioma, binario, calcular, caso, centésimo, certitud, circular, colección, comprobar, congruente, congruo, conjugación, conjunto, converso, corolario, cuadragenario, cuádruplo, definición, demostración, denominación, denotar, diminución, diminuto, disciplina, disjunto, dividir, divisible, diviso, ducentésimo, duplicado*[9], *ejercicio, ejercitar, equivalente*[10], *equivocación, erróneo, especulativo, evidencia, examen, examinar, exceder, exceso, experiencia, extraordinario, fingir, finito, género, impar, imperfecto*[11], *incógnito, indeterminado, indivisible, infinito, integral, irracional, ligatura, lineal, máximo, mínimo, modo, múltiple, multiplicación, multiplicar, nonagésimo, novenario, numeración, numeral, numerar, número, numeroso*[12], *objeción, oculto, operación, partible, partidor, penúltimo, petición, plática, posición, probación, problema, proceder, procrear*[13], *producir, progresión, proporción, proporcionalidad, proposición, quinario, quingentésimo, racional, redargüir, reducción, restante, restar, resolución, resolver, resultar, septuagésimo, septunce, sestercio, sextante, sextario, séxtula,*

[8] «Existen graves dificultades metodológicas para reconstruir la situación lingüística de la Península Ibérica anterior a la conquista musulmana [...]. En el único terreno en el que nos movemos con cierta seguridad es el medieval, en que se desarrollan los rasgos caracterizadores de los romances peninsulares. Para las épocas anteriores a los siglos ix y x, nuestras hipótesis están demasiado sometidas a conjeturas, suposiciones y aun condicionadas por los prejuicios ideológicos» (Pascual 1996: 447).

[9] «Tomado del lat. *dŭplĭcātus, a, um*» (Gaffiot). 1ª doc. en: 1493, Anónimo (1493): *Fernando al justicia y jurados de Huesca* (CORDE).

[10] «Tomado del lat. tardío *aequivălens, -entis*, part. pres. act. de *aequivalēre* "equivaler"» (DLE). 1ª doc. en Marqués de Santillana: *Obras*, p. 370; Covarr. (DECH, s. v. *igual*).

[11] «Tomado del lat. *imperfectus, -a, -um*» (OLD). 1ª doc. en APal. 213*d*; 1580, Fr. L de Granada (DECH, s. v. *afecto*).

[12] «Tomado del lat. *numerōsus, -a, -um*» (OLD). 1ª doc. en Nebrj.; princ. s. xvii, *Aut.* (DECH, s. v. *número*).

[13] «Tomado del lat. *procreāre* "íd."» (DECH, s. v. *criar*). 1ª doc. en Alfonso Gómez de Zamora (1452): *Morales de Ovidio.* BNM ms. 10144 (CORDE).

significativo, sólido, subdivisión[14]*, sumar, superficial, superfluo, ternario, trecenario, triangular, trigésimo, triplo, total, último, único, variable, variar, verificación, vicenario, vigésimo.*

Por el contrario, durante el periodo del reinado de Alfonso X (1252-1284) y a lo largo del siglo XIV disminuye considerablemente la entrada de nuevos vocablos cultos; apenas contabilizamos una treintena de latinismos referidos a las matemáticas en la época del rey sabio: *aritmética, aritmético, cantidad, centenario, concordancia, concordar, confusión, continuo, coto, demostrativo*[15]*, duodécimo, duplar, ecuación, fracción, indiano, íntegro, milésimo, línea, octavo, práctica, proporcional, quincuagenario, real, septuagésima, solución, terno, triple, triplicidad*[16] *y verificar*. De manera análoga, en la centuria siguiente localizamos un reducido conjunto de 22 voces doctas relativas a esta área de especialidad: *científico, cuadruplicar, cuaternario, diminuir, duplicar, equivalencia, excepción, ignoto, magnitud, practicar, precepto, principio, producto, proponer, septeno, quincuagésimo, residuo, sexagésima, sexagésimo, triplicar, undécimo y válido.*

2.1.2. Latinismos introducidos en el Siglo de Oro

La influencia de la lengua latina es relevante en los distintos ámbitos científicos del siglo XVI, especialmente en el tecnolecto matemático. Con respecto a la nomenclatura aritmético-algebraica, documentamos un total de 76 latinismos que aparecen por vez primera en textos del Quinientos: *binónimo, biparciente, calculación*[17]*, calculador*[18]*, calculatoria, calculatorio, cálculo, cociente, compositivo*[19]*, compósito, comprobación, computación, computar, computista*[20]*, cómputo, conmensurable*[21]*, conjugar, consecuente, cuadriparciente, cuadruplar, cuádruple, cúbico, decenal*[22]*, décuplo, denominador, digital*[23]*, dígito, divisor, dracma,*

---

[14] «Tomado del lat. *subdīvīsĭō, -ōnis*» (OLD). 1ª doc. en Enrique de Villena (1427-1428): *Traducción y glosas de la Eneida. Libros I-III* (CORDE).

[15] «Tomado del lat. *dēmonstrātīvus,-a, -um*» (OLD). 1ª doc. en Anónimo (1250): *Bocados de oro* (CORDE).

[16] «Tomado del lat. *triplicĭtas, -ātis*» (DLE). 1ª doc. en Alfonso X (1259): *Libro de las Cruces* (CORDE).

[17] «Tomado del lat. *calculatĭo, -ōnis*» (DLE).

[18] «Tomado del lat. *calcŭlātŏr, ōris* "contador", "profesor de aritmética"» (Lewis-Short).

[19] «Tomado del lat. *compŏsĭtīvus a, um*» (Lewis-Short).

[20] «Tomado del lat. *computista*» (DLE).

[21] «Tomado del lat. *commēnsūrābĭlis* "íd."» (TLL).

[22] «Tomado del lat. *dĕcennālis*» (Lewis-Short).

[23] «Tomado del lat. *digitālis* "relativo a los dedos"» (DECH, s. v. *dedo*).

ducción[24], *ducto*[25], *duplicación, equivaler, hipótesis, impariter*[26], *incompósito*[27], *inconmensurable*[28], *medial, multiplicador*[29], *múltiple, nominador, nominal, nóncuplo, noto, numérico*[30], *octogenario*[31], *óctuplo, operar, quíncuplo, quintario*[32], *quíntuplo, relato, séptuplo, sesquiáltero*[33], *sesquicuarto, sesquioctavo, sesquiquinto*[34], *sesquiséptimo, sesquisexto, séxcuplo, subcuádruplo*[35], *subduplo, superbiparciente, supercuadriparciente*[36], *superparciente, superparticular*[37], *supertriparciente, suputación, suputatorio*[38], *trinomio, triparciente, triplar*[39].

En consecuencia, todos ellos pueden considerarse neologimos formales que la lengua española introdujo como préstamo a lo largo del siglo XVI para suplir las necesidades designativas de la disciplina, tal y como puede apreciarse en la siguiente tabla, en la que recopilamos y datamos los neologismos correspondientes a esta centuria[40]:

---

24 «Tomado del lat. *ductiō, -ōnis*» (OLD).

25 «Tomado del lat. *ductus, -ūs*» (OLD).

26 Se trata de un latinismo crudo: adverbio latino *impariter* (OLD).

27 «Tomado del lat. *incompŏsĭtus, -a, -um*» (OLD).

28 «Tomado del lat. *incommēnsūrābĭlis* "íd."» (TLL).

29 «Tomado del lat. tardío *multiplĭcātŏr, -ōris*» (DLE).

30 «Tomado del lat. mediev. *numerĭcus*» (DLE).

31 «Tomado del lat. *octogenarĭus*, del distrib. *octogēni*, ochenta» (DLE).

32 «Tomado del lat. *quintārius, -a, -um*» (OLD).

33 «Tomado del lat. *sesquialtĕr, -ĕra, -ĕrum*» (Lewis-Short).

34 «Tomado del lat. *sesquĭquintus*» (Gaffiot).

35 «Tomado del lat. *subquadrŭplus*» (Gaffiot).

36 «Tomado del lat. *superquadripartiens*» (Laterculi).

37 «Tomado del lat. *superparticularis*» (Laterculi).

38 «Tomado del lat. *suppuratorĭus*» (DRAE [2001][22]).

39 «Tomado del lat. *triplāre*» (Du Cange).

40 La disposición de la información de la tabla adjunta, de izquierda a derecha, es la siguiente: en la primera columna recopilamos, por orden alfabético, las voces técnicas introducidas en el siglo XVI. A continuación, en la segunda columna, ofrecemos los datos registrados en DECH sobre la primera aparición de las mismas. De manera análoga, en la tercera y cuarta, exponemos la información obtenida del CORDE y el CDH y, por último, en la quinta columna, testimoniamos la primera datación del vocablo correspondiente en el corpus del DICTER. Además, marcamos con un asterisco aquellas voces en las que adelantamos su primera documentación en los textos del corpus estudiado.

	DECH	CORDE	CDH	DICTER
***binómino**				1552, Aurel, *Arithmética algebrática*
***biparciente**		1585-1587, Arphe, *Varia Commensuración*		1585-1587, Arphe, *Varia Commensuración*
***calculación**		1573, anónimo, *Ordenanzas para la formación del libro de las descripciones*	1573, anónimo, *Ordenanzas para la formación del libro de las descripciones*	1545, Chaves, *Sacrobosco, Sphera*
calculador		1529, fray Martín de Castañega, *Tratado de las supersticiones y hechicerías y de la possibilidad y remedio dellas*	1495, Nebrija, *Vocabulario español-latino*	1554, anónimo, *Repertorio de los tiempos*
***calculatoria**		1584, Herrera, *Institución Academia*	1584, Herrera, *Institución Academia*	1584, Herrera, *Institución Academia*
***calculatorio**		1932-1944, Zubiri, *Naturaleza, Historia, Dios*	1932-1944, Zubiri, *Naturaleza, Historia, Dios*	1562, Pérez de Moya, *Arithmética práctica*
***cálculo**	1591, San Juan de la Cruz	1592, Valles, *Tratado aguas destiladas*	1592, Valles, *Tratado aguas destiladas*	1562, Pérez de Moya, *Arithmética práctica*
cociente	1709, Tosca	ca. 1527, Chaves, *Espejo de navegantes*	ca. 1527, Chaves, *Espejo de navegantes*	1552, Aurel, *Arithmética algebrática*
***compositivo**		1567, Núñez, *Álgebra en Arithmética*	1567, Núñez, *Álgebra en Arithmética*	1567, Núñez, *Álgebra en Arithmética*
***compósito**				1552, Aurel, *Arithmética algebrática*

comprobación		1519, Diego Velázquez, *Carta que Diego Velázquez escribió al licenciado Figueroa, para que hiciese relación a sus majestades*	1519, Diego Velázquez, *Carta que Diego Velázquez escribió al licenciado Figueroa, para que hiciese relación a sus majestades*	1598, Molina Cano, *Descubrimientos geométricos*
computación		1529-1531, fray Antonio de Guevara, *Reloj de príncipes*	1529-1531, fray Antonio de Guevara, *Reloj de príncipes*	1553, Celso, *Reportorio universal leyes Castilla*
computar	s. XVI, Guevara, *Epístolas* II, p. 371	1589, Juan de Castellanos, *Elegías de varones ilustres de Indias*	1524, anónimo, *Documentos pertenecientes a Hernando de Magallanes*	1554, anónimo, *Repertorio de los tiempos*
***computista**		1554, anónimo, *Repertorio de los tiempos*	1554, anónimo, *Repertorio de los tiempos*	1554, anónimo, *Repertorio de los tiempos*
cómputo	Paravicino, † 1633	1527-1550, fray Bartolomé de las Casas, *Apologética historia sumaria*	1527, fray Bartolomé de las Casas, *Apologética historia sumaria*	1545, Medina, *Arte de navegar*
***conjugar**	fin s. XVI, *Aut.*	1567, Núñez, *Álgebra en Arithmética*	1567, Núñez, *Álgebra en Arithmética*	1567, Núñez, *Álgebra en Arithmética*
***conmensurable**		1567, Núñez, *Álgebra en Arithmética*	1567, Núñez, *Álgebra en Arithmética*	1552, Aurel, *Arithmética algebrática*
***consecuente**	h. 1590, Acosta, *Aut.*	1567, Núñez, *Álgebra en Arithmética*	1567, Núñez, *Álgebra en Arithmética*	1552, Aurel, *Arithmética algebrática*
***cuadriparciente**		1585, Arfe y Villafañe, *Varia Conmensuración para la Escultura y la Arquitectura*		1585, Arfe y Villafañe, *Varia Conmensuración para la Escultura y la Arquitectura*
***cuadruplar**		1567, Núñez, *Álgebra en Arithmética*	1567, Núñez, *Álgebra en Arithmética*	1552, Aurel, *Arithmética algebrática*

cuádruple	*Aut.*	1506, Álvarez Chanca, *Tratados de la peste*	1506, Álvarez Chanca, *Tratados de la peste*	1598, Molina Cano, *Descubrimientos geométricos*
***cúbico**	1719, Ardemáns	1512, Ortega, *Conpusición Arismética y Geometría*	1512, Ortega, *Conpusición Arismética y Geometría*	1512, Ortega, *Conpusición Arismética y Geometría*
***decenal**		1512, Ortega, *Conpusición Arismética y Geometría*	1512, Ortega, *Conpusición Arismética y Geometría*	1512, Ortega, *Conpusición Arismética y Geometría*
***décuplo**		1567, Núñez, *Álgebra en Arithmética*	1567, Núñez, *Álgebra en Arithmética*	1545, Chaves, *Sacrobosco,Sphera*
***denominador**		1512, Ortega, *Conpusición Arismética y Geometría*	1512, Ortega, *Conpusición Arismética y Geometría*	1512, Ortega, *Conpusición Arismética y Geometría*
***digital**	Acad. 1843	ca. 1806, Jovellanos, *Descripción del castillo de Bellver*	1793, Carlos Andrés, trad. de *Origen, progreso y estado actual de toda la literatura* de Juan Andrés	1552, Aurel, *Arithmética algebrática*
***dígito**	*Aut.* Con cita poco anterior	1738-1752, Diego de TorresVillarroel, *Anatomía de todo lo visible e invisible*	1562, Pérez de Moya, *Arithmética práctica*	1552, Aurel, *Arithmética algebrática*
divisor		1575, Anónimo, trad. de la *Cosmografía* de Pedro Apiano	1535, Gonzalo Fernández de Oviedo, *Historia general y natural de las Indias*	1562, Pérez de Moya, *Arithmética práctica*
***dracma**				1552, Aurel, *Arithmética algebrática*
***ducción**		1567, Núñez, *Álgebra en Arithmética*	1567, Núñez, *Álgebra en Arithmética*	1567, Núñez, *Álgebra en Arithmética*

***ducto**		1567, Núñez, *Álgebra en Arithmética*	1567, Núñez, *Álgebra en Arithmética*	1567, Núñez, *Álgebra en Arithmética*
duplicación		ca. 1527, Chaves, *Quatri partitu en cosmografía práctica, y por otro nombre espejo de navegantes*	ca. 1527, Chaves, *Quatri partitu en cosmografía práctica, y por otro nombre espejo de navegantes*	1585-1587, Arphe, *Varia Commensuración*
equivaler	h. 1640, Nieremberg	1600-1713, anónimo, *Documentos sobre música en la catedral de Sigüenza*	1552, fray Bartolomé de las Casas, *Tratado sobre los indios que han sido hechos esclavos*	1623, Daça de Valdés, *Uso de los antojos*
***hipótesis**	*Aut.*	1589, Juan de Pineda, *Diálogos familiares de la agricultura cristiana*	1578, San Juan de la Cruz	1553, Girava, Fineo, *Geometría práctica*, trads.
***impariter**				1562, Pérez de Moya, *Arithmética práctica*
***incompósito**		1580, Fernando de Herrera, *Comentarios a Garcilaso*	1580, Fernando de Herrera, *Comentarios a Garcilaso*	1562, Pérez de Moya, *Arithmética práctica*
***inconmensurable**		1567, Núñez, *Álgebra en Arithmética*	1567, Núñez, *Álgebra en Arithmética*	1552, Aurel, *Arithmética algebrática*
***medial**				1562, Pérez de Moya, *Arithmética práctica*
***multiplicador**		1512, Ortega, *Conpusición Arismética y Geometría*	1512, Ortega, *Conpusición Arismética y Geometría*	1512, Ortega, *Conpusición Arismética y Geometría*
multíplice		1567, Núñez, *Álgebra en Arithmética*	1508, Francisco de Ávila, *La vida y la muerte o Vergel de discretos*	1562, Pérez de Moya, *Arithmética práctica*

***nominador**		1512, Ortega, *Conpusición Arismética y Geometría*	1512, Ortega, *Conpusición Arismética y Geometría*	1512, Ortega, *Conpusición Arismética y Geometría*
nominal		1533, Pérez de Chinchón, *La lengua de Erasmo nuevamente romançada por muy elegante estilo*	1533, Pérez de Chinchón, *La lengua de Erasmo nuevamente romançada por muy elegante estilo*	1562, Pérez de Moya, *Arithmética práctica*
***nóncuplo**		1567, Núñez, *Álgebra en Arithmética*		1552, Aurel, *Arithmética algebrática*
***noto**		1567, Núñez, *Álgebra en Arithmética*		1567, Núñez, *Álgebra en Arithmética*
***numerador**		1567, Núñez, *Álgebra en Arithmética*	1567, Núñez, *Álgebra en Arithmética*	1552, Aurel, *Arithmética algebrática*
***numérico**	*Aut.*	1567, Núñez, *Álgebra en Arithmética*	1567, Núñez, *Álgebra en Arithmética*	1567, Núñez, *Álgebra en Arithmética*
octogenario		1529-1531, fray Antonio de Guevara, *Reloj de príncipes*	1529-1531, fray Antonio de Guevara, *Reloj de príncipes*	ca. 1605, Juanelo Turriano, *Veinte y un libros*
***óctuplo**		1567, Núñez, *Álgebra en Arithmética*	1567, Núñez, *Álgebra en Arithmética*	1562, Pérez de Moya, *Arithmética práctica*
operar	*Aut.*	1540, Francisco de Osuna, *Sexta parte del abecedario espiritual*	1540, Francisco de Osuna, *Sexta parte del abecedario espiritual*	1553, Girava, Fineo, *Geometría práctica*, trads.
***quíncuplo**		1567, Núñez, *Álgebra en Arithmética*	1567, Núñez, *Álgebra en Arithmética*	1567, Núñez, *Álgebra en Arithmética*
***quintario**		1582, Urrea, *Vitruvio, Architectura*	1582, Urrea, *Vitruvio, Architectura*	1582, Urrea, *Vitruvio, Architectura*
***quíntuplo**		1567, Núñez, *Álgebra en Arithmética*	1567, Núñez, *Álgebra en Arithmética*	1552, Aurel, *Arithmética algebrática*

***relato**	Acad. 1843			1552, Aurel, *Arithmética algebrática*
***séptuplo**		1873-1876, Caro, trad. de la *Eneida* de Virgilio	1873-1876, Caro, trad. de la *Eneida* de Virgilio	1552, Aurel, *Arithmética algebrática*
***sesquiáltero**		1567, Núñez, *Álgebra en Arithmética*	1567, Núñez, *Álgebra en Arithmética*	1552, Aurel, *Arithmética algebrática*
***sesquicuarto**		1567, Núñez, *Álgebra en Arithmética*	1585-1587, Arphe, *Varia Commensuración*	1552, Aurel, *Arithmética algebrática*
***sesquinono**		ca. 1666-1695, Sor Juana Inés de la Cruz, *Poesía. Lírica personal*		1562, Pérez de Moya, *Arithmética práctica*
***sesquioctavo**		1567, Núñez, *Álgebra en Arithmética*		1552, Aurel, *Arithmética algebrática*
***sesquiquinto**		1567, Núñez, *Álgebra en Arithmética*	1572, Arphe, *Quilatador de la plata, oro y piedras*	1562, Pérez de Moya, *Arithmética práctica*
***sesquiséptimo**		1567, Núñez, *Álgebra en Arithmética*		1562, Pérez de Moya, *Arithmética práctica*
***sesquisexto**		1567, Núñez, *Álgebra en Arithmética*		1562, Pérez de Moya, *Arithmética práctica*
***séxcuplo**		1567, Núñez, *Álgebra en Arithmética*	1567, Núñez, *Álgebra en Arithmética*	1567, Núñez, *Álgebra en Arithmética*
***séxtuple**		1881, Casas Barbosa, *Manual de electricidad popular*	1881, Casas Barbosa, *Manual de electricidad popular*	1598, Molina Cano, *Descubrimientos geométricos*
***séxtuplo**		1881, Casas Barbosa, *Manual de electricidad popular*	ca. 1870-1900, Echegaray, *Ciencia popular*	1562, Pérez de Moya, *Arithmética práctica*
***subcuádruplo**		1567, Núñez, *Álgebra en Arithmética*	1567, Núñez, *Álgebra en Arithmética*	1562, Pérez de Moya, *Arithmética práctica*

***subduplo**		1567, Núñez, *Álgebra en Arithmética*	1567, Núñez, *Álgebra en Arithmética*	1552, Aurel, *Arithmética algebrática*
***superbipar-ciente**		1567, Núñez, *Álgebra en Arithmética*	1567, Núñez, *Álgebra en Arithmética*	1552, Aurel, *Arithmética algebrática*
***supercuadripar-ciente**		1567, Núñez, *Álgebra en Arithmética*		1567, Núñez, *Álgebra en Arithmética*
***superparciente**		1567, Núñez, *Álgebra en Arithmética*	1567, Núñez, *Álgebra en Arithmética*	1552, Aurel, *Arithmética algebrática*
***superparticular**		1567, Núñez, *Álgebra en Arithmética*	1567, Núñez, *Álgebra en Arithmética*	1552, Aurel, *Arithmética algebrática*
***supertripar-ciente**		1567, Núñez, *Álgebra en Arithmética*	1567, Núñez, *Álgebra en Arithmética*	1545, Chaves, *Sacrobosco, Sphera*
suputación	Paravicino, † 1633	1580, Fernando de Herrera, *Comentarios a Garcilaso*	1580, Fernando de Herrera, *Comentarios a Garcilaso*	1592, Valles, *Tratado aguas destiladas*
***suputatorio**				1545, Chaves, *Sacrobosco, Sphera*
***trinomio**		1567, Núñez, *Álgebra en Arithmética*	1567, Núñez, *Álgebra en Arithmética*	1562, Pérez de Moya, *Arithmética práctica*
***triparciente**		1592, Valles, *Tratado de aguas destiladas*		1585-1587, Arphe, *Varia Commensuración*
***triplar**		1512, Ortega, *Conpusición Arismética y Geometría*		1512, Ortega, *Conpusición Arismética y Geometría*

2.1.3. Latinismos de origen griego

En el siguiente subapartado estudiamos del conjunto previo de latinismos aquellos que tienen como origen la lengua griega. De acuerdo con Gutiérrez Rodilla,

> los primeros científicos romanos que escribieron en latín se sirvieron de denominaciones griegas para referirse a las realidades del conocimiento científico y técnico, en

> oposición a las latinas usadas en el lenguaje común. De esta forma el latín científico se fue desarrollando, en gran medida, gracias a la influencia que sobre él ejerció el griego [...]. A base de préstamos o de calcos el latín incorporó a su caudal léxico toda una serie de palabras poseedoras ya de sentidos especializados (1998: 44).

Nos referimos a algunos vocablos que el castellano ha tomado del latín pero que no son en realidad latinismos, sino «empréstitos que el latín había admitido del griego; en este caso, para ellos el latín no ha sido más que el vehículo transmisor» (Fernández Galiano 1967: 51)[41]. Resulta difícil separar lo griego de lo latino, pues, declara Bergua, «la historia de los helenismos españoles está incardinada dentro del latín» (11).

Dentro de la nomenclatura matemática del Siglo de Oro, son 23 (aproximadamente un 7,5% de la totalidad de voces doctas prestadas al romance hispánico) los latinismos de origen helénico: *aritmética*[42], *aritmético*[43], *armónico*[44], *axioma*[45], *canon*[46], *carácter*[47],

[41] «La gran mayoría de los helenismos de nuestro idioma corresponden a un segundo estrato, el de los traídos a Hispania por los romanos que empleaban en la metrópoli estos vocablos tomados al griego en préstamo» (Fernández Galiano 1967: 51). Del mismo modo, Clavería sostiene que «una parte importante de voces procedentes del latín como préstamos (latinismos) son palabras que son a su vez préstamos del griego (helenismos del latín) y que son transferidas al romance a través de la forma latina» (2004: 476), y Penny considera que «en realidad, todos los helenismos que apreciamos del vocabulario castellano llegaron a esta lengua por haber sido incorporados previamente al latín de Roma» (235).

[42] «Tomado del lat. *ărithmētĭca* y éste del gr. ἀριθμητική τέχνη "íd.", propiamente "arte numérica", del adj. ἀριθμητικός 'relativo a los números' (ἀριθμός "número"). 1256-76, Alfonso X» (DECH).

[43] «Tomado del lat. *ărithmētĭcus, -a, -um* y este del gr. ἀριθμητικός» (Lewis-Short). 1ª doc. en 1547 (DECH).

[44] «Tomado del lat. *hărmŏnĭcus*, y este del gr. ἁρμονικός "íd.". 1ª doc.: h. 1440, A. Torre (C. C. Smith *BHisp*. LXI); APal. 249*b*» (DECH, s. v. *armonía*).

[45] «Tomado del lat. *axĭōma* y éste del gr. ἀξίωμα "lo que parece justo", "proposición (en lógica)", derivado de ἀξιόων "estimar justo" y éste de ἄξιος "digno, justo". 1ª doc.: h. 1665, Fernández de Navarrete» (DECH).

[46] «Tomado del lat. *canon, -ŏnis*, "íd.", y éste del gr. κανών "tallo", "varita", "regla", "norma". Berceo» (DECH).

[47] «Tomado del lat. *chăractēr, -ēris*, y éste del gr. χαρακτήρ. 1ª doc.: *caracta* f. (*Alex*. O, 1106*a*; *caroctora P*); *caratere* o *caractere*, APal. 58*d*, 175*d*; *characteres*, 1512, H. Núñez» (DECH).

cúbico[48], *cubo*[49], *dragma*[50], *geométrico*[51], *hipótesis*[52], *matemática*[53], *matemático*[54], *método*[55], *práctica*[56], *práctico*[57], *problema*, *silogismo*[58], *sofisma*[59], *sofista*[60], *teorema*[61], *teórica*[62], *teórico*[63] y *universal*[64].

---

48 «Tomado del lat. *cubicus, -a, -um* y este del gr. κυβικός (OLD). 1ª doc.: 1719, Ardemáns» (DECH, s. v. *cubo*).

49 «Tomado del lat. *cŭbus* y éste del gr. κύβος "cubo", "dado". 1ª doc.: APal. 73*d*; no vuelve a haber documentación hasta 1709 (Palomino y Tosca, en *Aut.*)» (DECH).

50 «Tomado del lat. *drachma, -ae,* este del gr. δραχμή (OLD) para la traducción del árabe dirham "moneda". 1ª doc.: 1555, Laguna, como unidad de peso. Como moneda se halla usado ya por Fr. L. de Granada» (DECH).

51 «Tomado del lat. *gĕōmĕtrĭcus* "de la geometría, geométrico", y este del gr. γεωμετριχός» (Lewis- Short). «1ª doc.: Nebr.» (DECH, s. v. *geo-*).

52 «Tomado del lat. *hypothĕsis*, y este del gr. ὑπόθεσις» (DRAE 2001[22]). 1ª doc.: *Aut.* (DECH, s. v. *tesis*).

53 «Tomado del lat. *mathematĭca*, y este del gr. τά μαθηματικά, der. de μάθημα, "conocimiento» (DLE). «1ª doc.: APal. 267*d*; Covarr.; en pl. *Quijote* II, xvii, 66» (DECH, s. v. *matemático*).

54 «Tomado del lat. *măthēmătĭcus* "íd.", y éste del gr. μαθηματιχός "estudioso", "matemático", derivado de μάθημα "conocimiento", en particular el matemático, derivado a su vez de μανθάνειν "aprender". APal. 267*d*.» (DECH).

55 «Del lat. *methŏdus*, gr. μέθοδος; "íd.", propiamente 'camino para llegar a un resultado'. 1611, Covarr; 1639, L. Muñoz» (DECH, s. v. *episodio*).

56 «Tomado del lat. tardío *practĭce* "íd.", y este del gr. πρακτική "ciencia práctica", propiamente femenino de πρακτικός "activo", "que obra", derivado de πράττειν "obrar", "cumplir", "estar atareado". 1ª doc. en h. 1280, 1ª *Crón. Gral.*, 222.16» (DECH).

57 «Tomado del lat. *practĭcus*, y este del gr. πρακτικός» (DLE). «1ª doc.: APal.» (DECH, s. v. *práctica*).

58 «Tomado del lat. *syllogĭsmus, -ī* y este del gr. συλλογισμός» (OLD). 1ª doc.: 1433, Villena (C. C. Smith); APal. 31*b*, 454*b* (DECH, s. v. *lógico*).

59 «Tomado del lat. *sophisma* y éste del gr. σουίσμα "habilidad", "expediente, artificio", "sofisma", derivado de σουίζειν "manejarse con habilidad", y éste de σουός "hábil", "sabio". Doc.: *sofismo*, Berceo; *sofisma*, *Canc.* de Baena (Lida, *Mena*, p. 107); Oudin. *Aut.* cita ej. en Pellicer, princ. s. XVII; falta en Covarr., Nebr., etc.» (DECH).

60 «Tomado del lat. *sŏphista*, y este del gr. σοφιστής "íd.". *Corbacho*, C. C. Smith, *BHisp.* LXI; APal. 119*b*» (DECH, s. v. *sofisma*).

61 «Tomado del lat. *theorēma*» (DLE), y este «del gr. θεώρημα "meditación", "investigación". Princ. s. XVII, *Aut.*» (DECH, s. v. *teatro*).

62 «Tomado del lat. *theorĭcē* "especulación filosófica", y este del gr. θεωρική "íd."» (Lewis-Short). «1399, Gower, *Conf. del Amante*, 372 ss.; APal. 271*b*, 494*b*; Nebr.; ejs. del s. XVII en *Aut.*» (DECH, s. v. *teatro*).

63 «Tomado del lat. *thĕōrĭcus*, y este del gr. θεωρικός» (DLE). «1ª doc.: Nebr.» (DECH, s. v. *teatro*).

64 «Del lat. *universālis,* y este formado sobre el gr. καθολικός» (DLE). *Corbacho*, A. Torre (C. C. Smith), APal. 66*b*, 177*d*, 345*d*. (DECH, s. v. *verter*).

Etayo Miqueo (2003) remarca la gran deuda de la terminología matemática con la lengua griega, ya que del influjo cultural de la Hélade procede el gran impulso para la organización de la matemática y, por ello, el legado de sus denominaciones, como los nombres de las grandes ramas: *aritmética*, *geometría* y *matemática*. Así, arguye que «no fue el mundo romano creativo en cuanto a la matemática, como lo había sido el griego, sino más bien, usuario de las matemáticas heredadas, de las que conservó muchos de los términos pero añadió también los suyos propios» (353-354).

A diferencia de lo que sucede con el léxico matemático de la geometría aplicada del siglo XVI y primer cuarto del siglo XVII (cf. Sánchez Martín: 139-158), no documentamos helenismos puros, esto es, voces cuyo origen sea directamente el griego en el vocabulario aritmético-algebraico del Renacimiento hispano.

3. Otras voces prestadas

3.1. Arabismos

La influencia lingüística del árabe sobre el español se centró casi exclusivamente en el léxico. El elemento árabe fue, después del latino, el más importante del vocabulario español hasta el siglo XVI. De acuerdo con Maíllo, de modo similar a la penetración de latinismos, «la mayoría de las palabras de origen árabe se han introducido en el idioma castellano por factores extralingüísticos. En vista de que las nuevas realidades de la vida material necesitaban de nuevos vocablos que las denominasen, era más cómodo y económico prestar el árabismo que las definía y nombraba que recurrir a una perífrasis que las explicase» (315).

Por lo que respecta a las matemáticas, estas deben a los árabes grandes progresos. Por un lado, aquellos propagaron la numeración india —actual sistema de numeración decimal posicional— y con ella el empleo de un signo para indicar la ausencia de cantidad. El signo en cuestión, designado en árabe *sifr*, «vacío», es de donde provienen los vocablos *cero*[65] y *cifra*[66], originalmente sinónimos referidos al guarismo 0. Así lo testimonian los tratados matemáticos del Quinientos: «Podrá alguno dudar que, pues dezimos que el *zero* o *cifra*, que se figura assí: 0, no vale

[65] Aunque introducido al acervo léxico hispano a través «del it. *żèro*, alteración no bien explicada del b. latín *zephyrum* "íd.", y este del árabe *ṣífr* "vacío", "cero", pronunciado vulgarmente *ṣéfer.* 1ª doc.: h. 1600, P. de Oña; Fr. J. de los Ángeles; Cervantes, *Teatro*» (DECH). Véase más abajo 4.2.

[66] «Del ár. *ṣifr* "vacío", "cero". Nebrija, *e*, l, *r*º: "*cifra en la cuenta*: cifra"» (DECH).

nada, que para qué se pone en el número de las diez figuras de la cuenta del guarismo» (Pérez de Moya 1589: f. 10v).

A pesar del predominante valor nulo de este numeral cardinal, como es sabido, colocado a la derecha de un número entero, decuplica su valor:

> 0 se dize *zero* o *cifra* y no vale nada, mas tiene virtud de dar valor a las otras letras (ibíd.: f. 6v).
>
> Quanto a esto, as de notar que nenguna o 0 *cifra* por sí vale nada, salvo que quando se pone, no se pone para que por sí valga nada, mas pónese para que ayude a subir en mayor cantidad a la letra o letras que están encima d'ella. Como para poner 20, la *cifra* está en lugar de nombre y, por tanto, haze al dos valer 20 (Ortega: ff. 3r-3v).
> La décima que es ésta, *0*, se dize *zero*, que en arávigo quiere dezir ninguna cosa, y assí digo que por sí ni acompañada no vale nada, mas tiene virtud y fuerça para dar valor de augmento a las otras nueve; con las quales figuras puedes contar quanto quisieres, poniendo unas y otras muchas vezes, assí como se escrive con las 22 letras del ABC quanto en el universo se offresce (Pérez de Moya 1562: 4-5).

Este vocablo generó pronto acepciones secundarias y figuradas: «adquirió dentro del idioma una gran extensión semántica, hasta el extremo de convertirse en término genérico, llegando al caso límite, al ser poseedora de un lexema colectivo, de poder funcionar como hiperónimo» (Maíllo: 283-284)[67] y designar, de este modo, al «signo lingüístico o matemático con que se representa cada uno de los números que forman el sistema numeral romano o arábigo»:

> Después que uno sepa escrivir la cantidad que quisiere, podrá con esta *cifra* sumar, restar, multiplicar y partir por la orden que adelante diremos (Pérez de Moya 1589: f. 79v).
>
> Para hazer de reales maravedís sin multiplicar qualquier cantidad que sea, harás assí, aunque sean cientos ni millares de reales, o qualquier suma mayor y menor, que en qualquier especie que sea han de entrar las nueve *cifras* siguientes: 1, 2, 3, 4, 5, 6, 7, 8, 9, juntas o devisas cada una por sí, o acompañadas con cero, o ceros, y en qualquier cantidad que fuere, grande o pequeña (Belveder: f. 191v).

No obstante, para distinguir las cuentas y los distintos sistemas numerales mediante los que se efectuaba la contabilidad en el siglo XVI, así como los diversos signos matemáticos que las componían, se emplea el epónimo de origen arábigo

[67] «En algunos casos, el arabismo por extensión puede incluir en su significación realidades dispares o semejantes. Este proceso de extensión semántica conlleva un empobrecimiento de los rasgos distintivos del significado, produciéndose cierta ambigüedad por la reducción del número de semas definidores de la palabra» (Maíllo: 316).

alguarismo[68] o su correlato castellano, despojado del artículo *al-* amalgamado, *guarismo*[69]:

> Los caracteres del guarismo son los presentes, los quales se han de leer al contrario de lo que se escriben [...]. Dize la letra unidad; y en el de la segunda dezena; y en el tercero centena; y en el quarto millar; e assí los otros caracteres se han de leer e nombrar por el nombre o término que en el estremo de cada uno está escrito hasta el postrero que dize millar de cuento. Y por esta orden de leer y por los dichos términos se ha de leer todo lo que *en guarismo* se escrive, conviene a saber, leyendo al contrario de lo que se escrive, diziendo: unidad, dezena, centena, etcétera (Falero, 1535: f. 44v).

En contraposición con la cuenta romana o castellana, la cual, como su propio nombre indica, está caracterizada por el empleo de números romanos, «el sumar en castellano se haze de la misma suerte que con las letras de guarismo se ha dicho. Sólo difieren en las figuras, porque, assí como para poner doze *en guarismo* se pone d'este modo: *12, en castellano se pone assí: XII.* En lo demás, los precetos son generales, aunque los caracteres de los números sean diferentes» (Pérez de Moya 1589: f. 20r).

Incluso para el signo numeral que representa matemáticamente al cero existe, en la época estudiada, disparidad de soluciones según se adscriba a un sistema numeral u otro:

> Mira cómo has partido con cuenta de guarismo, que lo mismo harás con caracteres de la cuenta castellana, sirviéndote del punto en la una de lo mismo que del zero en la otra (ibíd.: f. 75v).

> Ultra d'estos veintisiete caracteres precedentes, ay un punto d'esta manera: ., el qual sirve en la cuenta castellana lo mismo que el zero en guarismo. Esta figura: U., denota que todo número que se le antepusiere valdrá tantos millares quantos el tal número valiere de unidades. Quiero dezir: que si le vieres d'esta manera: XII U., denota doze mil, por causa que es doze el número que se le antepuso (ibíd.: f. 13r).

Ahora bien, la aportación musulmana más destacable es, sin duda, la implantación y desarrollo del álgebra en Occidente. Esta emana de la difusión del libro escrito por el persa Muhammad ibn Mūsa al-Khwārizmī (Bagdad, ca. 780-¿? 850), quien, tras realizar un viaje a la India, retornó y escribió el famoso tratado titulado

---

[68] «Del ár. *Al-ḫuwārizmî*, sobrenombre del matemático árabe Abu Ŷafar Mohámmed Abenmusa, cuyas traducciones introdujeron la aritmética en al Europa medieval. 1ª doc.: 1256-76, *Libros del saber de astronomía* III, 36» (DECH).

[69] «Del cast. antiguo *alguarismo* "arte de contar, aritmética", y éste de *Al-ḫuwārizmî*, sobrenombre del matemático árabe Abu Yafar Mohámmed Abenmusa. 1ª doc.: 1570, C. de las Casas» (DECH).

Kitāb al-Mukhtasar fīhisāb al-jabr w'almuqābala (ca. 825), que da nombre a esta rama de las matemáticas, el *álgebra*[70], que, en época renacentista era designada, entre otros, por el también tecnicismo árabe, *almucábala*[71]:

> La *Regla* vulgarmente llamada *de la cosa* o *Arte mayor*, que por su propio nombre (como dize Guillelmo de Lunis, que es el que primero trasladó la dicha Regla de arábigo en lengua italiana) se llama *Álgebra* y *Almucábola*, que es restauratio et oppositio (Aurel: f. 68v).

> Diversos nombres tiene esta regla acerca de varios authores. Unos la llaman *Regla de Álgebra*, que quiere decir restauratio, o *almucábala*, que quiere decir opposición o absolución, porque por ella se hazen y absuelven infinitas qüestiones (y las que son impossibles nos las demuestra) assí de Arithmética como de Geometría, como de las demás artes (que dizen) mathemáticas. Otros la nombran *Regla de la cosa* o *del cos*, porque obrando el nombre bien se le allega. Otros, *Reglas reales* o *Arte mayor*. Llámese como cada uno quisiere; su fin no es otro sino mostrar hallar algún número proporcional dudoso demandado (Pérez de Moya 1562: 448)[72].

Sin embargo, como puede deducirse de los ejemplos expuestos, se percibe en las obras del corpus analizado y en diversos tratados matemáticos que contienen algún capítulo dedicado al álgebra de la Europa occidental coetánea (cf. Franci y Toti Rigatelli 1988) un cierto rechazo hacia la herencia musulmana de esta disciplina, quizá por la fuerte actitud antiislámica del Renacimiento. De modo que, para evitar el uso del nombre bárbaro de procedencia árabe *al-jabr*, la ciencia del álgebra y sus cultivadores pasaron a denominarse vulgarmente *Regla de la cosa* y *cosistas* a lo largo de la centuria (véase § 3.1.1. y 3.2., *cosa*).

En suma, por lo que respecta a los préstamos arábigos en el tecnolecto matemático renacentista, documentamos un conjunto de cinco arabismos: *álgebra, alguarismo, almucábala, cifra* y *guarismo*.

En el siglo XIII se introduce la voz *alguarismo*, concretamente, en los *Libros del saber de Astronomia* del rey Sabio (1256-1276). El término *álgebra*, con esta acepción, se documenta por vez primera en Nebrija (DECH). Asimismo, el ara-

---

70 «Del ár. *ǧabr* "reducción", perteneciente a la raíz *ǧ-b-r* "reforzar", "curar", "restituir". En la trad. del ár. *'ilm al-ǧabr wa l-muqābala* "ciencia de las reducciones y de las comparaciones". 1ª ac., Covarr.; 2.ª ac., Nebr.» (DECH).

71 «Del ár. *al-muqābala* "la oposición" (*Diccionario Histórico*). 1ª doc.: 1584, Herrera, *Institución Academia*» (CORDE).

72 Repite Moya las palabras de Luca Pacoli, que, en la *distinctio* 8 —dedicada al álgebra— de la *Summa* (f. 144r), expone: «detta dal vulgo la regola della cosa over Arte magiore, cioé practica speculativa, altrimenti chiamata Algebra et almuchabala in lingua arabica over caldea, secondo alcuni che in la nostra zona quanto a dire restaurationis et oppositionis. Algebra id est Restauratio. Almucabala id est Oppositio» (cf. Franci y Toti Rigatelli 1985: 62).

bismo *cifra* se testomina en la obra nebrisense; no obstante, en opinión de Maíllo, esta palabra «pese a no estar documentada, debe ser un arabismo introducido en fecha anterior, probablemente en el siglo XIII, siendo ahora[73] cuando empieza a generalizarse y ser más conocido» (283-284). También Corominas y Pascual postulan que este vocablo se hubiera introducido ya en el siglo XIII, al admitir que «es sumamente probable que el uso del vocablo en castellano sea muy anterior, pues es creencia común y verosímil que Alfonso el Sabio introdujo el uso de los números arábigos, y es de creer que usaría el vocablo *cifra* para denominarlos» (s. v. DECH).

Por último, *almucábala* aparece datado por primera vez, según CORDE, en 1584 y en la obra —perteneciente a nuestro corpus— del matemático Juan de Herrera, mientras que *guarismo* lo haría en 1570 (C. de las Casas, s. v. DECH). Para ambos adelantamos su primera datación: se trata de neologismos formales, préstamos introducidos en la primera mitad del siglo XVI (1552 y 1535, respectivamente).

3.1.1. Arabismos latinizados[74]

En la época prealfonsí, Castilla era un importante centro intelectual del mundo arábigo. La actividad traductora, iniciada en Córdoba, se intensificó considerablemente en el Toledo de los siglos XII y XIII, entonces crisol de culturas: «los horizontes se ampliaron principalmente por la transmisión del legado griego a través del árabe [y del propio legado árabe] en tres etapas asociadas a las figuras de don Raimundo, el italiano Gerardo de Cremona y el rey Alfonso X respectivamente. Con grades proyectos de adentramiento en el saber» (García Gallarín: 359-360).

En este contexto, sobre la producción matemática en el Occidente latino medieval, Vera afirma que, cuando la labor traductora del siglo XII «logra la simbiosis de las tres culturas: árabe, judía y cristiana, el Occidente europeo entra en contacto con la geometría griega y el álgebra árabe y se produce el despertar en la matemática» (XIV). Es, por tanto, en estas circunstancias que el castellano se convierte

[73] En el tercer periodo de su estudio, que comprende la fecha que va del año 1454 hasta 1514.

[74] Un análisis más exhaustivo sobre la traducción al latín de algunos de los tecnicismos algebraicos empleados por al-Khwārizmī en las versiones medievales efectuadas por Gerardo de Cremona y Roberto de Chester, así como su paso al vernáculo castellano en época renacentista puede leerse en Molina Sangüesa (2016c). Agradecemos enormemente a la Dra. Dña. Concepción Vázquez de Benito las indicaciones y correcciones de las transcripciones en árabe de este subapartado.

en un eslabón entre Oriente y Occidente, al emplearse como intermediario de un complejo proceso de traducción de textos árabes y griegos[75].

De acuerdo con Steiger, «la nomenclatura de las obras científicas quedó compendiada en obras del mayor prestigio, que fueron extractadas, traducidas y comentadas. Esto trajo consigo que un gran caudal de términos técnicos árabes pasara a las obras traducidas para informar con autenticidad a la vida científica de Occidente» (103). Estos nuevos términos técnicos, pertenecientes a diversas ramas de la ciencia, sirvieron de cimiento de las nuevas disciplinas, como el álgebra o la trigonometría. Aunque, curiosamente, en una «Hispania ocupada por los musulmanes, los escritores latinos rehuyeron los arabismos, prueba quizá de su rechazo frontal a los dominadores» (Gil: 176). De modo que, en las traducciones técnicas del siglo XII escasean los arabismos, especialmente en matemáticas.

Así, serán traducidas al latín las *tres especies de números* —referidas a las primeras y más elementales notaciones del álgebra: la incógnita y las sucesivas potencias de la misma[76]— insertas en el proyecto algebraico confeccionado por el que se conoce como el padre del álgebra: al-Khwārizmī.

En los capítulos iniciales de la obra del matemático árabe hallamos, por un lado, el testimonio del que proviene nuestra actual incógnita, la *x*, que, a diferencia del simbolismo moderno que caracteriza al lenguaje algebraico, era entonces representada mediante el término técnico شيء , transliterado *shay'*[77], que los matemáticos islámicos, siguiendo la tradición de al-Khwārizmī, empleaban tanto para designar la incógnita de una ecuación en general como para expresar cada uno de los valores que esta —la *x*— puede adquirir[78].

---

[75] «El árabe nos trajo el saber oriental, incluido el suyo propio, así como la traducción de la ciencia griega que, de no haberlo hecho, probablemente se habría perdido» (Etayo Miqueo 2003: 357).

[76] Así como las 6 operaciones canónicas ejecutadas para extraer y averiguar el valor de estas; que son ecuaciones lineales y cuadráticas que tengan una raíz positiva, las cuales, traducidas al simbolismo actual, equivalen a: $ax^2=bx$; $ax^2=c$; $bx=c$; $ax^2+bx=c$; $ax^2+c=bx$; $bx+c=ax^2$. Estas permiten establecer, en el contexto primitivo de las álgebras árabes, «todo lo que es necesario para calcular» en la práctica algebraica.

[77] Explica Puig que, según las investigaciones realizadas por Rashed (cf. 1984: 120-123), «esta palabra es un término coránico y de la lengua filosófica, y en ese contexto significa "todo lo que puede ser imaginado, sin realizarse sin embargo en un objeto", por lo que tiene un carácter "vacío", susceptible de recibir cualquier contenido y, por tanto, es un candidato ideal para nombrar una incógnita que pueda ser un número o una magnitud» (1998: 114).

[78] Asimismo, por otro lado, hallamos los compuestos sintagmáticos *cantidad ignota* y *cantidad oculta* sinónimos de *cosa*, para designar a la incógnita de una ecuación: «En esta arte de Álgebra, el fin que se pretende es manifestar la *quantidad ignota*» (Núñez: f. 1r); «Como si dixiesses 3 n. ducados, dirás claramente que son 3 ducados, mas diziendo 3 co. ducados, o 4 ce. ducados, etc., estos tales no se podrían determinadamente dezir quántos ducados son, por ser

Con el trascurso de los años, y debido a la proliferación de traducciones en los siglos XII y XIII de la baja Edad Media, este arabismo fue traducido al latín como *rēs*, «cosa», en la versión latina del *Al-jabr* de al-Khwārizmī (siglos IX) atribuida a Gerardo de Cremona (cf. Hughes 1986). Este vocablo o término latino *rēs* pasó, a su vez, al italiano *còsa*, de donde procede el tecnicismo algebraico del Renacimiento español *cosa* (§ 3.2.) y la adaptación alemana *Cos* (§ 3.3.).

Por otro lado, el vocablo árabe جذر , transliterado *jidhr*, «raíz», se adaptó al latín como *rādix, -īcis*, «íd.» (DECH) y, de manera análoga, se empleaba para designar el valor la primera potencia de la incógnita, *x*. De este modo, las palabras latinas *res* y *radix* aparecen como sinónimos para designar lo desconocido en la versión latina del álgebra de al-Khwārizmī traducida por Roberto de Chester (editada por Karpinski en 1915). Ambos términos penetraron en el acervo léxico del castellano quinientista como *cosa* y *raíz* con esta acepción algebraica, tal y como puede leerse en los tratados matemáticos de la centuria:

> Y para evitar algunos yerros de equivocar un número por otro, quiero poner diez caracteres en una continua proporción y nombrar a cada uno por sí, por su propio nombre que le conviene y pertenesce conforme a su género o dignidad, y son los siguientes: el primero se llama dragma o número; el segundo, *raýz* o *cosa*; el tercero, censo; [...]. (Aurel: f. 69r).

Asimismo, otro de los arabismos latinizados es مال, transcrito *māl*, «*sum of money*» (Oaks: 41), «fortuna» o «cantidad de dinero», frecuentemente traducido como «*treasure*» (cf. Høyrup 1991: 8), en español «tesoro». Esta especie de número obtuvo, en su paso al latín, dos soluciones distintas: la más extendida es el término latino *census*, *-ūs* (OLD), acuñado por Gerardo de Cremona en el siglo XII[79]. Al optar por esta traducción, y no por la de *quadratus*, el italiano desencadenó que tal palabra, que en latín significa «patrimonio» o «riqueza», se empleara para la expresión de la segunda potencia de la incógnita —esto es, el cuadrado de la incógnita, x^2— en los libros de álgebra escritos en latín en la época medieval y también en los que empezaron a aparecer en lenguas vernáculas entrado ya el Renacimiento. En ellos, «la palabra *census*, convertida en término técnico, cuyo

quantidad oculta y no sabida, hasta tanto que por alguna ygualación te sea declarada la valor de la co., como verás en las igualaciones» (Aurel: f. 69v-70r), este último documentado, según Franci y Toti Rigatelli, en el manuscrito del florentino Antonio de Mazzinghi (s. XIV), el cual expone que «*chosa è una quantità oculta*» (1988: 15).

[79] Por el contrario, Roberto de Chester tradujo *māl* por *substantia*, *-ae* (OLD) para designar el mismo concepto: la segunda potencia o cuadrado de la incógnita.

significado en lenguaje natural ya carecía de importancia, no se tradujo sino que se castellanizó (*censo*)[80], catalanizó (*cens*) o italianizó (*censo*)» (Puig 2010: 90).

Por último, el vocablo árabe رردد —transliterado: *drikhem* (Bashmakova y Smirnova: 65) o —más frecuentemente— *dírham,* «moneda» o «unité monétaire», como argumentan Youschkevitch (35), Franci (2010: 181) y Oaks (42)—, empleado por al-Khwārizmī para referirse al número simple o término independiente de una ecuación, variable pero conocido, pasó al latín traducido como *drachma, -ae* (OLD). Esta voz se documenta en el primer libro que contiene un apartado dedicado al álgebra impreso en la Península Ibérica, en el ecuador de la centuria, con la variante castellana *dragma*:

> Y para evitar algunos yerros de equivocar un número por otro, quiero poner diez caracteres en una continua proporción y nombrar a cada uno por sí, por su propio nombre que le conviene y pertenesce conforme a su género o dignidad, y son los siguientes: el primero se llama *dragma* o número; el segundo, raýz o cosa; el tercero, censo (Aurel: f. 69r).

Únicamente Marco Aurel, que sigue el esquema en la nomenclatura y simbolismo para las notaciones de las distintas potencias de la incógnita que Christoph Rudolff utiliza en su *Die Coss* (1525), mantiene las connotaciones arábigas *dragma* < *dirham* < رردد, ya que, por el contrario, tanto Pérez de Moya (1562) como Núñez Salaciense (1567) emplean el latinismo *número*.

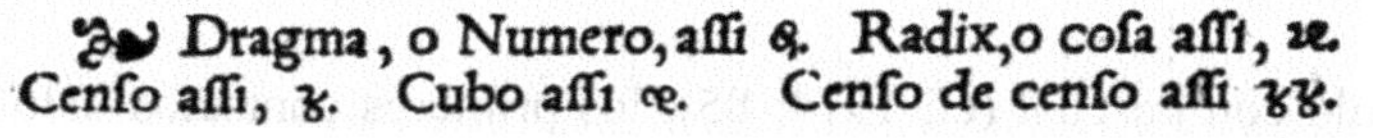
Dragma, o Numero, assi. Radix, o cosa assi, . Censo assi, . Cubo assi . Censo de censo assi .

Notaciones Marco Aurel (1552: f. 69r)

[80] «El tercero se dize *censo*. Denota un número quadrado. Procede de la multiplicación de la cosa por sí misma. Como si pones por exemplo que la cosa vale 2, el *censo* valdrá 4; y si la cosa vale 3 el *censo* valdrá 9, y assí procederás en infinito. De lo qual se entiende ser la cosa raýz del *censo*» (Pérez de Moya 1562: 449).

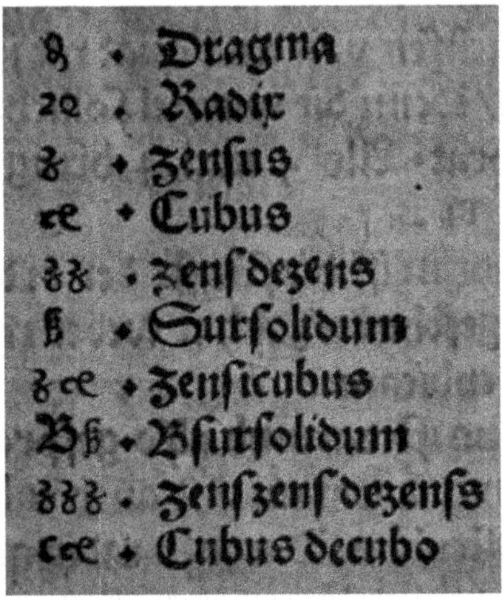

Notaciones Christoph Rudolff (1525: 174)

Estas designaciones de origen árabe, latinizadas e insertas por esta vía docta al español, se sincopan o abrevian, a su vez, en palabras del alemán, «por evitar la prolixidad de escrivir tales nombres a la larga» (Aurel: f. 69r), como estudiamos en el apartado 4.1. del capítulo IV.

3.2. Italianismos

De acuerdo con Pascual (cf. 1974: 85), los primeros contactos italo-castellanos resultan de las relaciones comerciales y de la presencia de la Corona de Aragón en Italia a partir del siglo xv[81]. Consecuencia de estos, se podría explicar la penetración del vocablo de origen italiano *cuatrín*[82] para designar un tipo de moneda en el vernáculo castellano, así como la incorporación del *cero*[83] en la nueva con-

[81] «Hasta el siglo xvii, la incorporación de términos italianos al castellano se llevó a cabo en dos épocas diferentes: una, la Edad Media, en la que los contactos ítalo-castellanos fueron esporádicos y se dieron fundamentalmente a través de las relaciones comerciales y marítimas (sirviendo muchas veces Cataluña y Aragón de intermediarios); otra época durante la dominación política española de la Península Italiana: es entonces cuando penetra la mayoría de los italianismos, ligados a las ideas, objetos, literatura, forma de vida, etc., que los españoles aprendieron en su "convivencia" con los italianos» (Pascual 1974: 85).

[82] «Del it. *quattrino* "íd.". 1ª doc.: 1605, Pícara Justina» (DECH).

[83] «Del it. *żèro*, alteración no bien explicada del b. latín *zephyrum* "íd.", y éste del árabe *ṣifr* "vacío", "cero", pronunciado vulgarmente *ṣéfer.* 1ª doc.: h. 1600, P. de Oña; Fr. J. de los Ángeles; Cervantes, *Teatro*» (DECH).

tabilidad (véase § I.2.2.). En este sentido, Terlingen (cf. 267) alude a las peregrinaciones que emprendieron comerciantes de las repúblicas mercantiles italianas, a través de las cuales se introducían pequeñas dosis de su vida social y cultural, negocios, comercio e intercambios en el resto de Europa.

Por otro lado, referidos al álgebra, encontramos los italianismos *cosa*[84] y, probablemente, también *reciso*[85], que se documentan en el *Liber Abaci* de Fibonacci (1202) y en la influyente *Summa* de Luca Pacioli (1494).

3.3. Germanismos

Documentamos un único término de origen germánico: *sacar*, el cual, según la clasificación establecida por Kremer (139), sería un préstamo directo[86], tomado probablemente del gótico *sakan*[87] y documentado en época temprana, en el siglo x (DECH). En el corpus científico-técnico estudiado, esta voz es polisémica, puesto que pueden distinguirse una acepción matemática[88], otra aritmética[89] y una última algebraica[90].

---

[84] Del it. *còsa*, adaptación del latín *rēs*, "cosa", que a su vez es la traducción latina del árabe *shay'*.

[85] «Del it. *reciso* "tagliato" "troncato" ("cortado") y este del lat. *recisus*» (DELI).

[86] «Préstamos directos son los lexemas de etimología germánica que sólo están documentados en la Península Ibérica [...]. Préstamos indirectos son los germanismos que se extendieron por medio del latín por todo (o gran parte) del Imperio [...] o que posteriormente entraron en las lenguas hispanorrománicas como préstamos románicos a través del occitano o del italiano» (Kremer: 139).

[87] El germánico se divide, según Kremer, en «varias familias de lenguas bien diferenciadas entre sí. En la Iberromania tiene especial importancia el germánico oriental, al que pertenece el gótico» (134). Así, *sacar* proviene «probablemente del gót. *sakan* "pleitear"; de las acepciones jurídicas se pasó a "proporcionarse" y a "extraer, quitar". 947» (DECH).

[88] Referido principalmente a las cuentas o números, encontrar su valor por medio de operaciones matemáticas: «Cosa es muy necessaria para *sacar* la cuenta de la Luna saber el áureo número, porque el áureo número es donde salen y se rigen muchas cuentas y, assí, es llamado número de oro» (Medina 1545: f. 87r); «Porque, propuesto un cierto año para el qual queremos *sacar* el áureo número, començaremos siempre a contar del 3, poniendo allí el año de 1541 y prosiguiendo al 4 y 5 y 6, etc.» (Sánchez de las Broças, en Helt Frisio: f. 15r).

[89] Que designa la operación aritmética de restar: «Como, haviendo recebido 8 y gastado o pagado 5, *sacarás* 5 de 8, quedarán 3: tanto dirás que es la differencia entre 8 y 5. Y estos 3 quedarás a dever, porque recebiste más de lo que pagaste. Mas, si uvieres recebido los 5 y pagado o gastado 8, bien vees que no puedes *sacar* 8 de 5. Por tanto, quita o *saca* 5 de 8 y quedará assimesmo 3, porque la mesma differencia ay de 8 a 5 como de 5 a 8» (Aurel: f. 4r).

[90] Cuya definición es: «averiguar la raíz de una cantidad o de una expresión algebraica» (DLE, s. v. *extraer*): «Quando de alguna quantidad querrás sacar la rayz quadrada y tuviere por

En línea con la tesis defendida por Menéndez Pidal (19-22), comprobamos que la influencia del componente germánico en el léxico castellano es limitada, al menos en lo que se refiere a la nomenclatura matemática.

3.4. Galicismos

Hallamos un total de siete galicismos diacrónicos o etimológicos (cf. Pottier, 1967) en el registro matemático del Quinientos hispano: *cambiar*[91], *cambio*[92], *cuartel*[93], *jetón*[94], *millón*[95], *montar*[96] y *ventaja*[97]. Todos ellos pertenecen al ámbito de la aritmética práctica; por ejemplo, *jetón* designa cierto tipo de fichas empleadas para hacer cuentas por quienes desconocen el sistema numeral arábigo. *Montar*, asimismo, es un verbo que se emplea en el Renacimiento como sinónimo de *producir*, entre otros, para designar el resultado surgido por efecto de una operación aritmética. *Cuartel* es el nombre de una moneda[98]. Finalmente, destacan los términos *cambio* y *cambiar*, que forman los compuetos sintagmáticos *regla de ~*, cuya definición es «la que enseña a determinar los valores que adquiere una moneda al pasar de un reino o país a otro», íntimamente relacionada con la vida económica y comercial de la época.

Sobre las etapas de introducción de estas voces prestadas, *cambio* y *cambiar* se insertan en el siglo xi, según Corominas y Pascual. Poco después, en la primera mitad del siglo xiii, se documenta el vocablo *montar*, así como el término *ventaja*, el cual aparece también en este periodo, concretamente en el *Libro de Alexandre*. Por otro lado, el numeral cardinal *millón* penetra en 1448 (DECH) y, finalmente, el neologismo formal *jetón*, aun si el DECH registra su primera documentación

unidad 2, 3, 7, 8, 0, no trabajes en hallar la discreta, porque siempre sobrará algo, por no haver quantidad que, multiplicada en sí, tenga tales unidades» (Aurel: f. 41v).

91 «Del galo-lat. *cambiāre*» (DRAE [2001][22]). «*Camiar*, 1068 (el antiguo derivado *concamiar*, ya h. 913); *camear*, *Cid*; *cambiar*, 1147 (M. P., *Oríg.*, 295-8)» (DECH).

92 «Del lat. tardío *cambium*, y éste del galo *cambion*» (DLE). 1068 (DECH, s. v. *cambiar*).

93 «Del fr. *quartier*» (DLE).

94 «Del fr. *jeton* "ficha". Acad. ya 1843» (DECH).

95 «Del fr. *million*. 1448, *HispR*. XXVI, 286» (DECH).

96 «Del fr. *monter*. 2 docs. de 1244, M. P., *D. L.*, 58.16, 193.19; *Conde Luc.*» (DECH).

97 «Del fr. *avantage* "íd.", derivado de *avant* "adelante". *Alex*. 339, 656, 740; *Gral. Estoria*, *RFE* XV, 36» (DECH).

98 «Moneda de cobre española cuyo valor era el de cuatro maravedís de vellón» (DRAE [2001][22]). «Farás ansí, que dirás: son 4 hombres que fazen compañía; el primero pone por tres *quarteles*; el segundo pone 4 por los 4 *quarteles*; el tercero pone 5 por los 5 *quarteles*, el quarto pone 6 por los 6 *quarteles*. Ganaron 60 sueldos, que son los que el mercader ha de dar por cada un fardel de los tres *quarteles*. Demando que quánto vendrá a cada uno» (Ortega: f. 120r).

en 1843, se tomó prestado del francés ya en el Siglo de Oro (Pérez de Moya 1562) para designar las fichas de cuenta empleadas en el cómputo manual.

De acuerdo con Verdonk, hemos comprobado que «a lo largo de toda la Edad Media una nutrida serie de voces occitanas y francesas había penetrado en el castellano desde Francia. La influencia del francés (ya no del occitano) continúa a lo largo de los Siglos de Oro debido a los frecuentes contactos comerciales, políticos y militares» (901). Del mismo modo, Pottier indica que «en la Edad Media las relaciones entre Francia (francés y provenzal) y España han sido íntimas y numerosas» (129). De hecho, el formado por los galicismos se erige como el grupo más cuantioso de préstamos en nuestra selección léxica.

3.5. Catalanismos

En el corpus de textos matemáticos renacentistas documentamos el catalanismo *mercantívol*[99], que figura en el título del libro publicado a mediados de la centuria por el alemán Marco Aurel —*Libro primero de Arithmética algebrática, en el qual se contiene el* Arte mercantívol, *con otras muchas reglas del Arte menor, y la regla del álgebra, vulgarmente llamada Arte mayor o Regla de la cosa, sin la qual no sepodrá entender el décimo de Euclides, ni otros muchos primores, assí en Arithmética como en Geometría*—, consecuencia de un español hablado en tierras de dominio lingüístico catalán, ya que el germano estaba afincado en Valencia (Colón Doménech 1967: 200).

En la única ocurrencia que presenta este adjetivo, que aparece formando el compuesto sintagmático «*Arte mercantívol*», alude al conjunto de preceptos y reglas relativas al mercader, a la mercancía o al comercio, próximas a lo que el alemán denomina *Arte Menor*, esto es, la aritmética práctica o comercial (Rankin), en contraposición al álgebra, la cual se consideraba en la época un *Arte mayor* (cf. Massa Esteve 2012).

Asimismo, los términos documentados en las aritméticas comerciales de Juan de Ortega (1512), Marco Aurel (1552) y Juan Pérez de Moya (1562 y 1589) *mercader*[100], *ringlera*[101] y *sobrepujar*[102] son de origen catalán.

---

[99] «Del cat.-val. *mercantívol* "mercantil", doc. a. 1400 (BSAL, ix, 244)» (Alcover y Moll).

[100] «Del catalán *mercader*, derviado de *mercat.* 1115, doc. de Tudela, Oelschl.; Nebr., etc.» (DECH, s. v. *merced*).

[101] «Del catalán *renglera*, alteración de *renguera* por influjo de *regla* "renglón"; *renguera* es derivado de *reng* "hilera", que a su vez procede del fránc. *hrĭng* "círculo", "corro de personas". *Rincrera*, princ. s. xvi, Lucas Fernández; *renglera*, 1535, Fz. de Oviedo» (DECH).

[102] «Del catalán *sobrepujar* "íd." h. 1295, 1.ª *Crón. Gral.* 658a7; 1399, Gower, trad. de la *Conf. del Amante*, 26, 320, 341, 399; Nebr., s. v. *pujar*; J. de Valdés, *Diál. de la L.* 117.22» (DECH, s. v. *empujar*).

Finalmente, podría incluirse entre la nómina de los catalanismos el participio *tranzado*[103] que, usado como sustantivo, designa el número quebrado, es decir, el número que expresa una o varias partes alícuotas de la unidad. Esta voz fue introducida tempranamente, en el tratado del palentino Juan de Ortega, quien, al parecer, conocía la aritmética redactada en 1482 por el maestro de cuentas barcelonés Francesc Santcliment (véase § I.2.2.1.), el cual empleó por vez primera, con este sentido técnico, dicha voz:

> Si quisieres provar qualquiera de las reduciones pasadas o toda qualquiera otra redución, farás ansí: que desminuyrás el nonbrador de cada roto fasta que no se pueda más desmenuir. Y, después, desminuye también el denominador común. Y si la redución de aquel *trançado* está buena, hallarás que el nonbrador principal desmenuido es semejante al nonbrador menor, que es el que de antes tenía (f. 46v)

No se documenta, en cambio, el verbo *tranzar* del que procede este término en los textos aritmético-algebraicos de esta centuria.

3.6. Quechuismos

Con el descubrimiento de América y el contacto con los pueblos del Nuevo Mundo, «los conquistadores se encontraron con unas realidades desconocidas en España a las que había que nombrar» (Colón Doménech 2002: 40). Entre estas, destaca la figura del *quipocamayo* o contador andino, término técnico relativo a la aritmética que designa un particular oficio de calcular o hacer cuentas mediante nudos o *quipus*[104], tal y como puede leerse en el siguiente texto extraído del diccionario de Llanos (ca. 1609-1611):

---

[103] Participio de *tranzar*, voz de origen incierto, según Corominas y Pascual, «*tranzar* "cortar, tronchar" ant., anteriormente "destruir"; es probable que se relacione con el fr. ant. *trenchier* (hoy *trancher*), oc. y cat. *trencar* "cortar"» (DECH).

[104] Los *quipus*, según Ifrah, «se emplearon especialmente como medio de contabilidad o, más bien, como forma de numeración concreta: el color de los cordeles, el número y la posición relativa de los nudos, el grosor de los grupos correspondientes, su espaciamiento, tenían significados numéricos muy precisos. Los *quipus* servían para representar los resultados de las enumeraciones más diversas (que se efectuaban según el sistema decimal de numeración) y constituían una preciada herramienta para la estadística: asuntos militares, tributos, evaluación de cosechas, contabilidad de animales cazados durante las grandes batidas anuales, facturas de entrega, censo de poblaciones, registro de nacimientos y decesos, establecimiento de la base tributaria para tal o cual unidad administrativa del Imperio, inventario de recursos en hombres o materiales, archivos presupuestarios, etcétera» (2002: 182-183).

Quipocamayo: Quiere decir en la general «contador». Dícese de *quipu*, que es «nudo», y *camayoc*, que es «oficial o maestro». Y es la razón que la cuenta de los indios, aunque la hacen con granos o pedrezuelas, como quien cuenta por pluma, para asentarla luego por sus partidas, en lugar de libros de caja usan ellos unos manojos de hilos de lana de diferentes colores, cada manojo para diferente cuenta y ministerio, y en ellos ponen sus partidas: en un hilo los millares, en otro los cientos y en otro los dieces, unidades, etcétera, en toda la cantidad que han menester (111).

Este vocablo procede de *khipu*, «nudo», y de *kamayuq* «oficial o maestro» (Llanos: 111). Asimismo, encontramos el vocablo *quintocamayo*, compuesto formado el numeral ordinal castellano *quinto* y el quechua *kamayuq*, para designar a la persona encargada de cobrar los quintos de algún socavón, o sea, el impuesto que pagaban los indios, también al decir del castellano García Llanos en su diccionario de minas del potosí (cf. 110).

Los nudos de la memoria de los Incas: Quipocamayo (Guedj: 28)

***

Uno de los principales medios de renovación y ampliación del vocabulario español del Siglo de Oro, especialmente en el ámbito de la aritmética y el álgebra, es la incorporación de voces procedentes de otras lenguas, es decir, el préstamo lingüístico. En este sentido, Gómez Capuz pone de manifiesto que

> la lengua castellana o española ha recibido los aportes léxicos de otras muchas lenguas, vecinas, lejanas o dominadoras. España ha sido una encrucijada de pueblos y culturas, y por ello es natural que la lengua común de los españoles haya recibido la influencia de muchas otras lenguas: lenguas prerromanas, árabe, visigótico, francés, provenzal, catalán, vasco, gallego, portugués, italiano, lenguas amerindias, inglés, alemán (2005: 7).

Con todo, la aportación fundamental al tecnolecto matemático es del latín, tanto como punto de partida del caudal hereditario o tradicional (que supone un 28% del conjunto total, con 136 voces patrimoniales) como de los cultismos (que constituyen el grupo más cuantioso, que asciende a un 68% del total y a 342 voces doctas), pues únicamente un 4% de los tecnicismos matemáticos (22 voces) proceden de otros ámbitos lingüísticos —en concreto del árabe, el italiano, el francés, el gótico, el catalán y el quechua—, entre los que predomina el francés como idioma para dotar de nombre a las nuevas designaciones aritméticas, y el árabe como lengua de origen para los términos del álgebra.

Es probable que, de acuerdo con Gutiérrez Rodilla, el motivo que justifica el predominio de la lengua de Roma sea que «era más fácil expresar el pensamiento científico en latín que en cualquiera de las restantes lenguas, por cuanto que aquel contaba ya con una terminología más o menos específica» (1998: 66).

En total 478 voces matemáticas son de procedencia latina, proporción notable que nos lleva a determinar que se trata de un léxico marcadamente culto frente al que caracteriza a otras doctrinas científico-técnicas de la época estudiada.

IV.
PROCEDIMIENTOS MORFOLÓGICOS EMPLEADOS EN LA CREACIÓN DE LAS VOCES MATEMÁTICAS

El pensamiento y el conocimiento científicos han necesitado siempre de palabras con las que expresarse de manera precisa e inequívoca: los *términos* (Gutiérrez Rodilla 2013: 69). Estos términos, además de tomarse prestados de otras lenguas, se han ido creando, a lo largo de los siglos, de distintas formas. Los procedimientos neológicos mediante los que se han acuñado multitud de voces tecnocientíficas del lapso temporal analizado son, básicamente, de tipo morfológico o formal. En este capítulo analizaremos, por tanto, las voces aritmético-algebraicas creadas mediante los diversos procedimientos de formación de palabras endógenos al español y comprobaremos en qué medida la creatividad de los matemáticos hispanos, así como el componente patrimonial, caracteriza al tecnolecto matemático del siglo XVI.

1. Voces creadas por derivación

La lengua se vale de procedimientos morfológicos[1] para la formación de palabras. El resultado de estos procedimientos son las denominadas «palabras complejas» (Varela 2005a: 8) y «polimorfémicas» (Pena 1999: 4307), en las que operan, fundamentalmente, un par de mecanismos de adición endógenos al español: la *derivación* y la *composición*.

---

[1] «Tales procedimientos permiten satisfacer la necesidad de designar una realidad objetiva o subjetivamente nueva mediante la actualización o modificación de un significante preexistente» (González Ollé y Casado: 91), en contraposición con lo examinado en el capítulo III, en el que el aumento del caudal léxico, según Almela, emplea un mecanismo —relativamente— externo al sistema: la incorporación de voces. Este autor defiende la idea de que la formación de palabras —que supone, asimismo, una ampliación del vocabulario de una lengua— es un mecanismo interno, caracterizado por el «aprovechamiento y combinación de elementos de la lengua conducente a una nueva voz» (18).

La derivación[2], a su vez, abarca dos procesos principales: *prefijación* y *sufijación*. Asimismo, en algunas ocasiones, ambos mecanismos operan de forma solidaria y simultánea. Esta confluencia entre prefijación y sufijación genera un tercer proceso morfológico conocido como *parasíntesis* o *circunfijación* (Pena 1999).

A continuación, detallaremos los distintos tipos de derivaciones y estudiaremos los elementos constitutivos y la estructura interna de las palabras complejas insertas en el léxico aritmético-algebraico del siglo XVI hispano. De acuerdo con la categoría gramatical de las palabras derivadas[3], examinaremos, en primer lugar, el proceso derivativo empleado, así como el afijo que ha intervenido en la formación del nuevo vocablo, la base léxica en la que se inserta o a la que modifica y el significado que intuimos o consideramos que los afijos aportan a las distintas bases léxicas.

1.1. Prefijación

Los prefijos se circunscriben generalmente a un tipo de «derivación homogénea» porque no alteran la categoría gramatical de la base léxica a la que se aplican, sino que esta impone al prefijo la función[4]. Sin embargo, estos elementos adjuntos al núcleo modifican el significado de la palabra compleja de manera «circunstancial» (Varela y Martín: 4998).

[2] Nos ocupamos, por tanto, en este análisis, de morfología derivativa o léxica y no de morfología flexiva. Sobre las propiedades que permiten observar la similitud y disimilitud entre derivación y flexión véase Varela (2005: 33) y la *Nueva Gramática de la Lengua Española* —a partir de ahora, NGRALE— (2009: 21); para consultar la cuestión en los términos planteados por Pena —flexión de temas y la formación nuevos temas—, véase 1999: 4308-4309 y 4329-4330.

[3] «En la morfología derivativa de nuestras lenguas, hay un modelo de organización del léxico que resulta fundamental para su categorización: la morfología derivativa codifica las raíces de significado léxico categorizándolas en las denominadas "clases de palabras". Por tanto, respecto de las tres clases léxicas (nombre, adjetivo y verbo), toda raíz puede ser categorizada bajo estas tres clases. Así, si una raíz es originariamente nominal, se categoriza principalmente como nombre y secundariamente como adjetivo y verbo; si originariamente es adjetiva, se categoriza primariamente adjetivo y secundariamente como verbo» (Pena: 4309).

[4] Frente a la «derivación heterogénea» que define al resto de sufijos —salvo los apreciativos—, cuya incorporación a la base léxica altera la categoría gramatical de la misma e impone a esta la categoría de género (cf. Almela: 51). De ahí las controversias sobre su inclusión o no como proceso de derivación y las dificultades que surgen al intentar sistematizarlos de forma coherente. Alvar (1995), entre otros lingüistas, la excluye, esto es, niega la independencia categorial de la prefijación. Por el contrario, Bajo defiende que «el hecho de que los prefijos no posean capacidad transcategorizadora no es razón suficiente para negarles el rango de afijos derivativos» (1997a: 13).

1.1.1. Prefijos preposicionales[5]

A-

Del latín *ad-*, este prefijo carece de significación precisa según el DLE. En la selección léxica que nos ocupa documentamos un par de verbos prefijados en *a-*: *abastar y amostrar*, formas arcaizantes con *a-* amalgamada a las formas verbales *bastar* y *mostrar*, con las que comparten significado:

> Y porque para entender el sumar por la razón susodicha no *abasta*, pondré aquí adelante cómo es sumar por nonbre simple, y por nonbre desenal, y por nonbre más que senal y por todas tres diferencias juntamente (Ortega: f. 4r).

> Después que te he mostrado a multiplicar dos letras por muchas, quiérote *amostrar* a multiplicar dos letras por dos letras en una manera bien breve (Ortega, 1512: f. 17v).

ANTE-

Este prefijo preposicional de origen latino[6], adosado al tema compuesto culto *penúltimo*[7], crea el adjetivo *antepenúltimo*[8], que, referido a un valor temporal o locativo, aporta a la base el sentido de «posición delantera», así como «anterior a lo + adj.» (NGRALE 2009: 684). De hecho, entre los adjetivos que suelen expresar una relación temporal o local, están algunos de carácter ordinal como *primus* o *ultimus* (Pujol 2000: 53) y sus posibles derivados. En este sentido, la voz neológica prefijada *antepenúltimo* funciona como un numeral ordinal. Así puede comprobarse en el siguiente ejemplo:

> Y viniendo a número menor, para que sin confusión se entienda, ordenemos el dicho esquadrón de cien infantes, cuya raýz quadrada es diez, y, tribuyéndolos por la orden referida, su *antepenúltima* hilera verná a tener quinze infantes, y la penúltima, diez y siete, y la última diez y nueve, de manera que a la última hilera no sobra ni falta de su devida forma infante alguno, como por esta figura paresce (García de Palacio 1583: f. 172v).

SUB-

Este prefijo proviene de la preposición latina *sub-* (Varela y Martín: 4999) y configura una serie —incompleta pero fecunda— de adjetivos multiplicativos, formados, por analogía con los derivados cultos latinos *subduplo* y *subcuádruplo*, por

---

[5] La coincidencia de determinados prefijos con preposiciones ha llevado que la tradición gramatical española incluya la prefijación entre los procesos de composición (cf. *Esbozo* y RAE, entre otros; Varela y Martín: 4995).

[6] Del latín *ante-* (DLE).

[7] «Tomado del latín *paenultĭmus*, compuesto con *paene* "casi" y *ŭltĭmus* "íd."» (DECH).

[8] Derivado de *penúltimo* (DECH).

el adjetivo numeral multiplicativo culto correspondiente (como *triplo*, *séxcuplo* o *nóncuplo*) + el prefijo *sub-*, que genera un subtipo de proporción en la que se invierte el carácter multiplicativo contenido en la base por el partitivo, ya que tiene, entre otros, un sentido de minoración (Varela 2005a: 67):

> Y por la misma regla y doctrina, diremos que la proporción de 1 para 6, que se llama *subséxcupla*, es compuesta de la proporción de 1 para 3, que es *subtripla*, y de la de 3 para 6, que es *subdupla* (Núñez: f. 78v).
>
> Es la proporción de 4 para 1 en duplo mayor que la de 4 para 2 o de 2 para 1; y la de 1 para 4 es en duplo menor que la proporción de 1 para 2 o de 2 para 4, porque quanto la quádrupla es mayor que la dupla, tanto la *subquádrupla* es menor que la *subdupla*; y quanto la nónupla es mayor que la tripla, tanto la *subnónupla* es menor que la *subtripla* (f. 79v).

1.1.2. Prefijos adverbiales

DES-

Este polisémico prefijo[9], adosado a una base adjetiva, como la raíz o lexema *igual*, genera el adjetivo antónimo o contrario, *desigual*, consecuencia del valor de negación que implica el sufijo *des-* :

> Restar es sacar o quitar un número menor de otro mayor, siendo ambos de un especie, por causa de saber la diferencia o excesso que haze el número mayor al menor. De lo qual se sigue ser en esta regla necessarios dos números, o sumas, o partidas *desiguales*, porque, siendo ambas yguales, no avría en esto qué hazer y, siendo *desiguales*, como conviene que lo sean, siempre restaremos la menor partida de la mayor, como si uno deviesse 7 y gastasse 3, para ver lo que resta deviendo, diremos: de 7, quitando 3, quedan 4 (Pérez de Moya 1589: f. 26r).

Tiene el mismo significado que el adjetivo *inigual*[10], del que es, por consiguiente, sinónimo. No obstante, la revisión etimológica y diacrónica de esta voz

---

[9] Confluencia de los prefijos latinos *de-*, *ex-*, *dis-* y a veces *e-* (DLE). Los adjetivos prefijados con *des-*, apunta Martín García (cf. 2007: 18), se originan a partir de dos procesos morfológicos distintos: por un lado, adjetivos formados mediante la simple adjunción del prefijo a la base adjetiva (por ejemplo, el caso de la voz *desigual* incluida en el glosario que nos ocupa) y, por otro, adjetivos parasintéticos construidos con el prefijo *des-* y los sufijos *-ado* e *-ido* a partir de una base nominal (*desjuiciado, descolorido*). Los adjetivos del primer grupo expresan la negación del contenido de la base adjetiva.

[10] Del latín *inaequālis, -e* (OLD). «El restar es la 3ª specie que conviene al Arithmética, y es la 2ª de las quatro reglas principales. La qual no es otro sino, de dos números *inyguales*,

nos confirma que el adjetivo *inigual*, hoy extinto, en contraposición con el vocablo *desigual*, no es un derivado romance, sino una voz latina.

Igualmente, el prefijo *des-*, agregado al verbo *contar*, indica sustracción o resta: «Nos llevamos y gozamos d'ellas este año de MD y treynta y quatro, descontados todos los prometidos y quartas partes que en ellas se ganaron, y otras cosas que se deven *descontar* y abaxar» (Martínez de Burgos: f. XXXIIIr).

IN- / IM- / I-

Prefijo negativo que selecciona preferentemente bases adjetivas (Varela y Martín: 5001), genera, adosado al adjetivo de origen culto *partible*, el vocablo *impartible*, que denota el carácter «no partible o divisible» de una determinada cantidad, es decir, la negación de las propiedades o cualidades expresadas por el tema adjetival: «Las últimas y menores partes en quien los antiguos dividieron el día fueron en áthomos, en esta forma: cada una de las uncias dividieron en quarenta y quarto partes, a quien llamaron áthomos, vocablo griego que quiere dezir "*indivisible*" o "*impartible*", porque a la verdad no se puede yr haziendo división en infinito» (anónimo 1554: f. Vv).

Este adjetivo convive en los textos científico-técnicos del Quinientos con *indivisible*; término que, a diferencia de lo que postula el DECH —que lo considera derivado patrimonial de *divisible*—, se formó, si bien por prefijación, ya en latín[11], mediante el morfema privativo *in-*, del mismo modo que ocurre con los términos *incógnito*, *incompósito*, *inconmensurable*, *impar*, *imperfecto* e *irracional*, entre otros (véase § III.2.1.). Este detalle deja entrever la productividad histórica de este prefijo heredado para la configuración de terminología relativa a las matemáticas. En esta línea, consideramos que *impartible*, el único término patrimonial documentado en nuestra selección léxica, se construye, aunque en una etapa posterior, principalmente en paralelo con su sinónimo heredado del latín *indivisible*, así como con toda una serie de prefijados latinos en *in-* (y sus alomorfos *im-* e *i-*, los cuales generan una serie de alternancias morfofonológicas; cf. Pensado).

PRO- / PRE-

Par de prefijos que, amalgamados al verbo *suponer*, generan los sinónimos *prosuponer* y *presuponer*, para indicar la acción de «dar por sentado o cierto algo»:

> Nota. Assí como *se presupone* que una cosa valga 2, ó 3 ó más, puedes dezir que valga medio, y a este respecto el censo valdrá un quarto y el cubo 1 ochabo; y assí les darás otros qualesquiera valores que te agradaren, assí por enteros como por rotos (Pérez de Moya 1562: 452).

---

buscar la differencia de quánto es mayor o menor el uno que el otro; porque si son yguales, no ay qué hazer» (Aurel: f. 4r).

[11] Tomado del latín *indivisibĭlis* (Niermeyer y DLE).

Prosupongamos que se quiere poner quatro muelas, y de toda esta cantidad de altaria se a de sacar para hazer un cubo, el qual cubo ha de ser de alto cinqüenta palmos, de modo que lo que resta es cien palmos. Y estos cien palmos los avemos de dividir en quatro partes, que vendrá a cada parte veynte cinco para cada muela (Juanelo, ca. 1605: f. 300r).

RE-

Este prefijo adverbial iterativo (Pena 2008a: 20) se adjunta a verbos o formas deverbales, como es el caso de *redoblar*[12], para indicar la repetición de la acción —es, por tanto, parafraseable por la perífrasis «volver a» + el verbo base de la prefijación—. De tal manera que, en aritmética, *redoblar* se define como la operación matemática que consiste en «aumentar algo otro tanto o el doble de lo que antes era» (DLE). Al estar adosado al verbo patrimonial *doblar*[13], que consiste en multiplicar por dos una cantidad, podemos deducir que *redoblar* es hacer una cantidad determinada el cuádruple de lo que antes era: «Pruévase porque el menor tiene dos triángulos iguales y el mayor tiene quatro de su misma grandeza; y de esta manera *se doblan* y *redoblan* los quadrados» (Arphe, 1585-1587: f. 12v).

Por otro lado, documentamos el verbo *repartir* en los tratados matemáticos del Quinientos, con el sentido aritmético de «distribuir un número dividiéndolo en partes»: «Como hemos mostrado, dirás: dos *repartidos* a 5, no cabe; pues porque no cupo el 5 en el dos enteramente, ayuntarás los dos con la figura que se sigue en la partición, que es uno, y dirás: ¿en 21 quántas vezes entran 5? Hallarás que caben 4 vezes y sobra uno» (Pérez de Moya 1562: 70-71).

1.1.3. Prefijos cuantificadores

Como ya hemos apuntado, en la tradición gramatical era frecuente asimilar la prefijación a la composición, tanto porque ciertos prefijos se interpretaban como preposiciones inseparables (NGRALE 2009: 663-664) como porque otros mecanismos de creación de nuevas palabras, como los prefijos de base numeral, se consideraban —idea que aún perdura en los repertorios lexicográficos de la RAE— elementos compositivos. No obstante, en este estudio, de acuerdo con las clasificaciones llevadas a cabo por gramáticos y morfólogos como Varela y Martín (1999), Rainer (1999), etc., incluimos y defendemos un subtipo de prefijación cuantificadora, altamente productiva —como era de esperar— en los tratados matemáticos del siglo XVI, que a continuación estudiamos.

---

12 Derivado de *doblar* en la obra de Corominas y Pascual (DECH).

13 Doblete y sinónimo del cultismo *duplar*, proviene, según DECH, del latín tardío *dŭplāre* «hacer (algo) doble».

Los prefijos de este subgrupo seleccionan bases nominales para modificarlas especificando generalmente la cantidad de referentes del nombre base. Estos pueden hacer referencia bien a un número exacto, bien a una cantidad imprecisa:

1.1.3.1. Numerales

BI-

Este prefijo *bi-* es en origen un adverbio numeral[14] que expresa «dos» / «dos veces», como sucede en la voz *bimedial*, o, en algunas ocasiones, orden o jerarquía, es decir, «segundo». De modo que, antepuesto a la base léxica *sursólido* (véase § 2.1.1.), genera el sustantivo *bisursólido* —término algebraico acuñado por uno de los algebristas alemanes más destacados, Christoph Rudolff (§ I.3.2.3.), para designar la séptima potencia de la incógnita, esto es, la x^7— que, en la clasificación patrimonial de las mismas, corresponde al *segundo relato* (véase más abajo, § 4.).

Por otro lado, tal y como se puede observar en los vocablos *binomio*[15] y *binómino*[16], entre otros, la adición del prefijo *bi-* para indicar dualidad era un recurso muy productivo en latín, que dio lugar, posteriormente, a la configuración de una serie de expresiones algebraicas compuestas en romance por diversos prefijos numerales.

TRI-

De un modo similar, documentamos el prefijo multiplicativo de origen latino *tri-*, «tres veces» (NGRALE 2009: 708) que, en latín tardío, generó, entre otros muchos vocablos referidos o relativos a tres, el tecnicismo algebraico *trinomio*[17]. Asimismo, en la selección léxica confeccionada, y concretamente en la obra del matemático alemán Marco Aurel, hallamos el derivado *trinómino*[18], construido por analogía con el sustantivo *binómino* (cf. Molina Sangüesa 2014d), con el que comparte idéntico significado, pues ambos se definen como la «expresión algebraica compuesta de tres términos algebraicos unidos por los signos más o menos» (DLE, s. v. *trinomio*):

---

[14] «Los múltiplos son adverbios que designan las veces que se repite una cantidad igual: *semel, bis, ter*» (Marcos Marín, 1999: 1195).

[15] «Tomado del latín tardío *binomius* "íd.", sustantivación del adjetivo *binomius* "de dos nombres", y este deriv. del fr. *nom* o del it. *nome* "nombre", procedentes del lat. *nomen* "íd."» (DECH).

[16] «Tomado del latín *binōminis, -e* "que tiene dos nombres"» (OLD).

[17] «Tomado del latín tardío *trinomius* (Laterculi) "de tres nombres", formado por *tri-* "tres" y el fr. *nôme* por analogía con *binomio*» (TLFi). «Pues la mitad de la una d'estas particiones, que es 3ce., añadida a los 4cu. y a las 2co., que es la r. de los dos extremos, quedará un *trinomio* 4cu. p. 3ce. p. 2co., y tanto será la r. de todo» (Pérez de Moya 1562: 524).

[18] Consideramos que se trata de un derivado mediante el prefijo *tri-* y el lat. *nŏmen, -ĭnis*.

«Agora, multiplica la summa partidera, que es 60, por el mesmo *trinómino*, y vernán rrr. de 5400000 + rrr. de 2160000 + rrr. de 864000» (Aurel: f. 62v).

CUADRI- / CUATRI-

Otro de los prefijos cuantificadores numerales más productivos es el prefijo *cuadri-*[19], «cuatro» / «cuatro veces». Este presenta una variante alomórfica *cuatri-* y genera derivados del tipo *cuadrinomio* o *cuatrinómino*, par de sinónimos que se adosan, por un lado, a la base francesa *nôme*, «nombre» (TLFi) y, por otro, al étimo latino del que esta procede, *nŏmen, -ĭnis* (DECH), respectivamente. Como puede deducirse, opera una vez más la analogía con *binomio* y *binómino*, puesto que estos neologismos matemáticos dan nombre a la «expression algebraica compuesta de cuatro términos algebraicos unidos por los signos más o menos»:

> Junta lo uno con lo otro por la dictión del más y quedará ru.10 p. r.40 p. ru.10 m. r.40, el qual *quadrinomio* será la r. del binomio (Pérez de Moya 1562: 531).

> Todo este *quatrinómino* partirás por el 2, que es tu partidor racional y común para todos estos quatro números del dicho *quatrinómino* (Aurel: f. 61v).

Asimismo, uno de los prefijos numerales más recurrentes para la configuración del léxico matemático es el prefijo culto de origen latino *sesqui-*, cuyo significado fraccionario originario denota «*x* unidad y media» del sustantivo numeral al que modifica. De modo que, seguido de un numeral ordinal, designa «la unidad más la fracción enunciada por el ordinal» (DLE). Este afijo es altamente productivo en latín, ya que configura toda una serie o paradigma de fraccionarios: *sesquiáltero* ($1+{}^{1}/_{2}$), *sesquitercio* ($1+{}^{1}/_{3}$), *sesquicuarto* ($1+{}^{1}/_{4}$), *sesquiquinto* ($1+{}^{1}/_{5}$), *sesquisexto* ($1+{}^{1}/_{6}$), *sesquiséptimo* ($1+{}^{1}/_{7}$), *sesquioctavo* ($1+{}^{1}/_{8}$), *sesquinono* ($1+{}^{1}/_{9}$), préstamos cultos que, con mucha vitalidad, se atestiguan en los tratados científico-técnicos renacentistas (véase § III.2.1.).

1.1.3.2. Indefinidos

MULTI-

En este subapartado hallamos un prefijo cuantificador indefinido[20] que, agregado al núcleo o base de origen galo *nôme*[21], por analogía con *binomio*, produce

---

[19] Del latín *quadri-* (DLE).

[20] «Algunos de los prefijos que expresan cantidad o número tienen correspondencia con adjetivos y adverbios cuantificadores de valor indeterminado, como *multi-* que equivale a "mucho"» (NGRALE 2009: 706-707).

[21] «Del latín *nŏmen, -ĭnis*» (TLFi).

un *multinomio*. Este tecnicismo corresponde a la designación de una «expresión compuesta de dos o más términos algebraicos unidos por los signos más o menos» (DLE, s. v. *polinomio*). Uno de los aspectos a destacar en la configuración de esta parcela concreta del tecnolecto matemático es la preferencia del prefijo de origen latino *multi-*[22] en lugar de su correlato de procedencia helena *poli-*[23] para la formación del término *polinomio* que prevalece en la actualidad.

> Y la misma arte nos podrá servir para partir número o raíz simple por trinomio, quadrinomio, o qualquier otro *multinomio*, porque iremos mudando el más en menos y el menos en más tantas vezes quantas cumpliere, y haremos tantas multiplicaciones hasta que paremos en partidor simple (Núñez: ff. 62v-63r).

1.2. Sufijación

La derivación léxica mediante sufijación, a diferencia de la prefijación, modifica generalmente y de una manera sistemática la clase de la palabra base (Almela: 75). De hecho, esta transcategorización es, para algunos lingüistas, el rasgo que de modo neto diferencia a ambos mecanismos de formación de palabras.

1.2.1. Sufijados nominales

-A /-E /-O

Los sufijos derivativos átonos *-a*, *-e*, *-o* dan lugar a un gran número de derivados deverbales[24]. La formación de los mismos supone la adición del sufijo a la raíz verbal (Santiago Lacuesta y Bustos Gisbert: 4515), de modo que anulan la vocal temática del verbo al que se adjuntan (NGRALE 2009: 371). Así, en el léxico matemático hallamos los sustantivos deverbales: *cuenta* < de *contar* (DECH) y *prueba* < de *probar* (DECH), entre otros, los cuales se forman mediante el sufijo átono de género femenino inherente *-a*, que coincide con la vocal temática del verbo base de la 1ª conjugación. En estas voces derivadas se observa además un cambio en la raíz: la diptongación, del mismo modo que ocurre en *respuesta* < de *responder* (DECH), sufijado en *-a*, de la 2ª conjugación.

A pesar de que este sufijo añada genéricamente un significado agentivo, pues pertenece a la categoría de los *nomina agentis* (Santiago Lacuesta y Bustos Gis-

---

[22] «Del latín *multi-* "muchos"» (DLE).

[23] «Del griego πολυ- "mucho"» (DLE). Véase Bergua Cavero (2004: 72 y 145).

[24] Este procedimiento era infrecuente en latín, pero en su paso al español estos derivados posverbales aumentaron notablemente (NGRALE 2009: 371).

bert: 4517), en nuestra selección léxica comprobamos que todos los derivados en *-a* denotan un aspecto resultativo, producto de la acción indicada por el verbo. En esta línea, tal y como se deduce en los fragmentos seleccionados, *cuenta* es, en nuestra opinión, un «cálculo u operación aritmética» (DLE), y el tecnicismo matemático *prueba*, la «operación que se ejecuta para comprobar que otra ya hecha es correcta» (DLE):

Si quisieres modos varios, o provar si las *cuentas* que hazes están falsas o verdaderas, lee el libro sexto (Pérez de Moya 1589: f. 1v).

La *prueva* de las raýzes quadradas no es otro que multiplicar la raýz en sí mesmo (Aurel: f. 66r).

Otro grupo numeroso lo constituyen los derivados deverbales de género masculino inherente en *-o*. En el léxico matemático del Renacimiento documentamos, en primer lugar, *asiento* < de *asentar* (DECH). Este término presenta una significación secundaria locativa, pues, como puede leerse en los siguientes ejemplos, indica cual es la «posición que corresponde a cada uno de los números de una operación aritmética de acuerdo con el sistema de numeración decimal, esto es, según sean: unidad, decena, centena, etc.» (Santiago Lacuesta y Bustos Gisbert: 4586):

Ya que has summado las unidades, que fue la primera ringlera, passa a la segunda, que es el *assiento* de las dezenas, y hallarás que todos son zeros, por lo qual no harás otra cosa sino assentar un zero debaxo de la raya enfrente de los zeros, como muestra el quarto aviso (Pérez de Moya, 1562: 22).

Pregúntase qué valdrán estas figuras: 5555. Estas quatro letras cada una vale cinco, mas, por estar en diversos *assientos* o lugares, mudan sus valores. Y para saber lo que todas valen, comiença del primero cinco que está hazia la mano derecha y dale el primero nombre, que se dize unidad, y querrá dezir unos, tantos quantos la tal letra que semejante nombre le dieres valiere por sí unos. Y assí, porque es cinco, dirás que vale cinco. Prosigue dando al segundo 5 el segundo nombre, que se dize dezena, que quiere dezir diezes, y porque es cinco, será cinco diezes, que valen cincuenta. Passa a la tercera letra, que es también cinco, y dale el tercero nombre, que se dize centena, que quiere dezir cientos, y assí, de cinco unos que vale esta letra se haze cinco cientos, que vale quinientos. Prosigue passando a la quarta letra, y di en ella el quarto nombre, que se dize millar, que quiere dezir unos de millares, y porque esta letra vale cinco, será cinco mil. Y assí, todas quatro juntas valen cinco mil y quinientos y cincuenta y cinco maravedís, o ducados, o escudos, o hanegas de trigo, o lo que fueren (Pérez de Moya 1589: ff. 9r-9v).

Por otro lado, testimoniamos los sufijados nominales *yerro* < de *errar* (DECH), *resto* < de *restar* (DECH), *gasto* < de *gastar* (DECH) y *recibo* < de *recibir* (DECH). El primero de ellos denota un «concepto equivocado o juicio falso» (DLE, s. v. *error*), normalmente atribuido a las cuentas aritméticas. Por su parte, los tres últimos expresan las cantidades numéricas implicadas en una cuenta u operación y presentan un significado resultativo. *Resto* se define en el *Diccionario de Autoridades* como «el residuo o parte que queda de algún todo», y, en su *Conpusición*, dice al respecto Ortega: «Un hombre tenía ciertos fijos, a los quales dexó cierta cantitad de ducados, en esta manera: que el primero fijo uviese 3 ducados y el sexto de lo que restase; y el segundo uviese 6 ducados y el sexto del *resto*» (f. 135r).

Sin embargo, *gasto* y *recibo*, tras desemantizarse, se lexicalizan como tecnicismos aritméticos, ya que estas voces nuevas designan las dos partes implicadas en la operación de restar: *gasto* es la «cantidad que ha de restarse de otra» (DLE, s. v. *sustraendo*) y *recibo* la «cantidad de la que ha de restarse otra» (DLE, s. v. *minuendo*). De este modo lo reseña Pérez de Moya:

> La prueva del restar se haze summando. Para declaración de lo qual, sabrás (según se ha dicho) cómo qualquier resta, de pequeña o grande quantidad que sea, trahe tres números o partidas; la primera es el *recibo*, o el número del qual queremos sacar alguna cosa; la segunda es la del *gasto*, o la que se ha de restar; la tercera es la differencia que el número mayor haze al menor, que es lo que dezimos *alcance* o resta. Entendido esto, la prueva es que la summa de las dos partidas menores será tanto como la mayor, y si no fuere tanto, la resta estará falsamente hecha (1562: 42).

Por último, hallamos un único ejemplo del mecanismo menos frecuente para la formación de nombres a partir de verbos: el sufijo *-e*, que aparece en *alcance* < de *alcanzar* (DECH). El sufijo átono de género masculino suele derivar a verbos de la 1ª conjugación, directamente mediante la elisión de la vocal temática (Santiago Lacuesta y Bustos Gisbert: 4550). Del mismo modo que los anteriores, este derivado de un nombre de acción ha sufrido un desplazamiento semántico, ya que, como puede leerse en el ejemplo anterior, indica un aspecto resultativo que corresponde al «resultado que se obtiene de la operación de restar» (ibíd.).

De acuerdo con la gramática de la RAE (2009: 376), un gran número de derivados en *-a*, *-e* y *-o* que proceden de verbos de uso técnico restringido son transparentes si se conoce el sentido del verbo. Se comprueba que los derivados de los verbos de la primera conjugación mediante los tres sufijos vocálicos examinados son muy numerosos —con un total de 6 derivados—, detalle que nos lleva a afirmar que esta es altamente productiva, mientras que los procedentes de las demás conjugaciones forman paradigmas muy reducidos.

-CIÓN

El sufijo *-ción* (del latín *-tĭo, -ōnis*[25], DLE), forma sustantivos deverbales, tradicionalmente clasificados como *nomina actionis*, pues designan la acción —y, a menudo también el efecto— expresada por el verbo. Es el caso, por ejemplo, de *disminución*[26], término que, referido a alguna cantidad u objeto, señala la «acción de reducir o disminuir su extensión, número o materia», o el de *igualación*[27], que por un lado indica la «acción u operación de igualar dos cantidades» (VME)[28] —esto es, de resolver la incógnita de una ecuación[29]— y por otro apunta un aspecto resultativo (cf. Lliteras: 75) que se identifica con la ecuación en sí, definida como la «igualdad que contiene una o más incógnitas» (DLE, s. v. *ecuación*) —es decir, un concepto algebraico[30]—. Además de imponer la categoría «nombre» a la base verbal a la que se agrega, el sufijo *-ción* exige el género femenino (Varela, 2005a: 41). Como expone Aurel: «En las *yugalaciones* siempre serán necessarias dos partes. La una, la que viene en la operación de la demanda con caracteres ocultas; y la otra, la que tú querrías que viniesse, o la que havía de venir» (f. 77r).

[25] Muy productivo en latín, ya que genera gran parte de los términos en *-ción* que se atestiguan en el léxico relativo a las matemáticas, sobre todo, para designar a la acción de las operaciones aritméticas tales como *abreviación* (tomado del latín *abbrĕvĭătio, ōnis*, Lewis-Short), *adición* (tomado del latín *additiō, -ōnis*, OLD), *computación* (tomado del latín *compŭtātĭō, -ōnis*, 'cálculo, cuenta', Lewis-Short), *duplicación* (tomado del latín *dŭplicātiō, -ōnis*, OLD) o *multiplicación* (tomado del latín *mŭltĭplĭcātĭō, -ōnis*, OLD), este último caso se documentan dos acepciones: una para el proceso y otra para el resultado (cf. Mancho Duque y Molina Sangüesa).

[26] De *disminuir* (DECH). «Se vee lo contrario en este exemplo del multiplicar un medio por otro medio, que salió un quarto, el qual quarto es la mitad menos que qualquiera de los dos medios que fueron multiplicados. Y assí, más se podrá dezir *disminución* a esta operación de quebrados (pues realmente disminuye) que no multiplicación, pues no aumenta» (Pérez de Moya 1589: f. 118).

[27] De *igualar* (DECH).

[28] Según Felipe Picatoste, el «*método de igualación*, es uno de los medios para eliminar un incógnita entre dos ecuaciones, y consiste en despejar en ambas ecuaciones el valor de la misma incógnita e igualar estos dos valores» (1862: 60). Un estudio de la alternancia de las voces *conjugar* / *conjugación* e *igualar* / *igualación* en el léxico algebraico del Renacimiento hispano puede leerse en Molina Sangüesa (2014c).

[29] «Ya que has visto medianamente lo necessario para la operación del Álgebra, Regla de la cosa o Arte mayor, agora te quiero mostrar cómo te has de regir en hazer y proponer las demandas que por ella avrás o querrás hazer [...]. Y luego praticarás esta tal *yugalación* por una de las 8 *yugalaciones* siguientes a la que será sujeta, y por ella te será declarada la valor de la co. oculta y primero propuesta» (Aurel: f. 72v)

[30] «La capacidad de los nombres en *-ción* para denotar el resultado de la acción verbal explica que sus definiciones lexicográficas se resuelvan en ocasiones mediante otro nombre primitivo que designa los logros o entidades resultantes de un proceso» (Lliteras: 75).

Por último, documentamos los sustantivos deverbales *averiguación*, el cual denota la acción o efecto de averiguar, que podría definirse como el «examen, diligencia y solicitud para inquirir, saber y averiguar alguna cosa oculta, dudosa o ignorada» (*Autoridades*), y *repartición*: «división que se hace de una cosa para distribuirla por partes» (*Autoridades*, s. v. *repartimiento*):

> Y para satisfación de los que fueren mathemáticos, que entiendo, no los astrólogos de ephemérides, sino los que entienden las demonstraciones y se aprovechan d'ellas, porné al fin d'este tratado las demonstraciones con que busqué los dichos lugares y ascensiones rectas; y por ellas se verá la ventaja que tienen en precisión y verdad las operaciones y *averiguaciones* que se hazen por discurso de demonstraciones a las que se hazen por las tablas, qualesquiera que sean (Tovar: ff. 10r-10v).

No obstante, debemos señalar la escasa productividad del sufijo *-ción*[31] en el tecnolecto matemático, frente a los numerosos cultismos acabados en *-ción*. De las 40 voces que se registran en la selección léxica estudiada con esta terminación, 36 son latinismos (véase § III.2.1.) y solo 4 sufijados.

-DAD

El siguiente sufijo, *-dad* (del latín *tas, -ātis*, DLE), se adosa a bases adjetivas para expresar el nombre de la cualidad del correspondiente adjetivo que deriva (Santiago Lacuesta y Bustos Gisbert: 4536); genera, por tanto, sustantivos abstractos como *desigualdad*, derivado del adjetivo *desigual* (§ 1.1.2.), que en nuestros tratados matemáticos se emplea habitualmente para referirse a la falta de equivalencia entre dos cantidades o expresiones algebraicas:

> Por lo qual, si las quantidades offerecidas para ygualar son tales que tienen *desygualdad* manifiesta, como si nos dixiessen que ygualemos estas dos quantidades 10 cosas más 7 y 4, porque la *desigualdad* es manifiesta entre la parte y el todo, no les procuraremos igualación (Núñez: ff. 124r-124v).

O *validad*, derivado del adjetivo *válido*:

> Y prometieron y juraron de nunca contravenir a la dicha cuenta, y, ansimismo, hovieron por firmes y buenos y valederos todos los pactos y posturas y contractos y actos

[31] Hay una proporción relativamente alta de derivados concurrentes en *-ción* y *-miento* históricos. En este sentido, Lliteras explica que «frente al carácter anticuado y en desuso de muchos deverbales en *-miento*, los derivados concurrentes en *-ción* no solo mantienen sus significados etimológicos sino que además experimentan históricamente un fuerte desarrollo de su capacidad denotativa o referencial» (74).

judiciales que hizieron los dichos sus tutores en su nombre, con la obligación de sus bienes por la *validad* de la dicha carta de pago (Celso: f. CCXLIVv).

O, asimismo, la voz *falsedad*, del adjetivo *falso* sufijado en *-dad*: «Enseñar el modo cómo se hallarán otras reglas que puedan servir para el mesmo efeto, sin los yerros y *falsedades* que ai en las que hasta agora se an usado» (Tovar: f. 31r).

En este caso también la cifra de latinismos (que asciende a cinco voces: *cantidad*, *dignidad*, *proporcionalidad*, *triplicidad* e *infinidad*) supera a la de los tres derivados en *-dad*.

-DOR(A)

Este polifuncional sufijo (cf. Varela 2005a: 44) procedente de la lengua del Lacio[32], se utiliza para crear adjetivos —así como sustantivos— a partir de un verbo. No obstante, en nuestra selección léxica documentamos solo sufijados nominales en *-dor*, como el vocablo *nombrador*, derivado de *nombrar*. Este término ha sufrido un proceso de lexicalización por el que pasa de significar «el que nombra» en los quebrados a ser «el número que expresa las partes iguales de la unidad contenidas» (cf. Laca: 182-184)[33], es decir, nuestro actual *numerador*[34], del que es sinónimo en los tratados matemáticos del siglo XVI. De nuevo, acudiendo a Ortega, «4/9, en esta manera: que dirás que la raíz del *nombrador*, que es 4, son dos, porque 2 vezes 2 son 4; y la raíz del denominador, que es 9, será 3, porque 3 vezes 3 son 9» (f. 33r).

Igualmente, derivado del verbo *cambiar*, hallamos el sustantivo *cambiador*, el cual da nombre a la «persona que cambia las monedas según su valor estimado»:

> Si quieres ver si es verdad, ayunta todas las tres sumas, como son 137 reales y 24 dineros y malla, con 4 reales y 5 dineros y malla, y tanbién 2 reales y tres dineros, y allarás que montan todas tres sumas 144 reales, que son 12 ducados que él avía dado al *cambiador*, como lo veis por enxemplo figurado:

La prim̃era suma sõ — 137 .R. 24 Di. 2 p.
La segũda suma sõ — 4 .R. 5 Di. 2 p.
La tercera suma sõ — 2 .R 3 Di.
Mõtã todas tres sũas 144 .R. 00 .Di. 0 p.
mõ. 12. ducados

(Ortega, 1512: f. 96r)

32 Del latín *-tor, -ōris* (Pharies, 2002: 169). Corresponde a los denominados *nomina agentis*.

33 Este se escribe encima del denominador y separado de este por una raya horizontal.

34 Tomado del latín *numerātor, -ōris* 'el que cuenta' (DLE), frente a la información del DECH, en el cual se postula que este es un derivado romance de *numerar*.

Asimismo, registramos en nuestro corpus el derivado *numeradora* (de *numerar*, DECH) mediante el sufijo femenino *-dor(a)*, que se lexicaliza como nombre de una técnica, concretamente la «técnica aritmética de contar o numerar»: «La Mensuradora y *Numeradora* son las prácticas de la Geometría y Arithmética. La una mide tierras, campos, distancias, alturas, profundidades, la capacidad de las áreas; y la otra considera los números cómo están en cosas sensibles puestos» (Herrera: f. 7r-7v).

De las 11 voces en *-dor* de nuestra selección léxica, 8 son cultismos y solo 3 derivados; aspecto que pone de manifiesto, una vez más, el carácter culto del registro matemático.

-Dura

Sufijo que sirve para derivar sustantivos de *nomina actionis* y de resultado a partir de bases verbales, se remonta a *-tūra*, sufijo latino que tiene las mismas funciones (Pharies: 176). Sinónimo del también derivado *añadimiento*, hallamos en los tratados aritmético-algebraicos el sustantivo *añadidura*, que se podría definir como «lo que se añade a alguna cosa» (DRAE [1884][12]). Escribe Loçano, en su traducción de *Los diez libros de Architectura* de León Baptista Alberto: «Algunos han tomado de aquí argumento que, con semejante *añadidura* y augmento de piedra, el mismo valle cerrado en las bocas se ha hecho lago» (50).

-Ero

Sufijo muy productivo de adjetivos y sustantivos derivados a partir de radicales nominales, reflejo de *-ārius*, sufijo latino de función análoga (Pharies: 229). Derivado del numeral fraccionario *sexmo*, se documenta el nombre *sexmero*, para designar a la persona «encargada de los negocios y derechos de un sexmo» (DRAE [2001][22]):

> Dévese informar cómo los regidores, y fieles, y *sexmeros*, y procuradores, y escrivanos y otros officiales de concejo usan de sus officios. Y si algunos hallare culpantes, haga justicia oýdas las partes, suspendiéndoles del officio durante el pleyto, y embíe la relación de todo a la Corte (Celso: f. CCXCIIv).

Asimismo, documentamos el adjetivo sustantivado *bajero*, el cual, derivado del adjetivo *bajo,* se emplea con sentido locativo, para indicar, en los quebrados, el número que expresa las partes iguales en que la unidad se considera dividida; aparece debajo del numerador y separado de este por una raya horizontal, como puede leerse:

> Y aquel nombre que estuviere encima se llama el nonbrador; y aquel que estuviere debaxo se llama el denominador, como aqueste nonbre cinco sextos, los 5, que están

> encima, es el nonbrador y el *baxero*, que es los 6, se llama denominador (Ortega: f. 43v).

Este sufijo goza de una escasa productividad en el tecnolecto matemático, en comparación con los tecnicismos acabados en *-ero* procedentes del latín (como *primero, tercero* o *postrero*).

-Eza

Heredado del latín *-ĭtia*, el sufijo paroxítono de género inherente *-eza* (Santiago Lacuesta y Bustos Gisbert: 4563) goza en español de una notable productividad en la formación de sustantivos abstractos femeninos que designan las cualidades y propiedades expresadas por el adjetivo del que deriva (NGRALE 2009: 421). Así, atestiguamos el derivado deadjetival *certeza*[35] (de *cierto*, DECH), que, como es habitual en los derivados mediante este sufijo, es semánticamente abstracto. Este presenta una particularidad morfofonológica, esto es, una modificación de la base de la derivación, pues esta monoptonga consecuencia del traslado acentual (Santiago Lacuesta y Bustos Gisbert: 4509).

> Junto con esto, pareciéndole que no era sólo menester esta observación, sino tener en ella la *certeza* que las Matemáticas enseñan, y que ninguna cosa dexasse de ajustarla con la demostración y pruevas infalibles (Álaba, y Viamont: VIIv).

-Ía

Este sufijo forma sustantivos derivados de adjetivos y suele indicar cualidad o situación. Por ejemplo, de *cuanto* > *cuantía*, de *mayor* > *mayoría* o del lat. *minor* > *minoría*. Por otro lado, los derivados en *-ía* denominales, suelen expresar oficio o lugar donde se ejerce, como el caso del catalanismo documentado en los tratados matemáticos del Renacimiento hispano *mercado* > del que derivan los sinónimos *mercadería* (DECH, s. v. *merced*) y *mercaduría*, relativos a la aritmética comercial.

> En la plaça yva en pregones la renta de ciertas haziendas por *quantía* de 365 ducados (Belveder: f. 196r).

> Esta *mayoría* o *menoría* se entiende en quantidad continua de unos con otros, porque en quantidad discreta, o división de grados, yguales son unos con otros, como tengan todos ygual número de grados, aunque unos grados sean mayores que otros (Chaves, en Sacrobosco: f. LXXXIv).

[35] «Verdad cierta y asegurada» (Terreros, s. v. *certidumbre*).

-Ío

Este sufijo paroxítono de género (masculino) inherente (Santiago Lacuesta y Bustos Gisbert: 4568), formador de sustantivos de carácter intensivo, aparece documentado en el léxico aritmético del siglo XVI en una ocasión: *poderío*. Este sustantivo, derivado del infinitivo *poder*, según DECH, presenta un significado abstracto referido al «valor que le corresponde a cada uno de los números que forman el sistema numeral arábigo», y así lo explica Pérez de Moya en su *Arithmética práctica y speculativa*:

> De las letras o characteres de la Arithmética: Hemos dicho que tiene esta arte diez letras o characteres, que son estos que se siguen: 1, 2, 3, 4, 5, 6, 7, 8, 9, 0, en cada una de las quales letras notarás tres cosas: orden, figura y *poderío* [...]. *Poderío* es valor que cada una por sí vale (4).

- ISTA

El sufijo tónico culto *-ista*, por su parte, deriva sustantivos a partir de bases nominales, corresponde, por tanto, a la categoría de los *nomina qualitatis*. Indica habitualmente oficio o profesión, como en el caso de *algorista*, término técnico que se puede definir como la «persona que cultiva la ciencia de los algoritmos». En esta misma línea, hallamos también el cultismo (derivado latino) *computista*, que designa la «persona que calcula la ordenación y división del tiempo, basándose en conocimientos astronómicos»:

> Y en lo restante que falta para cumplir el quadrante, que es hasta el lugar donde el polo se eleva sobre el horizonte noventa grados, va puesto por meses, los quales fácilmente podrás convertir en días y horas, si no fueres ageno de la sciencia de los *algoristas* (Chaves: f. LXXXIVv).

> Los *computistas* antiguos dividieron el día natural en quatro partes, a quien llamaron quadrantes, y cada uno d'éstos contiene seys horas; y, assí, multiplicando quatro vezes seys, hazen veynte y quatro, que son las horas del día natural (Anónimo 1554: f. IVv).

-MIENTO

Este sufijo heredero del latín *-mĕntum* (Pharies: 403), de un modo similar al sufijo *-ción*, forma sustantivos deverbales cuyo contenido semántico es el de «acción y efecto». De manera general, deriva bases verbales de la primera conjugación y es bastante productivo con verbos parasintéticos (NGRALE 2009: 359-360). En el léxico que nos ocupa, registramos *acrecentamiento*[36] (acción de acrecentar una

[36] De *acrecentar* (DECH). «Y ansí de todas las aumentaciones que fueren dende adelante, siempre partiendo por uno menos que fuere el *acrezintamiento* de la cuenta» (Ortega: f. 26r).

cantidad en número), *añadimiento*, *ayuntamiento*[37] («resultado de añadir a una cantidad otra u otras homogéneas», DLE, s. v. *suma*), *doblamiento*[38] (resultado de la multiplicación por dos), *multiplicamiento*[39] (término que converge con uno de los sentidos atribuidos por el sufijo *-ción* al derivado *multiplicación*: «operación o acción de multiplicar»; en este doblete o derivación concurrente entre *multiplicamiento* y *multiplicación* se impone *-ción* en la actualidad como término técnico o especializado; cf. Lliteras: 74), *nacimiento*, *repartimiento*, *triplamiento*[40] (efecto de la multiplicación por tres) y *allegamiento*[41] (efecto, conjunto que se obtiene de la suma). Frente a las voces acabadas en *-ción*, la mayoría cultismos, el sufijo *-miento* es muy productivo.

1.2.1.1. Sufijación apreciativa

-Ón

Este sufijo denominal y deverbal aumentativo[42] procede del latín *-ō, -ōnis* (Pharies: 429). Así, en el léxico relativo a la aritmética práctica o comercial, destacamos el término derivado *doblón*, procedente del aumentativo de *dobla*[43], cuya raíz numeral de base dos ya no es perceptible, puesto que ambas son lexicalizaciones de un tipo de moneda[44] —«De lo qual se sigue que para, de *doblones*, hazer maravedís, que porque el doblón vale 800 maravedís, que ochodoblando o multiplicando por un 8 qualquiera de doblones y añadiendo dos zeros quedarán hechos

---

[37] De *ayuntar* (DECH). «Y porque se trata de números, digo que número es un *ayuntamiento* de muchas unidades» (Pérez de Moya 1562: 320).

[38] De *doblar* (DECH). «Después, toma la fineza de un marco de 12 dineros y aquello que restare, dóblalo y, después, aquello que salió del *doblamiento* multiplica con ello todo aquello que pusiste aparte, conviene a saber, escomençando por los dineros de peso, si ay algunos, y después por los granos, si ay algunos, y ansí, a todas las otras diferencias quantas oviere» (Ortega: f. 146r).

[39] Este término no aparece recogido en ninguno de los repertorios etimológicos ni lexicográficos consultados. No obstante, consideramos que es derivado de *multiplicar*.

[40] Al igual que sucede con *multiplicamiento*, este sustantivo no se registra en ninguno de los diccionarios consultados. Creemos que es un derivado del verbo *triplar*.

[41] De *allegar* (DECH). «Y començarás de la mano derecha, juntando todas las unidades que en cada una de las partidas oviere, y del tal conjunto o *allegamiento* procederá número dígito, o artículo o compuesto» (Pérez de Moya 1562: 19).

[42] Alvar y Pottier destacan el «carácter individualizador (ponderativo y peyorativo)» del sufijo latino, de donde surgen los valores aumentativo y diminutivo (347).

[43] «Del [adjetivo multiplicativo] latino *dŭplus,-a,-um* "doble"» (DECH).

[44] Es interesante observar la cantidad de lexicalizaciones que emanan de una base numeral para la designación de monedas en los textos del siglo XVI. Una aproximación a las mismas puede leerse en Molina Sangüesa (2013), así como en Pujol (2000).

maravedís» (Pérez de Moya 1589: ff. 209v-210r)—. Encontramos también la voz *renglón*, que proviene de *reglón*, aumentativo de *regla* (con alteración fonética, en parte por influjo de *ringlera*).

De acuerdo con la NGRALE, «son muchas las voces en *-ón* que están ya lexicalizadas y designan un concepto distinto del que corresponde a su base, en lugar de la misma noción aumentada o ponderada» (2009: 657). Este carácter lexicalizador es exocéntrico, ya que la sufijación altera la clase semántica del derivante, y homogéneo, pues mantiene la misma categoría gramatical nominal o sustantiva de la base: *dobla* y *regla*. Tal y como estudia Pujol (2000: 157-158), la posibilidad de crear derivados con bases relacionadas con un numeral y el sufijo *-ón* se halla ya en latín. De hecho, al parecer, los numerales en función sustantiva admiten mejor la derivación apreciativa que cuando funcionan como adjetivos, como ocurre con este caso, en el que tenemos una base sustantivada o lexicalizada, procedente de un numeral multiplicativo: *dobla*[45]. Por otro lado, cambia el género gramatical y conlleva también un cambio semántico con respecto de la base numeral, por lo que podemos afirmar que presentan un verdadero proceso de creación léxica.

1.2.2. Sufijados adjetivales

-AL

Este es un sufijo comunísimo que sirve para derivar adjetivos a partir de bases nominales. Se remonta a *-ālis*, sufijo latino con el que comparte la misma función gramatical (Pharies: 57-59). De modo que, en nuestra selección léxica, documentamos —además de una gran cantidad de latinismos (§ III.2.1.)— los siguientes sufijados: *aritmetical*, *binominal*, *cabal*, *trinominal*, *progresional*, *desproporcional* y *practical*. El significado que aporta este sufijo es el de expresar pertenencia u otra relación con el contenido semántico expresado por la base léxica derivada y tiene la posibilidad de adosarse a adjetivos terminados en *-ico*: como *aritmético*, *práctico* o *-ino*: del tipo *binómino*, *trinómino*. Por ejemplo, Ufano se refiere en su tratado de artillería a una cifra *aritmetical*, esto es, «perteneciente o relativa a la aritmética», como el 4 o el 2, números con los que calcula las medidas necesarias para la construcción de un cohete:

> Que los quatros de la cifra *arithmetical* signiffican el grueso de la madera del molde; y los doses signiffican el grueso del papel en torno del hueco y ánima del cohete (387).

---

[45] Afirma Pujol (2000: 176) que el valor numeral de las formaciones en *-ón* depende de la base: se conserva cuando esta es propiamente numeral y queda como un valor simplemente etimológico cuando la base es un derivado de numeral, como sucede con *doblón*. Sobre este vocablo puede leerse Pujol (1997-98).

-Ble

Sufijo heredado del latín *-bĭlis*[46] (DLE), crea un único adjetivo deverbal: *dable* < del verbo *dar*, el cual, de acuerdo con la clasificación de Rainer (1999: 4607-4608), se incluye en el grupo de los adjetivos deverbales pasivos con sentido potencial, es decir, aquellos que pueden parafrasearse por «que se puede + infinitivo»[47]. Así sucede con *dable* que, referido a una *raíz*, indica que esta se puede dar o que es posible, en el sentido de que dicha raíz o cantidad radical puede expresarse exactamente mediante un número entero:

> Como rr. de 6, cuya potencia es √6, el qual no tiene raýz *dable*, racional o discreta (que todo es uno) (Aurel: f. 46v).

> Nota que si después de haver reduzido el entero en la specie de su quebrado, si en el numerador y denominador no oviere raýz, el tal número dirás ser irracional o sordo; quiero dezir que no tendrá raýz *dable* (Pérez de Moya 1562: 468).

-Dero

Frente al sufijo *-dor*(*a*), que tiene sentido activo, predomina el sufijo *-dero*(*a*)[48], del latín *-*(*t*)*arius*, *-a*, *-um*, con sentido pasivo. Estos adjetivos se documentan con frecuencia en textos medievales o clásicos (NGRALE 2009: 552-553) y atribuyen a la base derivada un valor semántico relacional que puede parafrasearse por «que tiene que ver con *x*» (Rainer 1999: 4611). En este caso, documentamos en el léxico aritmético el adjetivo *partidera*, acompañando al sustantivo *suma*, «cantidad», respecto a la que consideramos que se especifica que «tiene que ver con la operación matemática partir». De este modo forma un compuesto sintagmático, *suma partidera*, que da nombre o indica «aquella cantidad por la que se debe partir *x* número» en una operación matemática (§ 2.2.). Este compuesto denota el concepto que hoy conocemos como *dividendo*. El alemán Marco Aurel explica:

> El partir es la 5ª specie que conviene al Arithmética, la 4ª y última de las 4 reglas principales, y no es otra cosa que partir un número por otro [...]. En la qual regla ocurren y son necessarios tres números principales: el número que se ha de partir y el número en

[46] Este sufijo genera, ya en latín, gran cantidad de derivados pertenecientes al ámbito matemático. Entre otros, *indivisible* (tomado del lat. *indivisibĭlis*, Niermeyer), *innumerable* (tomado del lat. *innumerābĭlis,* OLD), *variable* (tomado del lat. *vărĭābĭlis*, Du Cange).

[47] «El elemento modificado por la forma *-ble* designa algo que, por sus cualidades intrínsecas, puede ser afectado por la acción designada por el verbo base» (Rainer 1999: 4609).

[48] Variante femenina antigua de los correspondientes adjetivos en *-dor* (cf. Pascual 1995: 354). «El sufijo *-dor* mantuvo en la Edad Media para el femenino la forma *-dor*, en alternancia con *-dora* o con *-triz* en algunas formaciones [...]. Se adoptaron, además, las formas en *-dera* con esa función, lo que dio lugar a numerosos pares *-dor* /*-dera*» (NGRALE, 2009: 464).

que se ha de partir y el número que saldrá en la partición. El primero se llama *summa partidera*; el 2º, partidor, y el 3º, quociente (1552: f. 8r).

Igualmente, derivado del verbo valer, documentamos el adjetivo *valedero* (DECH): «Quanto a la quarta parte, en que diximos de qué manera se tiene de dar la cuenta, digo que muchas cosas se requieren que intervengan en la cuenta para que sea *valedera*» (Castillo: f. VIIIv).

-Do

Este sufijo es uno de los más productivos en la formación de adjetivos deverbales[49] pasivos participiales, que son los que pueden parafrasearse por «que ha sido / está / es + adjetivo participial» (Rainer 1999: 4608). La principal aportación semántica de este sufijo es la de formar adjetivos resultativos de nombres de acción. «Los adjetivos acabados en *-ado*, cuyo origen último es un participio pasivo, pueden funcionar en los léxicos especializados como [adjetivos] y sustantivos con distintos valores semánticos, por ejemplo, para designar la operación descrita por el verbo» (Clavería y Torruella: 23). De este modo, en el léxico que nos ocupa documentamos un amplio grupo de derivados regulares de verbos de la primera conjugación que mantienen la vocal temática *-a*: *abreviado*[50], *acrecentado*[51],

---

49 «Hay que tener en cuenta la posibilidad que tiene el participio de funcionar también como adjetivo, en definitiva, adquirir el estatus de adjetivo [...]. En principio, el significado activo o pasivo del participio y, por consiguiente, del participio adjetivo depende de la naturaleza intransitiva o transitiva del verbo» (Pena 2005: 884).

50 En nuestra opinión, se podría definir del siguiente modo: «Dicho de una fracción o un quebrado: simplificado en otro equivalente, de términos menores», tal y como se deduce de los ejemplos documentados en los tratados matemáticos del Quinientos. Entre otros: «Por esta regla hallarás con brevedad un número con el qual a la primera vez que partieres el numerador y denominador de un quebrado quedará el tal quebrado *abbreviado* lo possible, y assimismo muestra conoscer si un quebrado se puede abbreviar o no» (Pérez de Moya 1562: 143-144).

51 «Dicho de una cantidad u objeto: que ha sido aumentado en su extensión, número o materia». «Por lo qual la Yglesia Cathólica, el año primero, segundo y tercero, celebra la fiesta del apóstol sanct Mathía a los veynte y quatro días de febrero y el año quarto, que es de bissiesto, la celebra a los veynte y cinco, que es en el día *acrescentado*» (Medina: f. 52r).

añadido, asentado[52], *averiguado*[53], *ayuntado*[54], *calculado*[55], *cincodoblado*[56], *continuado, cuatrodoblado*[57], *comprobado, computado, cubicado*[58], *declarado, demandado, demostrado, determinado, doblado, ejemplificado, ejercitado, engendrado, hallado, juntado, multiplicado, ordenado, practicado, probado, restado, seisdoblado, sietedoblado*[59], *suputado, tresdoblado, terciado*[60] *y verificado*, entre los que

---

[52] Sinónimo del también sufijado adjetival en *-do, ordenado*, definimos a ambos como: «dicho de una cantidad: colocada o dispuesta en el orden que le corresponde a sus números para poder operar con ellos». «Summar no es otra cosa sino juntar muchos números en una summa. Para declaración de la qual notarás dos cosas: la primera, que los números o partidas que ovieres de summar estén ordenadamente *assentadas*; quiero dezir que las unidades de una partida estén enfrente de las de la otra, y los diezes enfrente de diezes y cientos enfrente de cientos, etc.» (Pérez de Moya 1562: 19). «Agora que los números están *ordenados*, multiplicarás (como la regla manda) los 1000 maravedís, que es el segundo número, por el veyntiocho, que es el tercero, o a la contra, multiplica 28, que es tercero, por 1000, que es el segundo, y de un modo y otro montará 28000» (Pérez de Moya 1589: f. 144r).

[53] Al igual que el sufijado *hallado*, se define como «referido al valor de las cuentas o números: encontrado por medio de operaciones matemáticas». «Esto es ansí en caso que no ay contrato ni sentencia contra el administrador; mas si ay cuenta *averiguada* por sentencia o contrato, será entregado el señor por vía de execución» (Castillo: f. XXXIVv).

[54] Del mismo modo que *añadido, juntado* y *suputado*, se refiere a lo «sumado, añadido» en la operación aritmética correspondiente a la suma o adición. «Busca un nonbre que, tomando la mitad d'él *ayuntada* con los 6 que tenía el menor, que monten 20, el qual nombre será 28, porque su mitad son 14» (Ortega: f. 189v). «Quiérote agora mostrar cómo lo provarás por la prueva de 9, que es la más simple entre muchas que ay, y la más ligera y más breve de todas, aunque son todas verdaderas, si bien d'ellas usares, dado que las unas son más rebueltas que las otras, etc. Y es que quitarás simplemente de todas las letras *juntadas* llanamente los 9» (Aurel, 1552: f. 3r).

[55] Deducido mediante cálculos matemáticos: «Para sacar la raýz no ygual, la qual sabida, la agnado al movimiento de la Luna *calculado* con la tal equaçión para el día en que quiera hazer la tal observaçión» (Santa Cruz: 103).

[56] Multiplicado por cinco: «Y pues que de 60 a 12 hay *cincodoblada* proportión, se notará el 5, qu'es el denominador» (Girava, en Fineo: 95).

[57] Multiplicado por cuatro: «Siendo, pues, *quatrodoblada* proportión la de 60 a 15» (Girava, en Fineo: 64).

[58] Dicho de un número: elevado a la tercera potencia, o sea multiplicado dos veces por sí mismo. Por ejemplo: «el número 2 *cubicado* vale 8» (Rojas 1598: f.18v).

[59] Al igual que *cuatrodoblado* y *cincodoblado*, estos derivados, *sesisdoblado* y *sietedoblado*, son adjetivos resultativos que se definen como «multiplicado por seis / siete» y aluden a un tipo de progresión concreta, «progresión *seis doblada*, progresión *siete doblada*», en la obra de Ortega (f. 26r).

[60] Dividido en tres partes: «Y quando se estaña con el ordinario del peltre, se le mezcla un tercio de plomo, porque viene ya ello *terciado* desde allá» (Valles: ff. 25v-26r).

destacamos los sufijados adjetivales participiales *quebrado*[61] y *tranzado*[62], puesto que, consecuencia de una serie de procesos de lexicalización y tras un desplazamiento semántico, dan lugar a dos sustantivos que designan un tipo de número en el campo de la aritmética, en concreto, el «número que expresa una o varias partes alícuotas de la unidad», esto es, la fracción:

> *Quebrado* es una cosa que tiene una parte, o dos, o tres o muchas de algún entero, y no todas; porque si todas las tuviesse no sería *quebrado*, antes sería entero (Pérez de Moya 1562: 128).

> Si quisieres ayuntar 5/6 y 3/4, primeramente redúcelos, [...] pon el uno que ay delante de los dos *trançados* o rotos, y después pon una raya delante del uno y pon encima los 14 que sobran, y debaxo el común denominador, que son los 24, y dirás que ay uno entero y catorze veinte y quatrabos, que, traÿdos en menor número, son siete dozavos (Ortega: f. 47v).

Del mismo modo, documentamos una serie —menos numerosa— de adjetivos derivados de los verbos de la tercera conjugación, los cuales mantienen la vocal temática *-i-*: *añadido, convertido*[63], *diminuido, disminuido, dividido, fingido, partido*[64], *pedido, producido, reducido, repartido.*

-Ico

El sufijo *-ico*, heredero del sufijo latino *-ĭcus*, y este, a su vez, del gr. -ικός (Bergua Cavero: 171), añadido a bases nominales, genera adjetivos relacionales (cf. Rainer 1999: 4612-4618, Faitelson-Weiser: 128). En el léxico que nos ocupa registramos, por un lado, el par de sinónimos *algebraico* y *algebrático*, ambos

---

61 De *quebrar* (DECH).

62 De *tranzar* («"cortar, tronchar" ant., anteriormente "destruir", origen incierto; es probable que se relacione con el fr. ant. *trenchier* (hoy *trancher*), oc. y cat. *trencar* "cortar"», según DECH). Únicamente documentado en el tratado matemático del dominico Juan de Ortega (1512).

63 Dicho de un número o cantidad: transformado en otro distinto, pero equivalente, como consecuencia de una operación previa: «Y, siguiendo la primera regla del capítulo treze, hallarás que el tercio se convirtió o mudó en cinco quinzabos y los tres quintos se convirtieron en 9 quinzabos. Ya que están *convertidos* ambos quebrados en una semejante denominación, suma los nuevos denominadores, como son 5 y 9, y montarán 14, los quales son quinzabos» (Pérez de Moya 1589: ff. 111r-11v).

64 Par de sinónimos, *dividido* y *partido*, que designan un aspecto resultativo de la operación aritmética de dividir: «Exemplo. Un quarto es menos que un tercio, porque una cosa *dividida* en tres partes iguales mayor parte será cada una de las tres, que si la mesma cosa se dividiesse en quatro partes» (Pérez de Moya 1562: 156); «2/15 ducados, bien vees que no quiere dezir otro que 2 ducados *partidos* en 15 partes yguales» (Aurel: f. 11r).

derivados del sustantivo de origen árabe (véase § III.3.1.) que da nombre a la disciplina, *álgebra*, + el sufijo *-ico*, en el primer caso y, la misma estructura pero con un elemento de apoyo o interfijo[65] *-t-* en el segundo caso. Estos adjetivos designan cualidades y propiedades relacionales, es decir, pertenecientes o relativas al núcleo sémico o base de la sufijación, el álgebra: «y porque este valor es muy buscado en operaciones *algebraicas*, me alargaré en los 3 exemplos siguientes» (Molina Cano 1599: f. 3v).

Por otro lado, documentamos también el sufijado adjetival *binómico*, derivado de *binomio* + el sufijo *-ico*, que expresa, al igual que el derivado *binominal* —del que es sinónimo— aquello «perteneciente o relativo al binomio» (DLE, s. v. *binomial*): «Vale, luego, toda la multiplicación raíz de 50 más 7, y pronunciaremos, por tanto, que el dicho binomio, raíz de 50 más 7, es cubo y que la su raíz cuba *binómica* es raíz de 2 más 1» (Núñez: f. 118r).

-NTE

De origen latino (Pharies, 2002: 84-85), el sufijo *-nte* forma adjetivos deverbales[66] cuyo significado es «que ejecuta la acción» expresada por la base. Por ejemplo, hallamos los sinónimos *bastante* y *abastante*, derivados de los verbos también sinónimos *bastar* y *abastar*, los cuales denotan la cualidad agentiva que podría definirse como «que basta o es suficiente» (DRAE [2001][22], s. v. *bastante*).

Por otro lado, el único sufijado, *multiplicante,* documentado en nuestro corpus se lexicaliza y se emplea en los tratados aritméticos para hablar de la cantidad que ha de multiplicarse por otra, es decir, del tecnicismo actual *multiplicando*: «tres y dos multiplicados por 3 hazen 9 y 6, luego tal proporción avrá de 9 para 6 como de 3 para 2, porque el *multiplicante* fue 3, y los que se produxieron son 9 y 6, y esto está demonstrado en la proposición 17 del séptimo libro de Euclides» (Núñez: f. 248r).

---

[65] Afijo que carece de significado por sí mismo, cuya función principal es la de facilitar la combinación de a base con el sufijo (cf. Varela 2005a: 35, Portolés: 5043-5071).

[66] «Llamados tradicionalmente participios activos. Toma la forma *-ante* cuando el verbo base es de la primera conjugación, *-ente* o *-iente*, si es de la segunda o tercera» (DLE).

1.2.2.1. Sufijados adjetivales denumerales[67]

-AL /-AR

Del latín *-ālis* y *-āris* (cf. Pharies: 57-59). Entre los sufijados denumerales, destacamos *centenal* y su variante, condicionada por un proceso de disimilación o alomorfo, *centenar*. Ambos son adjetivos derivados del sustantivo numeral colectivo *centena* (DECH) y presentan, en una primera acepción, un valor primitivo relacional —que caracteriza al sufijo *-al*—, por el cual designan algún aspecto «relativo al numeral cien o que tiene valor de cien»:

> Uno y 4 son 5, y tres son ocho, los quales pon debaxo de la raya, enfruente de las tres figuras *centenales*, y dirás que montan los dichos ochocientos ducados (Ortega: f. 4v).
> Y la regla general es que se excluyan todos los números *centenares* o de 100 (Ferrofino: f. 180r).

Sin embargo, en una segunda acepción se lexicalizan con el sentido de conjunto, en este caso, de cien unidades iguales:

> El mismo peso de metal se da por libra de bala en la fundería del castillo de Milán que manda hazer la Magestad Cathólica. Pero el número de las libras se trata a *centenares*, que, reduzidas las susodichas 4.400 libras a *centenares*, son 44, los quales partidos, como arriba diximos, a 12 libras de bala, le vienen 3 *centenares* y dos tercios de *centenar* por libra, que es lo mismo que en Nápoles se usa (Collado, 1592: f. 12r).

-ARIO

Uno de los sufijos más rentables y productivos en la formación de derivados numerales es *-ario* (cf. Pujol 2000: 238-266)[68]. No obstante, en nuestra selección léxica gran parte de las formas acabadas en *-ario* documentadas proceden de una forma etimológica latina cuya estructura morfológica es [base numeral + *-arius*]. Estos son en su totalidad cultismos como *binario*, *ternario*, *cuaternario*, *centenario*, etc., que presentan generalmente un sentido relacional numeral primitivo: «que consta de *x* elementos» (Rainer 1999: 4635) denotados por la base. Sin em-

---

[67] Al igual que Rainer, consideramos oportuno efectuar una subclase de adjetivos denumerales, puesto que «los numerales, como otras categorías de palabras, pueden servir también de bases para derivaciones» (1999: 4634). Como se comprueba en el siguiente análisis, el grupo más nutrido lo constituyen varios tipos de formaciones denumerales derivadas, mediante un proceso de sufijación, de numerales cardinales.

[68] Del latín *-arĭus* (DLE). Este era un sufijo formador de adjetivos a partir de sustantivos y muy frecuentemente generaba sustantivos con valor agentivo «el que hace» (Pujol 2000: 239). Del neutro *-arium*, procede, según Alvar y Pottier, el valor del latín tardío «cantidad de algo» (292).

bargo, en algunos casos estos términos se lexicalizan, adquieren un valor más específico de temporalidad y dan lugar, así, a nombres que designan magnitudes temporales, como *centenario* (tiempo de cien años). A pesar del predominio de latinismos, documentamos un derivado patrimonial, *veintenario* (del numeral ordinal *veinteno*, según DECH), en los textos estudiados, referido al «tiempo de veinte años»:

> Empero, no se deve tomar la dicha quarta de lo que fuesse mandado a personas ciertas, ni de las armas o cavallos, ni de lo que dexasse a templos o hospitales para servicio de la tierra santa, ni de lo que dexare para lavores de las yglesias, o para libros o ornamentos o otras cosas semejantes, ni de lo que quedasse a alguna yglesia para aniversario, centenario, *veyntenario* y semejantes, ni de lo que mandasse a hospitales, o parientes, o personas pobres (Celso, 1553: f. CCCVIIIr).

-Avo

Este productivo sufijo se adosa a bases numerales cardinales[69] para la formación de un paradigma numeral: el de los fraccionarios, puesto que el latín no tenía una forma especial para designarlos. Menéndez Pidal (cf. 247-248) explica que la lengua reparó en el único sufijo ordinal tónico existente en latín, que es el de *octāvus*, y tomó *-avo*[70] como terminación fraccionaria. De tal manera, el resto de las formas del paradigma son analógicas derivadas en romance mediante la yuxtaposición del numeral cardinal correspondiente + el sufijo *-avo* (cf. Mancho Duque 2013 y 2014). Así lo demuestra el pedagógico Pérez de Moya:

> Para nombrar un quebrado de grande o pequeña denominación, nombrarás primero lo que estuviere sobre la raya, y luego lo que estuviere debaxo, y añadirás después esta dictión *abos*; como si dixéssemos 15/45, quinze quarenta y cincoabos de qualquier cosa. Pues si este quebrado se nombrare ser de real, dirás que quiere dezir que, dividido el real en 45 partes iguales, las 15 d'ellas, que es tanto como la tercera parte (1589: f. 88r).

[69] «El sistema básico de los numerales en español es el de los cardinales, sobre el que se forman, en principio, aunque no exclusivamente, las otras clases» (Marcos Marín 1999: 1194).

[70] Según Pharies, «sufijo español que tiene la función de formar fracciones y adjetivos numerales ordinales. Etimológicamente, representa el caso insólito de un sufijo que se origina en la terminación de una sola palabra, a saber *octavo*, ant. *ochavo*, derivados respectivamente culto y popular del lat. *octāvus* "octavo", extendiéndose luego, de forma incompleta, a los demás números» (124). Francisco Marcos Marín caracteriza *–avo* como «sufijo tónico del ordinal latino *octavus* (en la lengua antigua también *-ao*)» (1999: 1201).

-ENO / -ÉN

También el sufijo de origen latino *-eno*[71] era muy recurrente en el Quinientos. Este propició la creación de una serie de numerales ordinales patrimoniales que convivían con las respectivas designaciones de raigambre culta formadas ya en latín, mediante el productivo sufijo *-ēsĭmus* (cf. Pharies: 238). Por ejemplo, en el caso de ordinal culto *quincuagésimo*[72] encontramos el doblete *cincuenteno* (formado a partir del cardinal *cincuenta* + el sufijo *-eno*), del mismo modo que ocurre en *trigésimo* / *treinteno* o *vigésimo* / *veinteno*. El morfema aparece, pues, unido generalmente a múltiplos de diez, como *vigésimo*, *trigésimo* o *centésimo*[73]. Véase, por ejemplo, la siguiente alternancia denominativa:

> Y si una quantidad fuere raíz segunda de la raíz tercera de la raíz quinta de 100, diremos assí: 2 vezes 3 son 6, y 6 vezes 5 son 30, y será, por tanto, essa misma quantidad raíz de raíz *trigésima* de 100 (Núñez: f. 47v).

> Con el *treinteno* grado y tercero punto, 5.350; con 31 grados, 5.425; con 32 grados, 5.495; con 33 grados, 5.560; con 34 grados, 5.620 (Ufano: 346).

Por otro lado, este sufijo en su forma femenina *-ena* crea sustantivos colectivos a partir de adjetivos numerales, tales como: *centena*[74], *cinquena*[75], *decena*[76], *docena*[77],

---

[71] Sufijo de numerales ordinales y colectivos que refleja lat. tardío *-ēnus*, *-a*, variante del clásico *-ēni, -ae, -a*, terminación plural de los numerales distributivos (cf. Pharies: 213-214, Lausberg: 255). Proviene de la analogía con el ordinal de origen latino *noveno*.

[72] Tomado del latín *quinquāgēsĭmus* (DECH).

[73] Tomados del latín *vigēsĭmus*, *trīgēsĭmus* y *centēsĭmus*, respectivamente (DECH). Algunos de los adjetivos numerales ordinales cultos en forma femenina *-esima* dan lugar a la lexicalización de una serie de magnitudes temporales usadas en la liturgia para indicar los días que preceden a la Pascua de Resurrección (*Cuadragésima*, *Sexagésima* y *Septuagésima*).

[74] «*Centena* quiere dezir cientos, assí como ciento, dozientos, trezientos, etc., hasta nuevecientos» (Pérez de Moya 1562: 6).

[75] «Las dozenas van señaladas por cifra de qüenta guarismo, y las *cinquenas*, con unas rayuelas un poco más largas que los demás puntos» (Ufano: 308).

[76] «*Dezena* quiere dezir diez justos, assí como diez, veinte, treinta, quarenta, etc., hasta noventa» (Pérez de Moya 1589: f. 7r). Por otro lado, en la obra del matemático andaluz Juan Pérez de Moya encontramos lexicalizaciones de esta forma femenina para designar una consonancia musical: «Si sobre tercera menor, que es como de re a fa, añades siete punctos, hará *dezena*, y nombrarse ha *dezena* menor; y si sobre tercera mayor, que es assí como de ut a mi, añades siete, hará *dezena* mayor» (Pérez de Moya 1562: 375).

[77] «Esta media *dozena* de demandas de números binominales he querido poner, para que a lo menos entiendas cómo te has de haver con tales posiciones, y cómo el binómino, o residuo, se ha de tomar por una sola quantidad» (Aurel: f. 107v).

quincena[78], *trecena*[79] o *veintena*. Estas designan, por un lado, la idea de «conjunto de *x* unidades iguales» y, por otro, generan, en combinación con un numeral cardinal unido mediante la preposición *de*, una serie de compuestos sintagmáticos (véase § 2.2.) que organizan nuestro sistema de numeración decimal posicional. Nos referimos a la *decena de millar*, *decena de cuento*, *centena de millar* o *centena de cuento*, entre otros:

> Primeramente es necessario dar declaración a nombrar qualquiera suma, grande o chica y, por tanto, sabe que quando una suma pasa tres figuras, començando a la man derecha, la primera es nombre, e la segunda dezenal e la tercera se llama centenal; e todas las otras figuras que se siguen después fasta seys letras, el primero se llama millar, el segundo se llama *dezena de millar* y la sesta figura se llama *centena de millar* (Ortega: f. 2r).

> Después que uno conozca las dichas letras, encomendará a la memoria los nombres siguientes: unidad, dezena, centena, millar, *dezena de millar*, *centena de millar*, cuento, *dezena de cuento*, *centena de cuento*, [...]. Y no pongo más nombres por ser su processo en infinito, y porque con menos de los que aquí están se podrá contar harto gran cantidad (Pérez de Moya 1589: f. 6v).

Asimismo, el morfema convive con la variante aragonesa apocopada *–én* (cf. Varela 2005b: 1136)[80], que da lugar a una serie de numerales derivados que designan, bien un carácter fraccionario o partitivo: *novén*[81], *decén*[82], etc.; o bien, tras haber sufrido una extensión semántica en el campo léxico que nos ocupa,

---

[78] «Exemplo. Si sobre octava añades 7, haze *quinzena* y será segunda compuesta; y si sobre *quinzena* añades 7, hará veyntedosena, la qual veyntedosena será tercera compuesta, y assí en las demás» (Pérez de Moya 1562: 377).

[79] «Añadiendo una quinta con una octava, monta treze; pues quita uno de treze y quedarán doze, y assí se dirá dozena y no *trezena*» (Pérez de Moya 1562: 376).

[80] «-eno / -en: Del sentido originariamente plural surge también la novedad semántica más importante, el predominio de los sentidos colectivos que se refieren a tributos, medidas, períodos y grupos [...]. Del sentido "parte de" surge la posibilidad de designar monedas según su valor» (Pharies: 213-214).

[81] «Uno, puesto sobre un 9 con una raya pequeña entre el uno y el 9, quiere dezir un *novén* o novena parte. Y un 2, dos novenas, y un 3, tres *novenes*, etc., hasta dezir ocho *novenes*. Y por *novén* entendemos, hecha una cosa nueve partes yguales, la una d'ellas» (Pérez de Moya 1589: f. 87v).

[82] «Hallarás que suman 10 veynte quatrenes, que, traýdos a menor número, son cinco *dezenes*» (Ortega: f. 51r).

expresan, a partir de una base numeral, una moneda como, por ejemplo, *cinquén*[83] u *ochosén*[84]:

> Una moneda que se dezía prieto valía 4 dineros. 12 *cinquenes* valían un maravedí, y 2 *cinquenes* un cornado (Pérez de Moya 1562: 637).

> El sueldo menor valió un dinero y dos meajas, que son ocho meajas, y de aquí se llamó *ochosén* (ibíd., 638).

-UPLO

Por analogía con el numeral multiplicativo *duplo*, se toma lo que se podría considerar como un (pseudo)sufijo, *-uplo*, que genera una vertiente popular de numerales del paradigma multiplicativo. Entre otros, *diézcuplo* [numeral cardinal *diez* + interfijo *-c-* + *-uplo*), *nónuplo* [derivado del numeral cardinal *nono* + sufijo *-uplo*] y *cincuéntuplo*[85] [derivado del numeral cardinal *cincuenta* + sufijo *-uplo*]. Este sufijo, sumamente infrecuente en la lengua común (cf. Rainer 1999: 4635), además de aportar un significado numeral[86], en ocasiones, le confiere a la base un carácter relacional. Así lo expone Molina Cano en el siguiente fragmento: «el quadrete hecho de la octava parte del mismo diámetro guardará proporción *cinqüéntupla* con los 50 quadretes del ayre de su círculo y será ésta la menor proporción que ser pueda» (1598: f. 50v).

1.2.3. Sufijados verbales

-AR

Son muchos los verbos deadjetivales formados por sufijación de *-ar* (del latín *-āre*) en castellano[87] mediante un proceso de «derivación inmediata»[88], de modo que las terminaciones verbales se unen directamente al radical base (Serrano-Dolader: 4685, NGRALE 2009: 600-601). Así, hallamos la verbalización de los adjetivos: *cúbico*

---

[83] «Moneda antigua castellana que valía medio cornado» (DLE).

[84] «Moneda de cobre del antiguo reino de Aragón, que valía un dinero y dos meajas, o sea ocho meajas, y era el sueldo menor» (DLE).

[85] Algo muy recurrente en la morfología de las lenguas románicas es la alternancia intermitente en una misma serie de derivación entre formaciones populares y formaciones cultas (Pena 2003: 291).

[86] «Según las tales medidas, por ventura, pusieron las columnas, de suerte que fuessen unas respecto de la basa séxcuplas, y otras *diézcuplas*» (Loçano, en Alberto: 291).

[87] Aunque los procesos de verbalización existen en todas las lenguas románicas, según Serrano-Dolader, el español es especialmente rico tanto en esquemas morfológicos como en la productividad y libertad de aplicación de los mismos (cf. 4685).

[88] Frente a la «derivación mediata», en la que el sufijo se añade a la base por medio de interfijos (cf. Serrano-Dolader: 4686).

> *cubicar* (DLE), *cubo* > *cubar*, *equívoco* > *equivocar* (DECH, s. v. *igual*), *igual* > *igualar* (DECH), *junto* > *juntar* (DECH) y *quíntuplo* > *quintuplar*, mediante el sufijo verbalizador *-ar*[89], que crea verbos de la 1ª conjugación relacionados con una serie de operaciones aritméticas. Estos presentan un valor causativo, parafraseable por «hacer (causar) que algo o alguien [llegué al estado / se vuelva] *x*» y suelen ser transitivos. De acuerdo con la clasificación de Pena (1993: 217), esta constituye un tipo de derivación heterogénea, puesto que se da la formación de verbos a partir de otras clases léxicas de palabras. Este tipo de verbalización, según Dolader-Serrano, está ampliamente representada en español y ofrece una notable productividad para la formación de neologismos (1999: 4687), especialmente en lenguajes especializados (NGRALE 2009: 601), como se percibe en el dominio léxico que nos ocupa:

> Conviene *cubicar* el denominador del roto, qu'es el 3 de dos tercios, diziendo: 3 vezes 3 son 9, y tres vezes 9 son 27 (Collado: f. 60v).
>
> Estos 4 podremos *juntar* con los 10 y serán 14, cuya mitad, la qual es 7, será el valor de 1 cosa (Núñez: f. 141r).
>
> El postrer quebrado es 20 1/6 co., cuyo nominador es 121. [...] Éstos has de *quintuplar* por el 1/5 que el segundo pide al tercero, y vernán 20 co. (Aurel: f. 95v).

1.2.4. Sufijados adverbiales

-Mente

Sufijo de sentido unívoco que significa «modo», proviene del ablativo singular latino vulgar de *mens, mentis* (cf. Egea: 282), que no solo significaba «mente, pensamiento», sino también «ánimo, intención», y que se usaba con la forma femenina de los adjetivos para crear frases adverbiales modales o de manera. Esta última opción triunfó sobre las demás formas analíticas en el latín tardío y se extendió como sufijo adverbial característico de las lenguas romances (NGRALE 2009: 570, Buenafuentes 2007: 20). De modo que *-mente* se impuso como único morfema en la formación de adverbios derivados. En el léxico aritmético-algebraico renacentista se documentan los siguientes adverbios modales: *cuadradamente, cúbicamente, dobladamente, duplamente, matemáticamente, primeramente, proporcionadamente, proporcionalmente, segundamente, segundariamente, singularmente, terceramente* y *tripladamente*,

[89] Pena distingue dentro de la verbalización con *-ar* tres tipos de procesos morfológicos: adición, si el tema de la base termina en consonante (como se observa en *igual* > *igualar*); sustitución si el tema acaba en *-o* o en *-e* (este es el caso de *cúbico* > *cubicar* y de *junto* > *juntar*); conversión, si el tema termina en *-a* (1993: 231-232).

derivados de sus respectivos adjetivos[90]. Como se puede advertir, estos derivados se construyen en gran medida a partir de una base un numeral, bien ordinal (*primero* > *primeramente*, *segundo* > *segundamente*, *segundario* > *segundariamente*, *tercero* > *terceramente*), bien multiplicativa (*dupla* > *duplamente* y su sinónimo *doblado* > *dobladamente* —«al doble, por duplicado»—, que deriva del adjetivo participial de un verbo multiplicativo, del mismo modo que *triplado* > *tripladamente* —«al cubo, mediante la multiplicación continuada de un mismo número, tomado tres veces»—), distributiva (*singular* > *singularmente*), o bien de un tipo de número concreto, este es el caso de *cuadrado* > *cuadradamente* y de *cúbico* > *cúbicamente*.

> *Primeramente*, has de considerar de qué género es el quebrado, como si fuere de ducados, como 2/15 ducados, bien vees que no quiere dezir otro que 2 ducados partidos en 15 partes yguales (Aurel: f.11r).

> Agora torna a multiplicar los mesmos 5 por sí *tripladamente* o *cúbicamente* y serán 125 (Ortega: f.30r).

Por último, documentamos también una serie de adjetivos calificativos, los cuales suelen operar como base en la adverbialización en *-mente*, por ejemplo, *proporcionadamente* (de *proporcionado*), *proporcionalmente* (de *proporcional*) y *matemáticamente* (de *matemático*).

1.3. Parasíntesis o circunfijación

A- [base] -Ar

Como hemos apuntado, en la parasíntesis o circunfijación actúan de manera solidaria y simultánea dos procedimientos derivativos, prefijación y sufijación, por lo que todo verbo parasintético presenta una estructura interna trimembre o ternaria [prefijo + base + sufijo] (cf. Varela 1990, Serrano-Dolader: 4701). En español, según Malkiel (1993: 82), la tendencia ha sido producir verbos similares encajando el tema adjetival, en escala creciente, en uno de estos moldes: a-[*adj*.]-ar (por ejemplo, a-*bland*-ar o a-*grand*-ar) o em- / en-[*adj*.]-ecer (del tipo em-*blanq*-ecer o en-*sord*-ecer), principalmente. Este modo se confirma en el léxico que nos ocupa, donde documentamos el verbo parasintético *abajar*[91], cuyo esquema derivativo

---

[90] «La adverbialización en *-mente* constituye un procedimiento de derivación léxica por el cual se añade el citado sufijo (etimológicamente nominal) a un adjetivo-base» (Egea: 282).

[91] «En el español antiguo y en el clásico se formó un grupo nutrido de verbos en *a*-adj-*ar* y *a*-N-*ar*, la mayor parte de ellos entre la segunda mitad del s. XIV y la primera del XVI. De estos verbos, muchos se han perdido o han quedado reducidos a usos esporádicos» (NGRALE 2009: 605).

es a- +[*baj*(*o*)$_{adj}$]+ -ar, esto es: se forma con dos afijos discontinuos, *a-* y *-ar*, aplicados a *baj*(*o*), adjetivo que constituye la base de derivación. Este proceso morfológico genera un verbo de la primera conjugación de valor causativo e incoativo que, aplicado a la aritmética, se emplea para referirse a la simplificación de las fracciones, y que originalmente significa «hacer(las) bajas (en número o cantidad)», esto es, reducir(las):

> Y assí, digo que abbreviar no es, ni quiere dezir otra cosa, sino *abaxar* el numerador y denominador de un quebrado a otro numerador y denominador más pequeños, de aquella misma proporción que el tal quebrado tiene (Pérez de Moya 1562: 139).

Destaca Mancho Duque que, en el marco de la derivación patrimonial del léxico científico-técnico en general, «uno de los rasgos más llamativos es la abundante oscilación, en la clase léxica verbal, entre construcciones parasintéticas y lexemas sin prefijo. Especial frecuencia reviste en el caso de *a-*» (2003: 31). Sin embargo, esto no se corrobora en el tecnolecto matemático, donde lo más representativo son los préstamos del latín: *abreviar*, *asentar*, etc.; es decir: las formaciones parasintéticas son más abundantes en registros técnicos menos cultos que el matemático.

2. Voces creadas por composición

Este procedimiento de formación de palabras consiste en la unión de dos o más lexemas que dan lugar a la creación de un nuevo término con un sentido único y constante[92]. Ahora bien, dentro de los compuestos distinguimos, por un lado, los *compuestos léxicos* o *propios* —unidades léxicas simples que son el resultado de la concatenación ortográfica de dos palabras— y, por otro, los denominados *compuestos sintagmáticos* o *impropios* —estructuras compositivas formadas por dos o más unidades léxicas de significado unitario pero en las que sus componentes se realizan como palabras separadas— (cf. Varela 2005a: 74-80, Val: 4759).

En este apartado organizaremos, en primer lugar, los compuestos referidos al léxico de la aritmética y el álgebra del Renacimiento según la categoría gramatical de los componentes que los constituyen. A continuación, examinaremos el orden o colocación de estos elementos y la relación sintáctica que los une, así como la unión (o no) de los componentes y la categoría gramatical del compuesto resultante.

[92] Según Almela, el compuesto es una representación conjunta de un referente único (cf. 130-131).

2.1. Composición léxica

Los compuestos léxicos registrados en la nomenclatura aritmético-algebraica son adjetivos y verbos formados a partir de diversos paradigmas numerales. De acuerdo con la estructura gramatical que los conforma, se pueden sistematizar u organizar en los siguientes grupos:

Adjetivo numeral cardinal [base 10] + i + adjetivo numeral cardinal

Entre los numerales cardinales destaca una serie de formas compuestas, concretamente, los numerales complejos de base *diez*, a partir de *quince*, que son: *dieciséis*, *diecisiete*, *dieciocho* y *diecinueve*. Estos se construyen por la suma o adición de dos números naturales, composición sindética, en el caso del español, que se sirve de la conjunción *et*, ya desde época latina, para recomponer estos numerales sobre *decem* (cf. Lausberg: 245). Se trata de una conexión copulativa (Alarcos: 121) de la base 10, por un lado, y los respectivos adjetivos numerales cardinales simples, por otro, es decir, [10+6], [10+7], [10+8] y [10+9], unidos mediante la conjunción *y*.

A pesar de que en la actualidad predominen las formas sintéticas —escritas en una sola palabra, en la que el elemento de enlace adopta la forma *-i-* (NGRALE 2009: 1511)— y diptongadas, en los tratados matemáticos del Quinientos encontramos una rica variabilidad designativa (cf. Molina Sangüesa 2014b). Con frecuencia estos numerales complejos se representan separados gráficamente y con alternancia de dos nexos de unión, *y* / *e* (del latín *et*), como *diez e siete*, *diez y nueve*, etc. Existe también entre los mismos una notable alternancia de uso entre las formas compuestas por la base diptongada *dieci-* / *diezi-* frente a las no diptongadas, del tipo *deziseis*, *dezisiete*, *deçiocho* o *dezinueve*[93].

Estos numerales, que van del 16 al 20, se diferencian etimológicamente de sus antecesores *once*, *doce*, *trece*, *catorce* y *quince*, construidos como [1+10], [2+10], [3+10], [4+10] y [5+10] a través del sufijo latino *-ze* < *-dĕcim* adosado a los numerales cardinales latinos simples *ūnus*, *dŭōs*, *trēs*, *quattŭor* y *quīnque*, los cuales se consideran formas no segmentables (NGRALE 2009: 1511): *ŭndĕcim*, *dŭōdĕcim*, *trēdĕcim*, *quattŭordĕcim* y *quīndĕcim* "íd." (DECH), al igual que las formas simples, de 1 a 9, salvo el 0 (véase § III.3.1.).

---

[93] «Ley *dezinueve*, título X, libro I del Fuero» (Celso: f. CXLVIIr). «Y esta dicha caxa repartirás en los pasos que te pareçiere. Supongo que se repartió en *deçiocho* pasos, y cada paso a de tener una terçia de alto» (Martínez de Aranda: 229). «D'esta calidad de agua, en Toscana, cerca de Roma, a *dezisiete* leguas» (Juanelo: f. 34r).

De acuerdo con la clasificación establecida por Almela, estos compuestos léxicos formados por dos adjetivos numerales cardinales[94] carecen de núcleo y son, por tanto, «homólogos copulativos» (cf. 148-150).

Adjetivo numeral cardinal [base 10] + i + adjetivo numeral ordinal

De manera análoga, hallamos el adjetivo numeral ordinal neológico *diecinoveno*, que resulta de la composición de dos miembros unidos por la conjunción copulativa *y*. Este compuesto homólogo copulativo se compone del cardinal *diez* coordinado con el ordinal *noveno*. Presenta un par de ocurrencias únicamente en todo el corpus y convive con la forma culta *decimonoveno*:

> Con el dézimo del primer punto de la esquadra, repartida en 9 puntos o partes yguales, alcança justamente 595 passos; [...] con el *diezynoveno*, 865 (Ufano: 342).

> De forma que, de puntería alcança el dicho cañón 1.000 passos aplicados al primero de los 45 grados, y con el segundo grado alcança 1.220; con el tercero, 1.435; con el quarto, 1.645; [...] con el *diezynoveno*, 4.195; con el veinteno grado y segundo punto, 4.325; con 21 grados, 4.450 (ibíd.: 346).

Adjetivo numeral cardinal + adjetivo numeral cardinal [base 100]

Entre las centenas perviven, por un lado, las formas *doscientos*, *trescientos*, *quinientos* y *seiscientos*, herederas de los étimos latinos: *dŭcēntī*, *trecēntī*, *quīngēntī* y *sexcēntī* (todas ellas con la terminación *-os* por analogía con *cientos*; DECH), y, por otro lado, el resto de formas hasta completar la serie: *cuatrocientos*, *setecientos*, *ochocientos* y *novecientos*, que, compuestas en romance por el cardinal correspondiente [4, 7, 8, 9] y *-cientos*, reemplazaron a los latinos *quadrigenti, septingenti, octingenti* y *nongenti* (Menéndez Pidal: 245, Alvar y Pottier: 92).

Como puede observarse, las formas compuestas referidas a las centenas se forman por multiplicación con la unidad que la precede[95]. En estas se reconocen dos morfemas: el «multiplicador» (procedente de la unidad: *cuatro-*, *ocho-*, etc.) y el «multiplicando» *-cientos* (NGRALE 2009: 1515), que, yuxtapuestos, constituyen una única palabra.

En cuanto a los términos *setecientos* y *novecientos*, la composición se percibe con mayor claridad en las variantes diptongadas *sietecientos* y *nuevecientos*, documentadas con frecuencia en la lengua antigua, aunque en ambos casos se haya

---

[94] «La unión de dos elementos equipolentes puede interpretarse como una relación paratáctica o coordinativa» (Val: 4772).

[95] «Si el número menor precede al superior, el valor de la secuencia se calcula por multiplicación» (NGRALE 2009: 1511).

optado por la conservación de las formas compuestas por los radicales monoptongados *sete-* y *nove-*. De ahí los siguientes ejemplos que figuran en los tratados del distinguido matemático Juan Pérez de Moya: «Xx veynte, Dcc *sietecientos*» (1562: 16) y «IX nueve, XC noventa, DCCCC *nuevecientos*» (1589: f. 13r).

Adjetivo numeral cardinal + adjetivo de cantidad indeterminada

Otro mecanismo de creación léxica en el ámbito de los numerales consiste en la yuxtaposición de un adjetivo numeral cardinal y el adjetivo *tanto* —a veces, adverbializado—, puesto que este, pospuesto a un numeral, sirve para formar múltiplos, ora con valor sustantivo, ora como adjetivo. De esta forma se configura todo un paradigma de numerales multiplicativos: *dostanto*, *trestanto*, *cuatrotanto*, *cincotanto*, *seistanto*, *sietetanto*, *ochotanto*, *nuevetanto* y *dieztanto*, patrimoniales o populares, que hacen frente a las formas cultas *duple/o*, *triple/o*, *cuádruple/o*, etc. Por ejemplo:

> Si quisieres saber, de quatro sacas o costales que faze cada una 4 mesuras, si las ayuntan en uno, conviene a saber, que la saca que se feziere de todas quatro que tenga *dos tanto* de largo y *dos tanto* de ancho, quántas mesuras fará, farás ansí: por quanto tendrá *dos tanto* de anchura, dirás: 2 vezes 2 son 4, y estos 4 serán de la anchura. Ansimesmo, por quanto es dos vezes más larga que de primero, otras 2 vezes 2 son 4, y éstos serán de la largura (Ortega: 106v).

> Y si dixeren a razón de a 40, porque quarenta es *quatrotanto* que diez, toma la quarta parte de lo que rentan por diez. Y assí en infinito por aumentación de diezes (Pérez de Moya 1589: f. 232v).

> Parte estos 300 por el primero, que es 6, y vendrán a la partición 50. Este 50 es el número quarto que se pretende en esta regla buscar, el qual se avrá en tal proporción con el tercero como el segundo con el primero, que la una y otra proporción es quíntupla o *cincotanto* (ibíd.: f. 143r).

Estos compuestos léxicos son el resultado de la simplificación de sus respectivas perífrasis multiplicativas «dos veces tanto», «tres veces tanto», etc.; es decir: resultan de la fijación de una estructura sintáctica en una forma determinada, «lo que conlleva la pérdida de propiedades sintácticas y la hace hábil para expresar conceptos unitarios» (Val: 4760). En los textos del siglo XVI hallamos formas separadas gráficamente —variantes de las que se deduce la elisión del sustantivo «veces»— e incluso también alfanuméricas. Estas se documentan fundamentalmente en la *Aritmética* de Ortega (1512), uno de los textos más tempranos del corpus. Consideramos que son «homólogos determinativos», pues entre los dos componentes hay una relación de dependencia determinativa en la que el núcleo es el adjetivo *tanto* (cf. Almela: 149):

> Donde le faltó uno para tener *3 tanto* que el primero. Y por tanto, pon los 3 que tomaste por primera posición y delante d'ellos pon el un punto que faltó de llegar de los 5 a los 6 para tener *tres tanto* (Ortega: f. 191r).

> Por la segunda posición, pon por caso que valiesse 8 ducados cada quintal. Pues, pagando de alcavala el que lleva 30 quintales un quintal y bolviéndole un ducado, dirás que pagó 7 ducados de alcavala, donde al respecto havía de pagar el que llevava los 120 quintales 28 ducados, por quanto llevava *4 tantos* quintales que no el de los 30 (ibíd.: f. 184v-185r).

Adjetivo numeral cardinal + verbo

Una serie interesante de compuestos léxicos de base numeral son los verbos: *tresdoblar*, *cuatrodoblar*, *cincodoblar*, *seisdoblar*, *sietedoblar*, *ochodoblar*, *nuevedoblar* y *diezdoblar*. Estos se construyen mediante la yuxtaposición de la serie de adjetivos numerales cardinales simples y el infinitivo del verbo *doblar*[96], que, tras haber sufrido un proceso de desemantización, pasa de designar la operación aritmética de «multiplicar por dos» a referir la acción —aséptica o no cuantificada— de «multiplicar» (cf. Mancho Duque y Molina Sangüesa). Así lo explica Pérez de Moya, al afirmar: «nota lo que hazes con el dos para doblar, que lo mismo harás con el tres para tresdoblar, y con quatro para quatrodoblar y con cinco para cincodoblar» (1562: 470). Igualmente hallamos este esquema en la configuración del verbo *tresmultiplicar* (sinónimo de *tresdoblar*, *triplar* y *triplicar*).

Estas expresiones verbales expresan en una única unidad léxica la acción de «multiplicar por *x* veces una cantidad». Consideramos que se trata de un procedimiento de economía lingüística de formación patrimonial. De hecho, se constata la fluctuación y confrontación entre el uso de estas construcciones y los cultismos de origen latino *tresdoblar* / *triplicar* o *cuatrodoblar* / *cuadruplicar*.

Del mismo modo que con los neologismos de forma o morfológicos previamente analizados, estos presentan variantes separadas gráficamente, sobre todo en gerundio, y también alfanuméricas:

> Por quanto por las progresiones susodichas se pueden fazer todas las semeyantes y otras de qualquiera manera que fuesen, mas por mayor declaración y seguramiento de qualquiera que quisiere sumar qualesquier progresiones que fueren subiendo de grado en grado, quiero dar un aviso general para toda qualquier cuenta que quisieres sumar sutilmente: que la sumes muy breve, con tal que la tal suma se vaya subiendo de grado en grado, conviene a saber, 6 *doblándose*, ó 7 *doblándose*, ó 8 *doblándose*, y dende arriba qualquiera progresión que saliere (Ortega: f. 26r).

[96] «Del lat. tardío *dŭplāre* "hacer [algo] doble"» (DECH).

Según la distribución establecida por Almela, estos compuestos se incluyen en el grupo de los «heterólogos de complementación», en los que el verbo, pospuesto al cuantificador, funciona como núcleo (148). Los modificadores, en este caso numerales cardinales simples, especifican el sentido de este núcleo (*doblar*), precisando las veces por las que se debe multiplicar la cantidad a la que aluden. Como puede apreciarse, este esquema compositivo es altamente productivo, pues genera una serie completa que llega hasta la multiplicación por decenas: *diezdoblar*.

> Si los reales que quisieres convertir en maravedís fueren de a dos, dóblalos primero; y si fueren de a tres, tresdobla; y si de a 4, quatrodobla; y si de a ocho, ochodobla, y si de a diez, *diezdobla*. Y después d'esto hecho, sigue la regla dada como si fuessen senzillos (Pérez de Moya 1589: f. 211v).

Adjetivo numeral ordinal [base 10] + adjetivo numeral ordinal

En el caso de los numerales ordinales complejos, al igual que en los cardinales, impera la composición de tipo coordinativo a partir de la base 10, representada por el adjetivo de origen latino *décimo* y los respectivos ordinales simples —*tercio*, *cuarto*, *quinto*, *sexto*, etc.—, que, yuxtapuestos, generan los ordinales *decimotercio*, *decimocuarto*, *decimoquinto*, *decimosexto*, *decimoséptimo*, *decimoctavo* (en el que confluyen y se simplifican las dos *oes*) y *decimonoveno*[97]. Estos conviven con las respectivas formaciones patrimoniales sufijadas en *-eno*: *quinceno*, *dieciseiseno*, etc. (véase § 1.2.2.1.).

Como puede apreciarse, la mayor parte de los compuestos léxicos estudiados son compuestos yuxtapuestos de dos adjetivos que siguen en su mayoría la modalidad coordinada y combinan adjetivos semánticamente congruentes, pertenecientes a un mismo dominio conceptual (cf. Varela 2005a: 83).

Si atendemos la existencia o no de un núcleo —elemento en el que radican las posibilidades distribucionales y que determina el tipo de categoría de construcción (Val: 4766)—, podemos distinguir, entre los revisados, dos tipos de compuestos: «endocéntricos» —aquellos que presentan núcleo, como los compuestos con el verbo *doblar* y por el adjetivo *tanto*, esto es: los numerales vinculados a la operación matemática de la multiplicación— y «exocéntricos» —los que carecen de este—. Entre estos últimos se encuentra el resto de los numerales revisados, concretamente los numerales cardinales y ordinales, en los que la concatenación de los mismos supone, según la interpretación de Val (cf. 4769), que ambos constituyentes desempeñen un papel nuclear. De este modo, la referencia de la voz compleja se identifica a partir de los dos componentes: ni un elemento rige ni es

[97] A excepción de *undécimo* y *duodécimo*, que son cultismos heredados del latín.

regido por el otro ni hay modificación de uno a otro, ambos están en una relación de equipolencia y ambos determinan la valencia del conjunto (ibíd.: 4783). Asimismo, se caracterizan por la amalgama fonológica y por la presencia de un solo acento principal, por lo que se puede admitir que estamos, en terminología de este autor, ante compuestos «prototípicos» o «perfectos»[98].

2.1.1. Acronimia o entrecruzamiento

Este subtipo de composición consiste en la creación de una nueva palabra mediante la combinación simultánea de dos procesos simples: acortamiento y composición. De este modo se explica el término *sursólido* documentado en los tratados matemáticos del siglo XVI, donde la sustracción se combina con la yuxtaposición en la formación del compuesto léxico. En este caso se cruzan dos adjetivos latinos: *sŭrdum* y *sŏlĭdum*, los cuales generan un nombre específico empleado para designar un concepto algebraico, concretamente, la quinta potencia de la incógnita (x^5) (véase § 4.). De las dos voces implicadas, el segundo elemento permanece íntegro y el primero sufre apócope[99] (el esquema más productivo del español). El entrecruzamiento es un procedimiento frecuentemente utilizado para reducir la extensión de los compuestos neoclásicos (cf. Pena: 297). Como unidad léxica nueva, admite afijos, por ejemplo el prefijo *bi-* (§ 1.1.3.1.), con el que se eleva el exponente dos grados más (x^7).

Del mismo modo, las expresiones algebraicas *quinomio* y *senomio* son dos acrónimos. Estos se componen por un primer elemento numeral de origen latino apocopado (*qui-* > *quinque*, «cinco», y *se-* > *sex*, «seis», respectivamente), el cual, por analogía con *binomio*, toma como segundo elemento el tema *-nomio* (cf. Molina Sangüesa 2014d) y configura este par de expresiones algebraicas compuestas de cinco o seis términos unidos por los signos más o menos:

> Si quisieres sacar r. de 16cecu. p. 24R. p. 25cce p. 12 cu. p. 4ce., sacarás, como arriba, r. de los dos extremos, y será 4cu y 2co. Aora, si este *quinomio* tiene r., tanto vendrá partiendo el segundo charácter, que es 24R., por la r. del primero extremo, que es 4cu., como partiendo el quarto charácter, que es 12cu., por la r. del último, que es 2co., que a qualquiera d'estas particiones salen 6ce. (Pérez de Moya 1562: 523-524).

---

[98] «Los numerales presentan un tipo especial de conjunción porque en ellos se produce una suma real que se refleja formalmente con la yuxtaposición (*mil quinientos*) o la coordinación, solo para las decenas (*setenta y ocho*); en los numerales más complejos, ambos procedimientos de expresión se pueden combinar» (Clavería y Torruella: 34).

[99] Sobre la fragmentación o no de las voces implicadas en la construcción de nuevos vocablos mediante procesos de entrecruzamiento, véase Campos Souto (2008: 49-58).

Y porque aún raíz de 60 más 2 es quantidad compuesta, multiplicaremos raíz de 60 más 2 por raíz de 60 menos 2, y haremos 60 menos 4, que son 56, que será partidor simple. Y multiplicaremos también raíz de 30.000 más raíz de 50.000 menos raíz de 60.000 por raíz de 60 menos 2, y haremos este *senomio*: raíz de 1.800.000 más raíz de 3.000.000 más raíz de 240.000 menos raíz de 3600000 menos raíz de 200.000, a partir por 56, y verná el mismo quociente que vernía partiendo 100 por raíz de 3 más raíz de 5 más raíz de 6 (Núñez: ff. 63r-63v).

2.2. Composición sintagmática

Son varias las estructuras combinatorias[100] que distinguimos en los compuestos sintagmáticos localizados en la selección de voces aritmético-algebraicas, los cuales ascienden a un total de 214, que se pueden organizar en los siguientes grupos:

Sustantivo + sustantivo
En el léxico aritmético se documentan cuatro compuestos sintagmáticos que ejemplifican este proceso de formación de lexías complejas: *número artículo*, *número cociente*, *número dígito* y *número parte*. Se trata de una construcción en la que participan dos sustantivos concatenados libremente. No obstante, van unidos por relación apositiva y el conjunto suele ser hipónimo del núcleo (Almela: 150), en este caso, del hiperónimo *número*. Así, designan diversos tipos de números: en primer lugar, el compuesto *número artículo* se refiere a los números decenales, es decir, aquellos que se expresan con dos guarismos[101]. Por el contrario, *número dígito*, en aritmética, se emplea para referirse al tipo de número que puede expresarse con un solo guarismo[102]:

[100] De acuerdo con Clavería y Torruella, consideramos que estos compuestos sintagmáticos «responden a las pautas de combinación sintáctica de la lengua, puesto que se han originado a partir de una lexicalización de lo que inicialmente era una combinación ocasional de elementos léxicos» (15). Buenafuentes señala el polimorfismo que subyace bajo las formaciones compuestas: «los compuestos sintagmáticos son unidades lingüísticas muy especiales, que presentan características sintácticas (su estructura es casi oracional), morfológicas (son un proceso morfológico de formación de palabras) y léxicas (un compuesto es, al fin y al cabo, una unidad léxica) [...]. Así, desde un punto de vista histórico, los compuestos reflejan claramente las conexiones que se producen entre la sintaxis, la morfología y el léxico» (2010: 293).

[101] En la numeración decimal son los números comprendidos desde el *diez* al *noventa*, ambos inclusive.

[102] En la numeración decimal son los comprendidos desde el *cero* al *nueve*, ambos inclusive.

> El número generalmente se divide en dígito, artículo y compuesto. *Número dígito* es aquél que no llega a diez, assí como 2, 3, 4, 5, 6, 7, 8, 9. *Número artículo* es aquél que es diez o diezes justos, assí como 10, 20, 30, 40, 100, 200, etc. Número compuesto es aquél que participa de dígito y de artículo, assí como 12, 15, 25, 207, etc. (Pérez de Moya 1562: 3-4).

Finalmente, los sinónimos *número cociente* y *número parte* denominan el número, cantidad o resultado que se obtiene al dividir una cantidad por otra:

> Después, parte el número que se hizo d'esta multiplicación por el seno entero y busca el arco del *número quociente* o *número parte*, que quiere dezir número que muestra quántas vezes está el partido en el partidor, por las tablas de los senos, y ternás el número primero hallado (Apiano: f. 22v).

Sustantivo + de(l) + sustantivo

Entre los tipos de sintagmación en los que el complemento nominal es un sintagma preposicional, aquellos formados por la preposición *de* son los más habituales (cf. Val: 4827). De hecho, esta estructura composicional es una de las más abundantes en el conjunto de compuestos sintagmáticos registrados en el vocabulario matemático del siglo XVI. Entre los mismos, destaca un grupo referido a los distintos conceptos aritméticos, como la cuenta o métodos que se ejecutan con los numerales indoarábigos, por ejemplo, el par de sinónimos: *cuenta de alguarismo* y *cuenta de guarismo* o la *regla de guarismo*:

> Tomaremos principio con dezir que la *cuenta de guarismo* se sirve de los diez caracteres o figuras siguientes: 1, 2, 3, 4, 5, 6, 7, 8, 9, 0. La primera, que es assí: 1, vale uno. La segunda, que se figura assí: 2, vale dos. La siguiente a éstas vale tres, y la otra quatro, y la quinta cinco, y la sexta seys, y la séptima siete, y la octava ocho, y la novena vale nueve. La última, que se figura assí: 0, se dize zero o cifra, y no vale nada, mas tiene virtud de dar valor a las otras letras, como luego diremos. Y con estas diez figuras se puede contar quanto quisiéremos, assí como con las veintitrés letras del a.b.c. se escrive quanto se ofrece (Acosta: ff. 6r-6v).

Por otro lado, simplemente como tipos de números concretos: *número de oro*[103] y *quebrado de quebrado*[104], los cuales destacan bien por sus características o bien

---

[103] «Número que se escribía con caracteres de oro en los sitios públicos de Atenas, y correspondía al año en que, cada 19, se volvían a repetir las fases lunares en las mismas fechas, según el ciclo que descubrió Metón en 432 a. C.» (DRAE [2001]^{22}, s. v. *número áureo*).

[104] «Número compuesto de una o más de las partes iguales en que se considera dividido un quebrado» (DLE).

por el lugar que ocupan en una operación aritmética, como el caso del compuesto *nombre de (la) multiplicación*[105].

Asimismo, los numerales colectivos femeninos acabados en *-ena* junto con la voz *unidad* forman los compuestos sintagmáticos que configuran nuestro actual sistema de numeración decimal posicional: *unidad de millar*, *unidad de cuento*[106], *decena de millar* o *decenar de millar*, *decena de cuento*[107], *centena de millar* o *centena de cuento*[108], entre otros, los cuales presentan, además, una segunda acepción referida a conjuntos de *x* unidades iguales:

> *Unidad de millar* quiere dezir unos de millares, y que no lleguen a diez mill, assí como mill, dos mill, tres mill, etc., hasta nueve mil.
> *Unidad de cuento* quiere dezir unos de cuentos, como un cuento, dos cuentos, tres cuentos, etc., hasta nueve cuentos.
> *Dezena de millar* quiere dezir diezes justos de millares, assí como diez mill, veynte mill, etc., hasta noventa mill (Pérez de Moya 1562: 5).

> *Dezena de cuentos* quiere dezir diezes de cuentos, assí como diez cuentos, veinte cuentos, treinta cuentos, quarenta cuentos, etc., hasta noventa cuentos. *Centena de millar* quiere dezir cientos justos de millares, assí como cien mil, dozientos mil, trezientos mil, etc., hasta llegar a dezir novecientas mil.
> *Centena de cuentos* quiere dezir centenas de cuentos, assí como cien cuentos, dozientos cuentos, etc., hasta nuevecientos cuentos (Pérez de Moya 1589: ff. 7r-7v).

Con suma frecuencia este esquema compositivo designa pruebas, como las denominadas *prueba de siete* y *prueba de(l) nueve*[109], entre otras, así como subtipos de reglas o métodos, como la *regla de tres*, la *regla de cambios* o la *regla*

---

[105] Cantidad que ha de multiplicarse por otra.

[106] Cada uno de los números comprendidos entre el 0 y el 9, que en una cuenta se colocan en el séptimo lugar comenzando por la derecha.

[107] Cada uno de los números comprendidos entre el 0 y el 9, que en una cuenta se colocan en el octavo lugar comenzando por la derecha.

[108] Cada uno de los números comprendidos entre el 0 y el 9, que en una cuenta se colocan en el noveno lugar comenzando por la derecha.

[109] Cálculo sencillo que sirve para verificar el resultado de operaciones aritméticas, especialmente en la multiplicación y en la división, fundado en que el resto de dividir un número por siete o por nueve es el mismo que el de dividir también por siete o por nueve la suma de sus cifras. En palabras de Aurel: «La *prueva de 9* del partir es multiplicar la prueva del quociente con la prueva del partidor, y juntando al producto o multiplicación la prueva de lo que sobró, si algo sobrare, y la prueva de todo esto ha de ser tanto como la prueva de toda la summa partidera. Esta tal prueva, en substancia, es ygual a la Prueva real, aunque no tan larga ni tan verdadera, porque puede mentir por causa de la cuenta quando será mal hecha, assí la [*prueba*] *de 9* como la *de 7* y todas las otras, mas pocas vezes, si ya no es puesto adrede, o por gran desastre» (f. 10r).

de compañía[110]. Destacan los sinónimos *Regla de(l) álgebra*, *Regla de la cosa*[2] y *Regla del cos*, las cuales, por extensión, dieron lugar a la designación de la propia disciplina en el siglo XVI[111], o la *Regla de (la) cantidad*[112], fórmula algebraica específica que enseña a resolver ecuaciones lineales en las que interviene más de una incógnita.

En lo que se refiere al léxico del álgebra, además, se emplea este mecanismo de composición sintagmática para formar los nombres de las dignidades o potencias de la incógnita de exponente elevado (como *censo de cubo*[113]), habitualmente, creados mediante la reduplicación del núcleo, por ejemplo, *censo de censo*[114] o *cubo de cubo*[115] (cf. Molina Sangüesa 2016b).

Por lo general, los compuestos estudiados manifiestan una imposibilidad de reducción y se caracterizan por la pluralidad acentual (Bustos Gisbert: 74). En ocasiones se da la presencia del artículo en el segundo elemento del compuesto, como en *nombre de la multiplicación* o *regla de la cantidad*, donde acompañan a un sustantivo de género femenino, aunque en casos otros es disyuntivo, por ejemplo en el compuesto *prueba de(l) nueve*.

---

[110] De acuerdo con la exposición de Ortega: «Si quisieres saber qué cosa es *regla de compañía*, as de saber que no es otra cosa sino un ayuntamiento de dinero que se faze entre muchas o pocas personas para ganar su vida. Y, después, aquella que se gana con los dineros que todos an puesto, saber quánto vendrá a cada uno, según lo que puso o el tiempo que a estado en la compañía, como lo verás en los enxemplos siguientes» (f. 109v). Este compuesto sintagmático se define como la regla que «enseña a dividir una cantidad en partes proporcionales a otras cantidades conocidas, empleada principalmente para la distribución de ganancias o pérdidas entre los socios de una compañía comercial con arreglo a los capitales aportados por cada uno» (DLE, s. v. *regla*).

[111] «Unos la llaman *Regla de Álgebra*, que quiere dezir *restauratio*, o almucábala, que quiere dezir opposición o absolución, porque por ella se hazen y absuelven infinitas qüestiones (y las que son impossibles nos las demuestra) assí de Arithmética como de Geometría, como de las demás artes (que dizen) mathemáticas. Otros la nombran *Regla de la cosa* o *del cos*, porque obrando el nombre bien se le allega» (Pérez de Moya 1562: 448).

[112] «Esta *regla de la quantidad* enseña cómo te has de haver con algunas demandas, que con sólo poner la co. no basta a llegar a la ygualación y última respuesta, como en las passadas, como muchas vezes acontesce se aya de poner otra posición o otras para que puedas venir a la fin desseada» (Aurel: f. 108r).

[113] Sexta potencia de un número o expresión algebraica, que se obtiene multiplicando estas cantidades cinco veces por sí mismas (x^6).

[114] Cuarta potencia de un número o expresión algebraica, que se obtiene multiplicando estas cantidades tres veces por sí mismas (x^4).

[115] Novena potencia de un número o expresión algebraica, que se obtiene multiplicando estas cantidades ocho veces por sí mismas (x^9).

Sustantivo (de) sustantivo + de + sustantivo

Por analogía y ampliación del esquema anterior [S + de(l) + S], mediante la triplicación del *censo* o segunda potencia de la incógnita (x^2), se genera una potencia mayor. En este caso concreto, da lugar a la creación del compuesto sintagmático *censo (de) censo de censo*. Este designa la octava potencia, que, en notación actual, equivale a x^8 [$x^{2\cdot 2\cdot 2}$]. Presenta este compuesto sintagmático una estructura trimembre o trinuclear, poco frecuente en español, formada mediante el sustantivo *censo* y la preposición *de*.

Sustantivo + de(l) + sustantivo + adjetivo

Un subtipo del grupo [S+de(l)+S] analizado son los siguientes compuestos sintagmáticos especificados mediante un adjetivo calificativo. En el léxico relativo a la aritmética práctica hallamos: *regla de compañía mixta*[116] / *regla de compañía simple*[117] o *regla de compañía llana* y *regla de tres mixta*[118] / *regla de tres simple*[119] o *regla de tres llana*. Ambos casos son contrarios o antónimos en los que subyace un contenido semántico relacionado con el eje temporal o cronológico (*mixta* se opone a *simple* en paralelismo con los sintagmas preposicionales *con tiempo* / *sin tiempo*, de los que son sinónimos). Por otro lado, en el ámbito del álgebra registramos los compuestos *regla de la cantidad absoluta* y *regla de la cantidad simple* —en terminología de Núñez Salaciense, homólogos referidos al método o regla que enseña a resolver sistemas de ecuaciones lineales de dos o más incógnitas (véase § *regla de la cantidad*; cf. Romero Vallhonesta 2011, Molina Sangüesa 2015e)— y el compuesto sintagmático *raíz de raíz cuadrada*, en el que la reduplicación de la raíz genera un subtipo de la misma que es la raíz dos veces cuadrada, esto es, la raíz cuarta (en notación actual, $\sqrt[4]{12}$).

---

116 No aparece recogida en ninguno de los repertorios lexicográficos consultados. No obstante, de lo que se deduce de los tratados matemáticos analizados, consideramos que se podría definir como la regla que enseña a dividir una cantidad en partes proporcionales a otras cantidades conocidas, empleada principalmente para la distribución de ganancias o pérdidas entre los socios de una compañía comercial con arreglo a los capitales aportados por cada uno en distintos periodos de tiempo.

117 Por el contrario, esta regla enseña a dividir una cantidad en partes proporcionales a otras cantidades conocidas, empleada principalmente para la distribución de ganancias o pérdidas entre los socios de una compañía comercial con arreglo a los capitales aportados por cada uno durante un mismo periodo de tiempo.

118 La que enseña a determinar una cantidad desconocida por medio de una proporción de la cual se conocen más de tres términos entre sí distintos, referidos principalmente a las cantidades o valor de monedas y al tiempo que las mismas han servido.

119 La que enseña a determinar una cantidad desconocida por medio de una proporción de la cual se conocen tres términos entre sí distintos, referidos principalmente a las cantidades o valor de monedas, sin tener en cuenta el tiempo que las mismas han servido.

Sustantivo + adjetivo

Este es, con diferencia, el esquema más fecundo en la configuración del léxico aritmético-algebraico, pues genera un total de 162 compuestos. A estos compuestos sintagmáticos en los que el adjetivo va pospuesto al núcleo, les une, en cambio, una relación atributiva (cf. Bustos Gisbert). En ocasiones, el conjunto es hipónimo del núcleo, por ejemplo en *aritmética especulativa, aritmética teórica* o *aritmética práctica* (subtipos de la rama matemática de la aritmética, véase § I.2.). Otras veces, el sintagma está determinado por el tipo de cantidad con la que se opera, tanto en aritmética —*cantidad discreta* y *cantidad dividida*[120]— como en álgebra —por ejemplo, *cantidad ignota* y *cantidad oculta*, para designar la incógnita[121], y *cantidad absoluta*, para la segunda incógnita, entre otros— o en geometría —*cantidad continua*[122] y *cantidad continuada*—. Asimismo, distinguimos distintos tipos de conceptos matemáticos como el *medio aritmético, medio armónico, medio geométrico* y *medio proporcional*, y, análogamente, *demostración geométrica* y *demostración matemática.*

Por lo que respecta al álgebra, en el corpus textual objeto de estudio constatamos la génesis de una serie de compuestos sintagmáticos del tipo S + Adj. para la distribución de ecuaciones: por un lado, las que se componen de dos términos —*conjugación simple* e *igualación simple*— y, por otro, las de tres o más términos —*conjugación compuesta* e *igualación compuesta*— (cf. Molina Sangüesa 2014c).

Ahora bien, el conjunto sin duda más extenso de compuestos sintagmáticos es el que se construye en relación con el concepto de *número*, hiperónimo del que compilamos más de cuarenta tipos distintos, entre otros: *número angular, número artículo, número capital, número castellano, número cociente, número compósito, número compuesto, número congruo, número coto, número cuadrado, número cúbico, número cubo, número de las Indias, número de oro, número digital, número dígito, número diminuto, número discreto, número entero, número impar, número*

---

120 Sinónimos que se refieren a la cantidad «que consta de unidades o partes separadas unas de otras» (DRAE [2001][22]). «Y ansí digo que Arithmética es sciencia que trata de números, dicha por los philósophos *quantidad discreta*» (Pérez de Moya 1562: 1).

121 «En esta arte de Álgebra, el fin que se pretende es manifestar la *quantidad ignota.* El medio de que usamos para alcançar este fin es ygualdad» (Núñez: f. 1r). «Como si dixiesses 3 n. ducados, dirás claramente que son 3 ducados, mas diziendo 3 co. ducados, o 4 ce. ducados, etc., estos tales no se podrían determinadamente dezir quántos ducados son, por ser *quantidad oculta* y no sabida, hasta tanto que por alguna ygualación te sea declarada la valor de la co., como verás en las ygualaciones» (Aurel: ff. 69v- 70r).

122 «Haviendo de hablar de números o quantidades, es menester declarar qué cosa sea número o quantidad. Y digo que ay *quantidad continua* y discreta. La continua se llama magnitudo y sirve para Geometría. La discreta, multitudo, y sirve para Arithmética, la qual es sciencia de números y de sus definiciones, generación y propiedades» (Núñez: f. 1r).

indiano, número irracional, número lineal, número medial1, número medial2, número par, número parte, número perfecto, número primo, número quebrado, número racional, número roto, números circulares, números comunicantes, números proporcionales, número simple, número sólido, número sordo, número superante, número superficial, número superfluo o *número triangular*.

De manera análoga, aunque en menor proporción, a partir del núcleo sustantivo o hiperónimo *nombre* —que, en los tratados matemáticos del Quinientos, denotaba *número*— se forman los siguientes compuestos sintagmáticos: *nombre bajero, nombre cuadrado, nombre cúbico, nombre decenal, nombre entero, nombre par, nombre quebrado, nombre roto* y *nombre simple*.

No obstante, varios compuestos muestran cierta tendencia a la simplificación por elipsis al eliminar una parte del sintagma —es el caso de *nombre quebrado* / *número quebrado* > *quebrado*— y se lexicalizan (Clavería y Torruella: 21), de tal manera que a partir de este adjetivo lexicalizado, y mediante procesos de composición, se forman dos tipos de quebrados: *quebrado simple*[123] vs. *quebrado compuesto*[124], de acuerdo con la teoría defendida por Aurel o Pérez de Moya, entre otros:

> Los números quebrados son de 2 maneras: los unos se llaman *quebrados simples*, que son parte o partes de número entero; los otros se llaman quebrado de quebrado, qu'es parte o partes de partes, o partes de *quebrado simple*. El *quebrado simple* se escrive con dos números, el uno encima del otro, con una raya travesada por medio de los 2. El que está encima de la raya se llama nominador y el debaxo denominador, como: 2/5 ducados (Aurel: f. 10v)

> Dos differencias ay de quebrados; unos son dichos *quebrados simples*, y son aquellos que son havidos por parte o partes de número entero, como los que hasta aquí hemos declarado; otros son dichos quebrados de otros quebrados, que por otro nombre se dizen *quebrados compuestos*, y son aquellos que tienen parte o partes de algún quebrado simple (Pérez de Moya 1562: 135).

De acuerdo con Clavería y Torruella (cf. 21), la unidad resultante de la compresión de una estructura sintagmática muestra unas características formales menos transparentes de su significado que la expresión completa.

Otro foco para la configuración de compuestos sintagmáticos en el campo de la aritmética proviene de la clasificación de los distintos tipos de proporciones: *proporción aritmética, proporción armónica, proporción desigual, proporción*

---

123 «Número compuesto de una o más partes iguales en que se considera dividido un número entero» (DLE).

124 «Número compuesto de una o más de las partes iguales en que se considera dividido un quebrado» (DLE, s. v. *quebrado de quebrado*).

geométrica, proporción igual, proporción inigual, proporción irracional, proporción racional y *proporción continua*.

Del mismo modo, en el léxico relativo al álgebra, documentamos dos tipos de potencias: *potencia cuadrada* y *potencia cuba*, con su sinónimo, *potencia cúbica*, así como una serie de potencias de la incógnita, construidas por un numeral ordinal que determina el exponente: *relato primero* / *relato primo* para el numeral cinco, y *relato segundo* para el siete, referidas, por tanto, a la quinta y séptima potencias de la x, que en notación moderna se representan: x^5 y x^7, respectivamente.

Además, hallamos una extensa clasificación de diversos tipos de naturaleza y grado de las raíces, entre otros: *raíz compuesta, raíz cuadrada, raíz cuarta, raíz cuba, raíz cúbica, raíz dable, raíz discreta, raíz irracional, raíz ligada, raíz numérica, raíz perfecta, raíz quinta, raíz racional, raíz relata, raíz segunda, raíz simple, raíz sorda, raíz tercera* o *raíz universal*.

La composición sintagmática configura incluso neologismos referidos a la disciplina estudiada. En líneas generales, hallamos la denominada *ciencia matemática* y, al mismo tiempo, las materias que la integran: *Arte mayor* (álgebra) y *Arte menor* (aritmética práctica o comercial, asociada, en gran medida, al *arte mercantívol*). En esta oposición gradativa se percibe la consideración social de las mismas: en efecto, el álgebra es más elevada, elitista y compleja (§ I.3.).

Entre los compuestos S + Adj. de los tratados aritméticos apreciamos distintas tablas de multiplicar —*tabla simple* / *tabla doble*—, así como el resultado de modos de partir o dividir específicos —por ejemplo, *partición integral*[125]—, hoy extintos.

En línea con el análisis de Bustos Gisbert (cf. 125), los compuestos sintagmáticos S + Adj. que figuran en la selección léxica del siglo XVI son todos «endocéntricos con adjetivo pospuesto», adjetivos que son en su mayoría calificativos y solo en algunos casos numerales ordinales. En contraposición, entre los compuestos léxicos u ortográficos se registran exclusivamente neologismos formales creados a partir de adjetivos numerales (§ 2.1.).

No es de extrañar esta abundancia de calificativos, pues son los que realmente aportan sustancia semántica al sustantivo al que complementan (Bustos Gisbert: 129). Predomina la serie de adjetivos pospuestos al núcleo opuestos o contrarios —*simple* / *compuesto*, *mayor* / *menor*, *simple* / *doble*—, que permiten una oposición gradual de conceptos aritmético-algebraicos, e, incluso, en ocasiones,

---

[125] Referida a «la que tiene como resultado de la división un número entero». Por ejemplo: «Entendido esto, pon por exemplo que quieres summar la rr. de 81 con rr. de 16. Parte 81 a 16, y porque partiendo 81 por 16 no sale *partición integral*, quiero dezir que sobra algo, haz como en quebrados y di que cabe a 81 diez y seysabos» (Pérez de Moya 1562: 504).

antónimos, como *racional* / *irracional*, *igual* / *inigual* o *desigual*, *par* / *impar*, *mayor* / *menor*.

Sustantivo + adjetivo + (de) adjetivo

El siguiente grupo de compuestos sintagmáticos supone una doble expansión o especificación del núcleo, el cual se halla dos veces adjetivado. Así, atestiguamos un par de compuestos en la clasificación de la tipología del número impar: *número primo incompósito*, que se define como «el impar que solo es exactamente divisible por sí mismo y por la unidad», y su antónimo, *número segundo incompósito*, que refiere «el impar que es divisible por sí mismo, por la unidad y por sus partes alícuotas»:

> D'estos números ay dos species: La primera de las quales es de *números* dichos *primos incompósitos*, y éstos son unos números impares que no tienen otra parte alíquota sino la unidad, assí como 5 y 7. Son dichos *números primos incompósitos* porque otro número ninguno los puede medir o dividir, sino el primero y el menor número de todos los números, haziendo número a la unidad impropriamente, como en el libro 1, capítulo 2, diximos. La segunda specie de números impares es de *números* dichos *secundos incompósitos*, y son unos números que, ultra de la unidad, tienen otro número o otros por parte o partes alíquotas, assí como 9, que sus partes alíquotas son 1, 3, y assí como 15, que tiene por partes alíquotas 1, 3, 5 (Pérez de Moya 1562: 325-326).

Del mismo modo, documentamos este esquema compositivo para designar subtipos de raíces cuadradas o cúbicas, que se oponen por el hecho de contener o no una cantidad que puede expresarse exactamente mediante un número entero (así, las primeras son perfectas, las segundas, imperfectas). De este modo, registramos los compuestos: *raíz cuadrada perfecta* vs. *raíz cuadrada imperfecta*, con su sinónimo *raíz cuadrada irracional*, por un lado, y *raíz cúbica perfecta* vs. *raíz cúbica imperfecta*, por otro.

Por último, cabe destacar que, de un modo similar a la génesis de potencias de la incógnita (del tipo *censo de censo* o *cubo de cubo*), en aritmética también se emplea, aunque en menor medida, este mecanismo reduplicativo. Una muestra de ello es el compuesto sintagmático *número cuadrado de cuadrado* —en ocasiones denominado *número dos veces cuadrado* o *número medial*[126]—, que designa un tipo de número «que resulta de multiplicar una cantidad por sí misma tres veces»:

---

126 En términos de Pérez de Moya, quien habla de «multiplicar *números dos vezes quadrados*, que por otro nombre se dizen *números mediales*» (1562: XXVII).

Si quisieres doblar algún *número quadrado de quadrado*, quadra dos vezes el dos, diziendo: dos vezes 2 son quatro; otra vez 4 vezes quatro son 16; pues por estos 16 multiplicarás el rr. que uvieres de doblar (Pérez de Moya 1562: 471).

Sustantivo + adverbio + adjetivo
De la tradición matemática marcada por Boecio (véase § I.2.1.), particularmente de su clasificación de los números para el estudio de la aritmética, heredamos los siguientes compuestos sintagmáticos formados por un núcleo sustantivo, el hiperónimo *número*, del que se especifica la paridad o no, así como su divisibilidad. En la selección léxica que nos ocupa distinguimos *número impariter par*, que es el «par que puede dividirse una sola vez por dos» (VME), y su antónimo *número pariter par*, que designa al «par que puede dividirse dos veces por dos» (VME). Asimismo, el *número pariter impar*, que es el «par que puede dividirse en dos partes iguales, que dan como resultado un número impar». El empleo de estos adverbios de origen latino permite puntualizar la gradación del adjetivo. Análogamente, en el léxico relativo a la aritmética hallamos un tipo de progresión concreta: la formada por el núcleo *progresión* + adverbio de negación *no* + adjetivo calificativo *natural*, en oposición a la *progresión natural*.

Adjetivo + sustantivo
Esta estructura sintagmática en la que el adjetivo se antepone al núcleo sustantivo es menos frecuente. No obstante, se detectan seis casos en el léxico de la aritmética. Por un lado, aquellos que designan un tipo de número específico —*áureo número*[127]—, por otro, *común denominador* y sus sinónimos *común partidor* y *general denominador* (en las relaciones intracompositivas de estos se vislumbra una cierta movilidad del adjetivo; cf. Bustos Gisbert: 142-143), necesarios para operar con los quebrados, concretamente, para simplificarlos o reducirlos:

[127] «Número que se escribía con caracteres de oro en los sitios públicos de Atenas, y correspondía al año en que, cada 19, se volvían a repetir las fases lunares en las mismas fechas, según el ciclo que descubrió Metón en 432 a. C.» (DRAE [2001][22]). Así, Cortés de Albacar explica: «*Áureo número* es número de diez y nueve años en el qual tiempo hazen las conjunciones del Sol y de la Luna todas sus variedades en los tiempos de cada año. [...] Llámase *áureo número*, que quiere dezir "número dorado", porque los egiptios que hallaron este número lo embíaron a Roma escrito en letras de oro. Para hallarse este número es menester saber su raíz y es ésta: que en el año que nuestro Señor y Redemptor nasció, cuya cuenta usamos avía de *áureo número* uno, que fue el año de la raíz, y el primer año del nascimiento del Salvador fueron dos de *áureo número*. De manera que, ajuntando a los años del Señor uno de la raíz y de todos quitar los 19, los que restaren serán de *áureo número*» (f. XXXIVv).

Si tú quieres reducir dos nombres rotos, farás ansí: multiplica el denominador del uno por el denominador del otro, y aquello que saliere por la tal multiplicación será el *común denominador* (Ortega: f. 43v).

Para reduzir 2 quebrados, como dicho tengo, a un *común* o *general denominador*, multiplica en cruz, como as visto, el nominador del uno con el denominador del otro, y verná el nominador nuevo del quebrado del que se multiplicó el nominador. Este tal pornás encima de una raya; lo mesmo harás con el otro, y luego multiplica el denominador del uno con el del otro, y verná el *denominador común* o *general*, el qual pornás debaxo de cada una de las rayas, debaxo de los nuevos nominadores (Aurel: f. 12v).

Finalmente, se atestigua *falsa posición*[128] —que constituía el método tradicional, elemental y primitivo de resolver ecuaciones (§ I.2.2.1.)— y (*las*) *cuatro reglas*, donde el adjetivo es un numeral cardinal que, antepuesto al núcleo *reglas*, denota las operaciones matemáticas básicas o esenciales de sumar, restar, multiplicar y dividir.

La clasificación de los compuestos sintagmáticos en endocéntricos y exocéntricos, según Bustos Gisbert (cf. 95), se funda en la relación existente entre el referente y el compuesto. Así, afirma el autor que un compuesto que representa una especialización con respecto a su núcleo referencial es considerado endocéntrico, mientras que aquel que designa una realidad no referida por ninguno de los componentes es considerado exocéntrico. En consecuencia, el endocentrismo da lugar siempre a un hipónimo del núcleo. Todos estos se caracterizan por la coherencia semántica existente entre el compuesto y su núcleo, del que no deja de ser más que una especialización. Esto es lo que sucede, como hemos comprobado en este análisis, en los compuestos sintagmáticos aritmético-algebraicos.

3. Voces creadas por regresión

Este es un tipo particular de derivación no afijal por el cual aplicamos un proceso de sustracción a la base de la derivación y obtenemos una «formación regresiva»[129]. En estos casos, a diferencia de los de derivación afijal (prefijación, sufijación o

[128] Método que se puede definir como la suposición que se hace de uno o más números o expresiones algebraicas para resolver una cuestión. Ortega defiende que a través de este procedimiento se averigua el resultado correcto: «donde has de saber que *falsa posición* no quiere dezir otra cosa, sino que para saber fazer qualquiera cuenta que no sepas, que fingiendo por esta regla lo que no es cierto, podrás saber aquello que es cierto, como verás en las reglas siguientes» (Ortega, 1512: f. 171r).

[129] Expone Varela (cf. 2005a: 31) que algunos lingüistas tratan estas derivaciones como si fueran también afijales; esto es, mediante un sufijo nominal sin expresión fonológica o morfo cero (-Ø).

parasíntesis) y composición, la palabra derivada es más simple desde el punto de vista formal o fonológico que la palabra base primitiva. Generalmente este procedimiento implica un cambio de categoría gramatical. El modelo más frecuente es el que sustituye *-ar*, *-er*, *-ir* del infinitivo. En esta línea, hallamos los sustantivos *demanda* < de *demandar* (DECH), *paga* < de *pagar* (DECH), *pregunta* < de *preguntar* (DECH), *resta* < de *restar* (DECH) y *sobra* < de *sobrar* (DECH). Todos son de la 1ª conjugación y generan sustantivos de género femenino acabados en *-a*. Algunos de estos nombres designan conceptos científicos relacionados con la filosofía de la ciencia, como *demanda* y *pregunta*. Estas nociones son características de un enfoque metodológico fundado en el modelo pregunta-respuesta aristotélico:

> Por esta primera ygualación se pueden hazer todas y qualesquier *demandas* que por Arte menor se puedan alcançar. Mas por Arte menor sería impossible alcançar *demanda* ninguna de las otras 7 ygualaciones siguientes. Y para que mejor te puedas exercitar en la dicha Arte, porné muchas *demandas* simples, que por otras reglas muy ligeras podrás hazer. Esto para que los principiantes tengan mejor gana de exercitarse (Aurel: f. 82v).

> Capítulo XXIII. En el qual se ponen algunas *demandas* para exercitar las reglas generales de Arithmética: ¿De dó se restaron 3 quintos, que quedaron 4 séptimos? Summa 3 quintos con 4 séptimos, por la regla de summar quebrado solo con quebrado solo, y montará uno y 6 treynta y cincoabos; y de tanto dirás que fueron restados los tres quintos para que quedassen en quatro séptimos (Pérez de Moya 1562: 210-211).

Otros se refieren a nociones relacionadas con la operación aritmética sustractiva. Así, el sustantivo *resta* designa tanto la «operación matemática de restar»[130] (DLE) como el «resultado que se obtiene de la operación de restar»[131]. De manera análoga, el vocablo *sobra* designa el «resto de la sustracción o división» (DLE, s. v. *residuo*). En palabras de Ortega: «Y después multiplica el 2 por 6 y montará 12, de los quales sácales nueve o nueves y quedarán 3. Pues ayúntalos con la *sobra* de la partición, que son 22, y montarán 25, de los quales, quitados los nueves, quedan 7» (f. 39v).

Por su parte, el sustantivo *paga*, como puede leerse en el ejemplo, es un tecnicismo matemático que designa la «cantidad que ha de restarse de otra» (DLE, s. v. *sustraendo*): «Para quienquiera que quisiere saber restar qualquiera cuenta grande o

---

[130] «La sexta differencia es quando sacares una figura ygual de otra, como quien dixesse: de cinco, quien saca cinco, o de tres, quien saca tres, o de zero, quien saca zero; en tal caso no ay que hazer sino poner un zero debaxo de la raya y proseguir adelante con nuestra *resta* sin llevar nada» (Pérez de Moya 1562: 29).

[131] «Si quieres saber si es verdad, harás como hiziste en la resta pasada, que ayuntes la paga con la deuda y si está verdadera la *resta* y lo que pagó, montará amas a dos sumas tanto como la deuda principal» (Ortega: f. 8v).

pequenya, es necesario que sepa que en el restar son necesarias dos sumas, como el nombre de la suma de la deuda y el nombre de las letras de la *paga*» (Ortega: f. 7r).

También documentamos el vocablo *cien*, apócope de *ciento* (numeral cardinal). Esta variante se utiliza en usos cuantificativos, sean adjetivales o pronominales (NGRALE 2009: 1513), en sentido cardinal, ordinal e, incluso, fraccionario (por ejemplo, en la locución *por cien*), así como para designar el nombre del sustantivo numeral. Igual ocurre con el adjetivo *non*[132], que proviene de la abreviación de *non par*, nacida en la disyuntiva *par* o *non par* (DECH).

4. Voces sincopadas o abreviadas[133]

Uno de los aspectos más interesantes del léxico algebraico[134] del siglo XVI es el empleo de ciertas abreviaturas —acortamiento o reducción del significante gráfico de una palabra o de un grupo de palabras[135]— referidas a la expresión de las distintas potencias de la incógnita y raíces (así como para la designación de los, aún rudimentarios y verbales, signos de adición, sustracción e igualdad). Estas síncopas y abreviaturas no deben entenderse únicamente como un mecanismo lingüístico para economizar el discurso, sino como un paso esencial en el desarrollo y evolución de la disciplina, que avanza de la retórica elemental a la madurez simbólica, esto es, de la *palabra* al *símbolo*.

---

[132] «El entero que no es exactamente divisible por dos» (DLE, s. v. *número impar*).

[133] El análisis que se expone a continuación está tomado, en buena medida, de los siguientes artículos: Molina Sangüesa 2015d, 2015e y 2016b.

[134] En lo que respecta al léxico aritmético, se dan casos aislados de abreviaturas, entre los que destacan los nombres de los signos numerales tales como: *q*. —abreviatura de *cuento*—, signo lingüístico o matemático con que se representa un millón. Así lo ilustra Pérez de Moya: «Esta figura *q* quiere dezir *cuento*, y assí *q s*, *cuentos*, de las quales notarás lo mismo que se dixo de la figura de los millares; quiero dezir que si los vieres tener antes de sí algún número, valdrá tantos *cuentos* quantas unidades el tal número valiere; y si las hallares desacompañadas de los números, no significan algún valor; de esta manera, 1 *q* quiere dezir un *cuento*, y assí *V q s*, *cinco cuentos*, y assí, *q*, ninguna cosa» (1562: 18).

[135] «En el lenguaje científico se dan con mucha frecuencia acortamientos mediante los que se obtienen sinónimos o sustitutos de términos. Entre esas representaciones cabría distinguir dos grandes grupos: por un lado, los que utilizan como apoyatura gráfica las letras de un alfabeto latino en gran parte de sus elementos —siglas, abreviaturas, etc.— y, por otro, los que sirven de números y signos que no pertenecen al alfabeto, ya sea de manera aislada o conjugados con letras —códigos matemáticos, físicos…—. Todos estos sustitutos de términos suponen una manera diferente de expresar la misma realidad, construyendo, por así decirlo, una alternativa a la expresión de la ciencia mediante palabras» (Gutiérrez Rodilla 1998: 136).

De hecho, el empleo de las mismas configura la etapa que se conoce como *álgebra sincopada*, en la que, según Etayo Miqueo, «se intercalan abreviaturas para hacer más ágil el razonamiento, que sigue expresándose sin embargo en palabras» (1986: 147) como era característico en el Renacimiento, momento en el que el álgebra se escapa de las instrucciones verbales y va hacia las direcciones simbólicas, dejando de ser puramente retórica.

4.1. Notaciones de las potencias de la incógnita

En este sentido, por lo que respecta a la expresión de las diversas potencias de la incógnita, Marco Aurel justifica el empleo de las abreviaturas a lo largo de su tratado: «pónense los caracteres porque son breves y por evitar la prolixidad de escrivir tales nombres a la larga» (f. 69r), aunque admite otras posibilidades:

> los que aquí porné no es de necessidad por fuerça que éstos y no otros hayan de ser, porque cada uno puede poner los que a él plazerán, o si querrá escrivir los dichos nombres a la larga, podrá hazerlo, pues no haze nada al caso. Yo, al presente, pongo los siguientes:

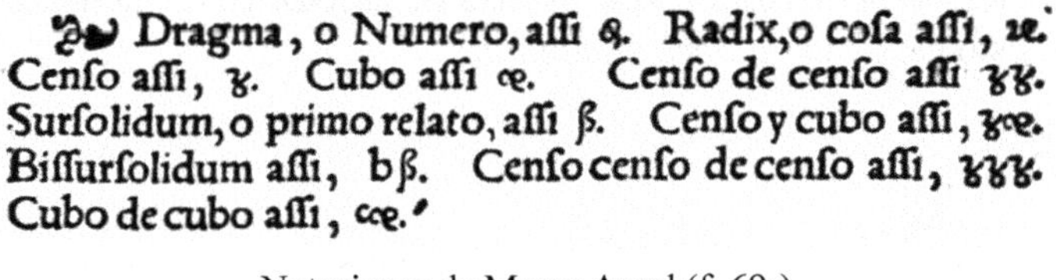
Dragma, o Numero, aſſi. Radix, o coſa aſſi, Cenſo aſſi, Cubo aſſi. Cenſo de cenſo aſſi. Surſolidum, o primo relato, aſſi ß. Cenſo y cubo aſſi, Biſſurſolidum aſſi, bß. Cenſo cenſo de cenſo aſſi, Cubo de cubo aſſi,

Notaciones de Marco Aurel (f. 69r)

Abreviaturas que transcribimos del siguiente modo: «Dragma o número, assí: *n*. Rádix o cosa, assí: *co*. Censo, assí: *ce*. Cubo, assí: *cu*. Censo de censo, assí: *cce*. Sursolidum o primo relato, assí: *R*. Censo y cubo, assí: *cecu*. Bissursolidum, assí: *RR*. Censo, censo de censo, assí: *ccce*. Cubo de cubo, assí: *ccu*.». Estas, traducidas al sistema matemático de símbolos o notaciones del álgebra elemental actual, equivalen a nuestro *número*, x, x^2, x^3, x^4, x^5, x^6, x^7, x^8 y x^9, respectivamente.

Del mismo modo, Pérez de Moya declara (1562: 449):

> En este capítulo se ponen algunos characteres, dando a cada uno el nombre y valor que le conviene, los quales son inventados por causa de brevedad. Y es de saber que no es de necessidad que éstos y no otros ayan de ser, porque cada uno puede usar de los que quisiere e inventar muchos más, procediendo con la proporción que le paresciere. Los characteres son éstos:

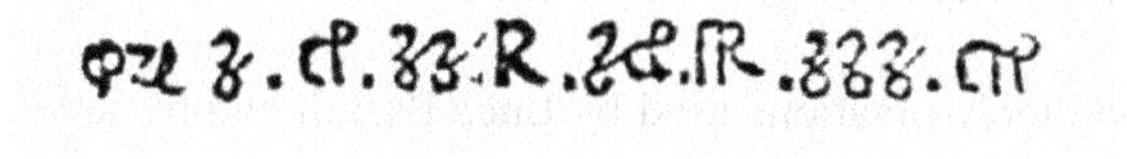

Notaciones de Juan Pérez de Moya (1562: 449)

Asimismo, este matemático, en el capítulo tercero de su *Arithmética práctica y speculativa*, integrado en el libro dedicado al álgebra, reconoce «algunos characteres que yo uso, por no aver en la stampa otros»:

> Por los diez characteres que en el precedente capítulo se pusieron uso éstos. Por el que dizen número, *n.*; por la cosa, *co.*; por el censo, *ce.*; por cubo, *cu.*; por censo de censo, *cce.*; por el primero relato *R.*; por el censo y cubo, *cecu.*; por el segundo relato *RR.*; por censo de censo de censo, *ccce.*, por cubo de cubo *ccu.* (452-453),

testimonios en los que se deduce que no son convenciones fijadas. No obstante, son abreviaturas asumidas y empleadas con asiduidad y homogeneidad por los matemáticos hispanos para la notación de las sucesivas potencias de la incógnita, de acuerdo con la corriente establecida por la escuela italiana y la influencia ejercida por la *Summa* de Pacioli, la cual determinó en gran parte, según Paradis y Malet, las notaciones empleadas en Italia y en los países que culturalmente dependían de ella hasta prácticamente 1600 (cf.135). De hecho, estos afirman que

> la contribución más importante de la *Suma* son las notaciones. En la obra de Pacioli se da un paso adelante fundamental, desde la simple y pesada retórica de los árabes y del mismo Fibonacci, hacía una simbología específica de las relaciones algebraicas (135-136).

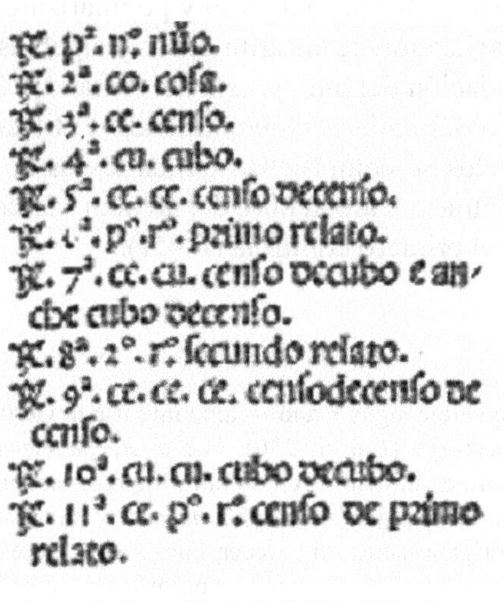

Notaciones de Luca Pacioli (1494: 155, al margen)

En esta misma línea, Cajori recalca que:

> The most commonly notations used by Luca Pacioli and by several later Italian writers of the sixteenth century employs for x, x^2, x^3, x^4, x^5, x^6, x^7..., the abbreviations co. (cosa), ce. (censo), cu. (cubo), ce.ce. (censo de censo), pº.rº. (primo relato), ce.cu. (censo de cubo), 2º.rº. (secundo relato), etc. (108).

Por último, Núñez Salaciense emplea también, como puede observarse en el siguiente ejemplo, las abreviaturas más generalizadas: *co.* para *cosa*, *ce.* para *censo* y *cu.* para *cubo*, etc., procedentes de la corriente italiana:

> Y en este exemplo pusimos la cosa ser 2, y conforme a este valor de la cosa veremos el valor de las otras *dignidades* y cómo suelen ser escriptas:

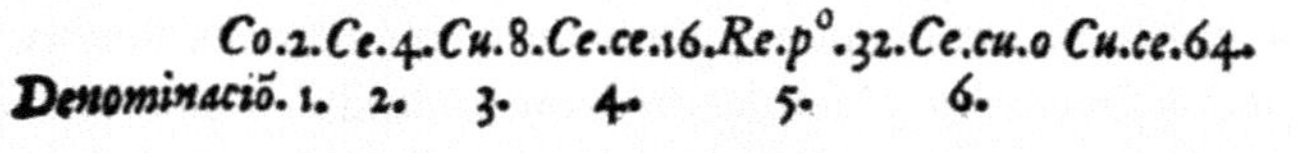
Co.2.Ce.4.Cu.8.Ce.ce.16.Re.pº.32.Ce.cu.o Cu.ce.64.
Denominaciõ. 1. 2. 3. 4. 5. 6.

Notaciones de Pedro Núñez Salaciense (f. 24v)

4.2. Notaciones de la adición, la sustracción y la igualdad

Por otro lado, frente a la contribución y supremacía de los matemáticos y algebristas italianos, los de la escuela alemana (fundamentalmente Michel Stifel, en su *Arithmetica Integra*, 1544) introdujeron y popularizaron los símbolos + y –[136], de tal manera que desplazaron de las aritméticas y álgebras alemanas del siglo XVI los símbolos *p* (abreviación del latín *plus* o del italiano *più*, «más») y *m* (abreviación del latín *mĭnŭs* o del italiano *meno*, «menos») utilizados por los algebristas italianos. Estos aspectos se comprueban en los textos de nuestro corpus, en los que percibimos el contraste entre la obra del alemán Marco Aurel y la del español Pérez de Moya. Así, el primero confirma (f. 45r):

136 «The modern algebraic signs + and – came into use in Germany during the last twenty years of the fifteenth century» (Cajori: 230). Fue el *Rechenmeister* o «maestro calculista» Johann Widman el primero en utilizarlos en un libro impreso: concretamente en una aritmética comercial titulada *Rechenung auff allen Kauffmanschafft* y publicada en 1489. Estos signos + y –, «que se utilizaban originalmente, al parecer, para indicar exceso y defecto en las medidas de mercancías en los almacenes, terminaron por pasar a ser símbolos para representar las dos operaciones aritméticas básicas de sumar y restar» (Boyer: 360).

ſi podras:ſino como en ſummar ſummaſte conel +, aqui lo reſtaras con el –.

en la operación (f. 71r):

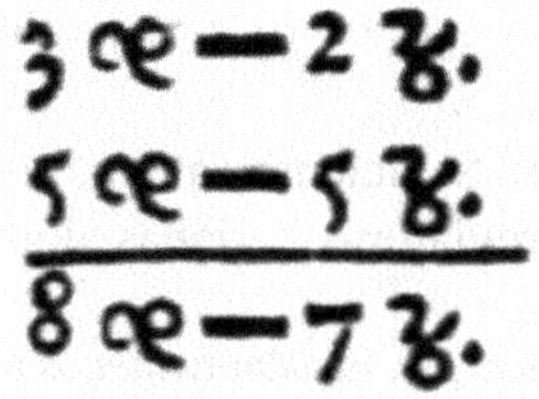

que en notación simbólica se expresaría:

$$\begin{array}{c} 3x^3 + 7x^2 \\ 2x^3 - 2x^2 \\ \hline 5x^3 + 5x^2 \end{array}$$

Mientras que Pérez de Moya defiende:

> D'estos dos characteres *p.*, *m.*, notarás que la *p.* quiere dezir *más* y la *m. menos*; el uno es copulativo, el otro disiunctivo; sirven para summar y restar quantidades differentes, como adelante mejor entenderás (1562: 453).

como refleja la siguiente operación (ibíd.: 516):

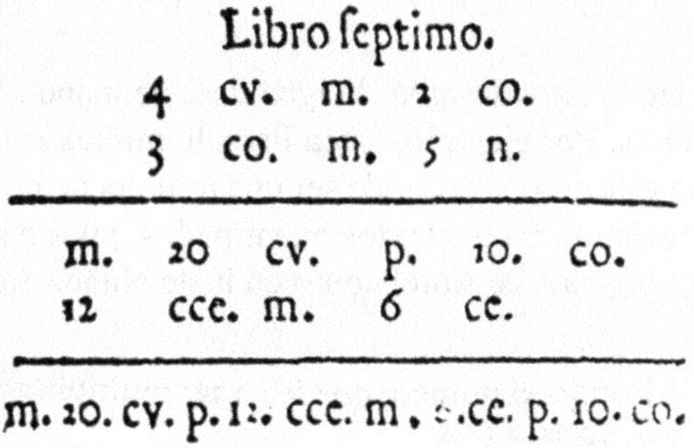
Libro ſeptimo.
4 cv. m. 2 co.
3 co. m. 5 n.
m. 20 cv. p. 10. co.
12 ccc. m. 6 cc.
m. 20. cv. p. 12. ccc. m. 6. cc. p. 10. co.

que, en la actualidad, se representaría mediante los siguientes símbolos:

$$\begin{array}{c} 4x^3 - 2x \\ 3x - 5 \\ \hline -20x^3 + 10x \\ 12x^4 - 6x^2 \\ \hline -20x^3 + 12x^4 - 6x^2 + 10x \end{array}$$

O la empleada por Núñez Salaciense, quien, en la misma línea que Pérez de Moya, se decanta por las abreviaturas italianas al afirmar (f. 25r) que:

> La palabra *más* se escribe assí: *p* y, la palabra *menos* assí: *m*, y ternemos en la memoria que, aunque no se explique esta palabra más, como no se declarare que es menos, luego se entiende que es más.

Exemplo deſta 35. p̃. 10. co. p̃. 4. ce.
Regla 40. p̃. 12. co. p̃. 7 ce.
Sũma 75. p̃. 22. co. p̃. 11. ce.

Otro exemplo 30. p̃. 15. co. p̃. 2. ce. m̃. 3. cu.
80. m̃. 13. co. m̃ 5. ce. m̃. 2. cu.
Sũma 110. p̃. 2. co. m̃. 3. ce. m̃. 5. cu.

Operación de polinomios, que en notación o simbolismo actual, equivale a:

$$\begin{array}{c} 35 + 10x + 4x^2 \\ 40 + 12x + 7x^2 \\ \hline 75 + 22x + 11x^2 \end{array} \qquad \begin{array}{c} 30 + 15x + 2x^2 + 3x^3 \\ 80 - 13x - 5x^2 - 2x^3 \\ \hline 110 + 2x - 3x^2 - 5x^3 \end{array}$$

Por último, el signo para designar la igualdad, de manera análoga, se expresa mediante abreviaturas. Por ejemplo, Luca Pacioli emplea *ae.* (del latín *aequālis;* DECH), aunque en este caso, a pesar de ser una referencia directa constante, no se documenta tal abreviatura en los textos examinados, pues hallamos la expresión *igual a*, tanto en el *Álgebra* de Aurel como en la de Núñez Salaciense:

Pongo el numero que ſea 3 ℞: multiplicadas en ſi, viene 9 ʓ, ygual a 36 ɸ

(Aurel: f. 76v)

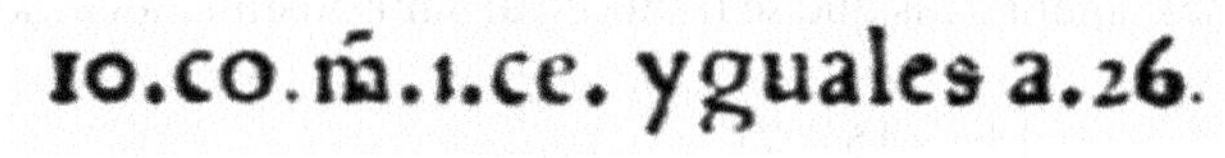
10.co.m̃.1.ce. yguales a.26.

(Núñez: f. 22r),

o las abreviaturas *ig.* e *yg.* (apócope de *igual* y de su variante gráfica castellana *ygual*, del latín *aequālis*; DECH), en Pérez de Moya: «Esta figura *ig.* quiere decir *igual*» (1562: 453). Una muestra de ello es la siguiente operación:

> Pon que compró 1co. de varas, la qual multiplica por 4 y será 4 co.; junta con ellas 21 y serán 4co. p. 21.n, lo qual igualarás a 1ce., que son las varas que compró multiplicadas por sí, d'esta manera:

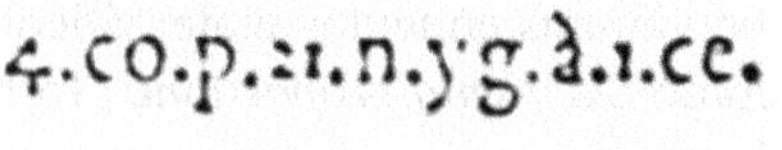
4.co.p.21.n.yg.à.1.ce.

(Pérez de Moya 1562: 595),

que en notación simbólica actual equivale a: $4x + 21 = 1x^3$.

En efecto, habrá que esperar al inglés Robert Recorde[137] para la invención del signo =, que apareció por primera vez en su libro dedicado al álgebra *The Whetstone of Witte* (publicado en 1557). Allí justifica el autor el uso de esas dos líneas paralelas o rectas gemelas de una misma longitud, pues, según explica, no hay dos cosas que puedan ser más iguales:

> And to avoide the tediouse repetition of these words: «is equalle to», I will sette as I doe often in woorke use, a pair of paralleles, or Gemowe lines of one lengthe, thus: =======, because noe 2 thynges can be moare equalle.

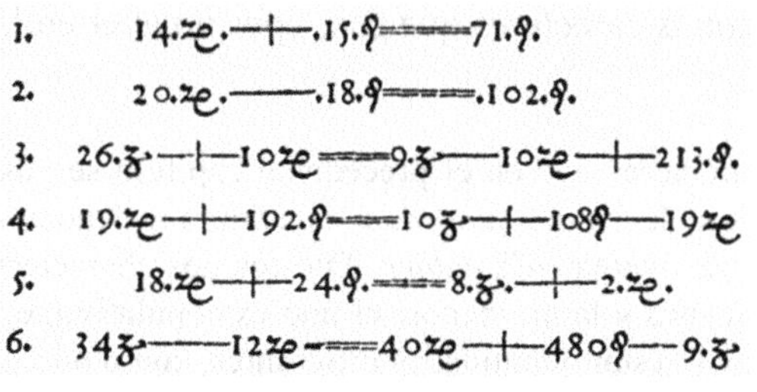
1. 14.ꝛe.—+—.15.℈=====71.℈.
2. 20.ꝛe.——.18.℈=====.102.℈.
3. 26.ȝ.—+—10ꝛe=====9.ȝ.—10ꝛe—+—213.℈.
4. 19.ꝛe—+—192.℈=====10ȝ—+—108℈—19ꝛe
5. 18.ꝛe—+—24.℈.=====8.ȝ.—+—2.ꝛe.
6. 34ȝ——12ꝛe=====40ꝛe—+—480℈—9.ȝ.

Notación del signo *igual* de Robert Recorde (en Cajori: 165)

---

137 Matemático galés (Tenby, Gales, 1510-¿?, 1558), es considerado como el iniciador de la escuela matemática inglesa. Según Santiago Gutiérrez, Recorde «señala el despertar en su país de una matemática que llevaba dormida cerca de dos siglos, desde la muerte de Bradwardine» (89).

Expresiones algebraicas que se traducen al simbolismo moderno de la siguiente forma:

1. $14x + 15 = 71$
2. $20x - 18 = 102$
3. $26x^2 + 10x = 9x^2 - 10x + 213$
4. $19x + 192 = 10x^2 + 108 - 19x$
5. $18x + 24 = 8x^2 + 2x$
6. $34x^2 - 12x = 40x + 408 - 9x^2$

4.3. Notaciones de las raíces

El empleo de ciertas abreviaturas en textos matemáticos, se justifica, a menudo, en obras tan célebres como *De divina proportione* (1509), donde el matemático italiano Luca Pacioli afirma:

> Utilizaremos muchos y diversos caracteres y abreviaturas que se acostumbran a usar en semejantes facultades [...]. Y solo con el fin de evitar una excesiva prolijidad en la escritura, y también en la lectura, ya que de otro modo se llenaría de tinta mucho papel. Del mismo modo, también nosotros en matemáticas, para el álgebra, es decir, la práctica especulativa, usamos otros caracteres (1991: 40-41).

Del mismo modo que para la notación de las sucesivas potencias de la incógnita, el alemán Marco Aurel (f. 69r) y el andaluz Juan Pérez de Moya (1562: 44) declaran el empleo de ciertas abreviaturas a lo largo de sus tratados, entre las que se incluyen las empleadas para la reducción gráfica de la designación de distintas raíces.

Así, en el capítulo tercero del libro dedicado al álgebra, el matemático jienense reconoce entre algunos caracteres que usa, «por no aver en la stampa otros», los siguientes:

> Por los diez characteres que en el precedente capítulo se pusieron uso éstos [...]. Esta figura *r.* quiere dezir *raýz quadrada*; esta figura *rr.* denota *raýz quadrada de raýz quadrada*; esta *rrr.* denota *raýz cúbica*. D'estos dos characteres p., m., notarás que la p. quiere dezir más y la m. menos; el uno es copulativo, el otro disiunctivo; sirven para summar y restar quantidades differentes, como adelante mejor entenderás. Quando después de poner *r* se pone *u*, denota *raýz quadrada universal*, y assí *rru. raýz de raýz quadrada universal*, y d'esta suerte *rrru. raýz cúbica universal* (1562: 452-453).

En este fragmento se aprecia la tendencia establecida por la escuela italiana, especialmente la influencia ejercida por la *Summa* de Pacioli, que parte, a su vez, de la ejercida por el también matemático italiano Leonardo de Pisa. Según documenta Cajori, «the first appearance of the abbreviation *R* for radix is in the Fibonacci's *Practica Geometriae* (1220), where one finds the *R* meaning "square root"» (90-91). Por otro lado, en el *Liber Abaci* (1202), el italiano explica cómo calcular, numéricamente, raíces cuadradas y cúbicas, «siendo la primera vez que aparece en el Occidente cristiano un algoritmo para el cálculo de estas últimas» (cf. Paradis y Malet: 94, Cajori: 123).

Este esquema será el que adopte Pacioli para el simbolismo de las raíces. En efecto, R o R2 era la síncopa que empleaba para la *raíz cuadrada*, R3 para la *raíz cúbica*, RR para la *raíz cuarta*, etc., y cuando los radicandos constaban de varios términos, es decir, cuando se generaba la raíz de un polinomio, usaba la letra V o U[138] (del latín *universālis*; DLE) como si fuese un paréntesis, por ejemplo, RV. 7 p R 14 = $\sqrt{7+\sqrt{14}}$ o la siguiente operación:

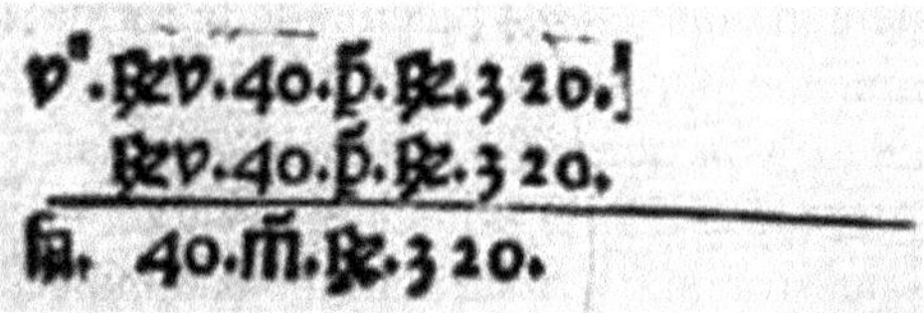

(Pacioli 1494: f. 132v)

que, traducida a la notación simbólica actual, equivale a:

$$\begin{array}{c} \sqrt{40+\sqrt[2]{320}} \\ \sqrt{40+\sqrt[2]{320}} \\ \hline \text{hace: } 40-\sqrt[2]{320} \end{array}$$

Asimismo, como puede observarse en la siguiente figura, esta simbología la adopta Pérez de Moya en su *Arithmética práctica* (1562):

138 Afirman Paradis y Malet que «el gran problema de la notación de los radicales (tanto con los símbolos italianos como con los alemanes) siempre fue la falta de paréntesis, es decir, la manera de distinguir *raíz de 3 más raíz de 5*, de *raíz de* (*3 más raíz de 5*). Uno de los artificios más comunes fue la V de *universalis*» (253).

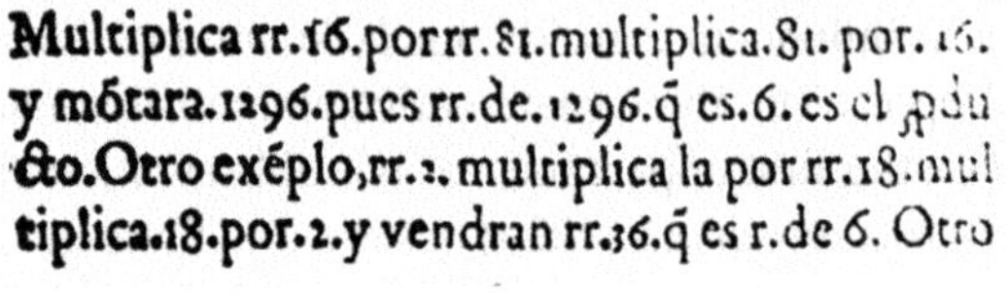
Multiplica rr.16.por rr.81.multiplica.81.por.16.
y mõtara.1296.pues rr.de.1296.q̃ es.6.es el p̃du
ĉto.Otro exẽplo,rr.2.multiplica la por rr.18.mul
tiplica.18.por.2.y vendran rr.36.q̃ es r.de 6. Otro

Notaciones de *raíz de raíz* en la obra de Pérez de Moya (506)

Allí expone dos operaciones o ejemplos que, en simbolismo actual, corresponden a:

a) $\sqrt[4]{16} \times \sqrt[4]{81}$ / $16 \times 81 = 1296$ / $\sqrt[4]{1296} = 6$

b) $\sqrt[4]{2} \times \sqrt[4]{18}$ / $18 \times 2 = \sqrt[4]{36} = \sqrt[2]{6}$

En cambio, el signo para expresar la radicación[139] √, tal y como hoy conocemos, es de origen alemán, «aunque la fijación de la forma definitiva y la victoria final sobre la R empleada por los italianos fue más lenta [que otros símbolos, como el reemplazo de *p* y *m* por + y −]» (Paradis y Malet: 139). Christoph Rudolff[140], en su *Die Coss* (1525), es el primer autor de un libro impreso que usa un grafismo parecido a nuestra raíz: √. Este autor no usó índices para indicar el orden de radicación, sino que acuñó los siguientes símbolos: √ para *raíz cuadrada*, √√√ para *raíz cúbica* y √√ para *raíz cuarta*:

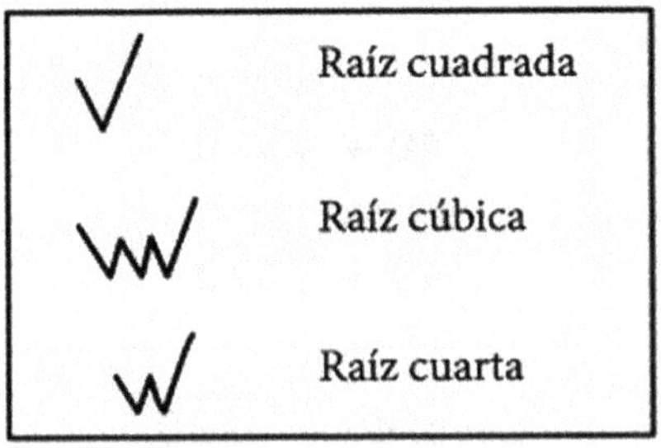

Notaciones de las raíces acuñadas por Rudolff (Meavilla 2001: 287)

[139] «Euler guessed that it was a deformed letter *r*, the first letter in *radix*» (Cajori: 366).

[140] Matemático germano (Silesia, 1499-Viena, 1543), publicó el primer libro de álgebra escrito en alemán, el cual ejerció una gran influencia en la producción de otros matemáticos posteriores (Stifel, Aurel, etc.). Su contribución es relevante desde el punto de vista de la notación de las raíces y significativa por su clasificación y designación de las potencias de la incógnita.

Este simbolismo será usado, a su vez, por el germano Marco Aurel (1552) en la *Arithmética algebrática*:

Declaracion de algunos characteres, que para las rayzes ſeran neceſſarios.

Para tratar de tales numeros, y otros ſemejantes, ſeria coſa larga, y no galana, poner los tales nõbres a la larga: mas deſſeando huyr eſto, y euitar toda prolixidad, procure poner aqui algunos, que para en eſta arte eran neceſſarios. Y ſon √. w√. ww√. √v. w√v. ww√ v. +. —. Delos quales el p°, ſignifica, y quiere dezir rayz quadrada: el 2°, rayz quadrada de rayz quadrada, o rayz de rayz: el 3°, rayz cubica: el 4°, rayz vniuerſal: el 5°, rayz de rayz vniuerſal: el 6°, rayz cubica vniuerſal: el 7°, mas: y el 8°, menos.

Notaciones de las raíces en la obra de Aurel (1552: f. 43r)

Por otro lado, en el *Libro de Álgebra* de Pedro Núñez se propone una notación interesante para las raíces, a pesar de que en 1567, tal y como exponen Paradis y Malet, «ya no tenía virtualmente posibilidades de triunfar sobre la alemana» (253). Las *raíces cuadradas*, *cúbicas*, *cuartas*, *quintas* son escritas: 2R, 3R, 4R, 5R, etc. Así lo demuestra el siguiente ejemplo de *raíz cuadrada* como 2R, actualmente $\sqrt[2]{}$:

dize raiz ſegunda, porque es raiz del cenſo o quadrado el qual tiene.2. por denominacion. Eſcriueſe eſta tal raiz por eſte modo.2R.6.2R.9.

Notación de *raíz cuadrada* en la obra de Núñez Salaciense (f. 44r)

***

La creación de voces mediante los distintos procedimientos morfológicos endógenos al español es, junto con la adopción de préstamos léxicos, un recurso altamente productivo para designar los conceptos propios de la aritmética, el álgebra (y la metodología en las que ambas diciplinas se enmarcan) del siglo XVI.

Por lo que respecta a la derivación, predomina el uso de sufijos que generan, fundamentalmente, categorías adjetivas y nominales. Así, en la selección léxica objeto de este estudio se contabilizan 132 sufijados adjetivales (63%) y 39 sufijados nominales (19%). Esta supremacía de derivados adjetivos se debe a la presencia de los diversos paradigmas numerales que configuran el léxico de la aritmética, así como a la pluralidad de participios adjetivales en *-do* registrados en el tecnolecto matemático. Por el contrario, los sufijados verbales (6 voces, 3%) y adverbiales (13 casos, 6%) escasean. Con todo, la sufijación supone un 91% del total de los procedimientos derivativos, por lo que podemos concluir que este mecanismo de formación de palabras es esencial para la configuración de gran parte de la nomenclatura aritmético-algebraica documentada en los tratados renacentistas.

En contraposición, la prefijación es improductiva: genera un limitado conjunto formado por 17 términos (8% del total). Del mismo modo, la parasíntesis crea un único tecnicismo (apenas un 1%), debido a la predilección por la adopción de cultismos en este léxico de especialidad.

Igualmente, las voces creadas por regresión constituyen un grupo minoritario que, a diferencia de los fructíferos procedimientos aditivos, apenas presenta media docena de tecnicismos insertos en el área de la aritmética.

Sobresale, entre todos los procedimientos analizados, la composición sintagmática —en la que predominan los esquemas S + de(l) + S (59 compuestos) y S + Adj. (162 lexías complejas)— de variada índole, frente a la composición léxica, la cual se restringe a la formación de una serie de numerales complejos de base decenal o centenal.

Finalmente, para expresar tanto las potencias de la incógnita como las raíces, se testimonia un recurso de configuración terminológica fundamental: el empleo de abreviaturas o síncopas. Entre ellas se comprueba que cada autor presenta una serie de tendencias y predilecciones. Marco Aurel, por ejemplo, de origen germánico e introductor del álgebra en España, utiliza en su *Libro primero de Arithmética algebrática* (1552) la nomenclatura y las grafías o abreviaturas diseñadas por los matemáticos alemanes más destacados e influyentes (Ries, Rudolff o Stifel, entre otros). Por el contrario, el portugués Núñez Salaciense se decanta por el esquema designativo establecido por los italianos Leonardo de Pisa y Luca Pacioli, así como por las síncopas que estos emplean en sus tratados matemáticos para expresar los diversos valores de la *x*, pero conjuga esta tendencia con un esquema propio y novedoso para la designación de las raíces. En contraposición, Pérez de Moya fusiona ambas tendencias en la nomenclatura, al combinar las designaciones de procedencia italiana con las alemanas, pero se desliga, sin embargo, de la escuela alemana en lo que respecta a las notaciones algebraicas.

En líneas generales, se puede afirmar que nos hallamos, por un lado, ante una economía simbólica o de «grafismos aceptados por convención», que vendría representada por las síncopas, imprescindibles en el desarrollo y evolución del álgebra en la Península Ibérica a lo largo del Quinientos. Pero, por otro, también nos encontramos con la confirmación de la creatividad designativa y de la relevancia del componente patrimonial que, como se aprecia en el resto de las voces creadas, interviene en la transmisión y divulgación de las ciencias exactas en español.

V.
MECANISMOS SEMÁNTICOS EMPLEADOS EN LA FORMACIÓN DE LAS VOCES MATEMÁTICAS

1. Voces creadas mediante mecanismos de neología semántica

La neología semántica o neología de sentido consiste en dotar, atribuir o adjudicar un nuevo significado a una palabra o un término previamente existentes en la lengua. Este proceso se puede llevar a cabo de dos maneras: mediante la incorporación de un nuevo sentido, de una nueva acepción, a una palabra del lenguaje cotidiano —mecanismo que se conoce con el nombre de *terminologización* (cf. Cabré 1993)— o mediante el paso de un tecnicismo desde una rama del conocimiento a otra, adquiriendo en la última un significado distinto al que tenía en origen.

Este proceso permite la formación de una gran cantidad de voces técnicas en los lenguajes especializados. De hecho, se suele recurrir al él en los estadios iniciales de cualquiera de las ramas de la ciencia, puesto que se trata, en palabras de Gutiérrez Rodilla, de «un proceso intrínseco al pensamiento científico [...], que se sirve de analogías, comparaciones o metáforas para establecer, apoyar e ilustrar los razonamientos» (1998: 150-152).

1.1. Cambios, trasvases y préstamos semánticos

A) Cambios semánticos desde la lengua común al léxico matemático

Los discursos científico-técnicos se componen de palabras procedentes tanto de la lengua general como de la científica, por lo que podemos afirmar que existe una insoslayable conexión entre ambas. De acuerdo con Martín Camacho,

> los *términos* pueden catalogarse como las voces específicas de la ciencia en tanto que designan los objetos, fenómenos y procesos estudiados por cada área científica, así como los instrumentos, procedimientos y personas implicados en ese estudio o en sus resultados [...]. En muchas ocasiones, las palabras de cada uno de estos grupos provienen de la lengua común (2007: 2612).

De modo análogo, Arntz y Picht destacan que «el lenguaje colectivo o común representa una gran reserva de la cual se nutren los lenguajes especializados según sus necesidades» (146), especialmente en los albores de su génesis o inicios de su formación, pues, en su huida del latín y ante las dificultades terminológicas de las primeras expresiones científicas y técnicas en castellano, la gran mayoría de los autores intentaban servirse en la medida de lo posible de palabras provenientes del lenguaje vulgar por la dificultad que supondría la creación de un léxico nuevo (Gutiérrez Rodilla 1998: 68). De esta manera, voces ya existentes en el idioma son portadoras de nuevos significados, especializados, en el siglo XVI.

En efecto, en este incipiente —y aún no consolidado— tecnolecto matemático del Quinientos hispano detectamos una serie de cambios semánticos en voces de la lengua común que, tras procesos neológicos en los que se les atribuye un nuevo sema, pasan al léxico especializado aritmético-algebraico.

Entre las múltiples causas que originan este tipo de variaciones semánticas predominan las sociohistóricas, pues los cambios en la sociedad o en la cultura de una época traen consigo la necesidad de designar nuevas realidades, objetos, ideas o conceptos científicos. De hecho, «la especialización del significado [de una palabra proveniente del léxico estándar] en un grupo social restringido es un proceso extremadamente común y una de las principales fuentes de polisemia» (Ullmann: 225).

De este modo, un nutrido grupo de palabras procedentes del léxico común fueron empleadas en los tratados matemáticos de esta centuria para aludir al «signo lingüístico o matemático con que se representa cada uno de los números que forman el sistema numeral romano o arábigo»: *carácter*, *figura*, *letra* y *número*.

> De las *letras* o *characteres* de la Arithmética. Hemos dicho que tiene esta arte diez *letras* o *characteres*, que son estos que se siguen: 1, 2, 3, 4, 5, 6, 7, 8, 9, 0 (Pérez de Moya 1562: 4).

> Para poner los demás números que faltan hasta llegar a diez, usan del *carácter* que vale uno y de la V, que vale cinco, poniendo esta figura: VI, por seis; y assí: VII, por siete; y d'esta manera: VIII, por ocho; y assí: IX, por nueve, aunque agora por nueve usamos ésta: IX, por la causa que luego diremos. Para denotar diez, juntavan dos *caracteres* de los que se ha dicho que valen cinco, la punta del uno con la punta del otro, d'esta manera: X. Y porque esta figura parece a la letra que dezimos x, de aquí salió la causa que una qualquiera x valga diez. [...] Con este *carácter*: L, que vale cincuenta, y con la X, que vale diez, escriven hasta noventa d'este modo: LX, quiere dezir sesenta; y assí: LXX, setenta; y assí: LXXX, ochenta; y assí: LXXXX, noventa, aunque agora el noventa nosotros le usamos assí: XC (1589: ff. 11v-12r).

> Las diez *letras* o *figuras* son las siguientes: 1, 2, 3, 4, 5, 6, 7, 8, 9, 0, de las quales cada una por sí representa su mesma quantidad y valor. La primera se llama y significa uno; la

segunda, dos; la tercera, tres; la quarta, quatro; la quinta, cinco; la sexta, seis; la séptima, siete; la octava, ocho; la novena, nueve; la décima y última, zero (Aurel: ff. 1r-1v).

Conforme a la cuenta de los pitagóreos, las letras de el ABC tenían ciertos *números*, como paresce por Terenciano Mauro, y perdiose y quedaron solamente aquéllas que sirven de cuenta, que son éstas: I, V, X, L, C, D, con las quales, y las que de éstas se componen, se suele demostrar la summa que queremos d'esta manera: por I uno, por V cinco, por X diez, por L cinqüenta, por C ciento, por D quinientos (Pérez de Moya 1562: 15).

Quiero saber d'estos dos números: 111 y 99, quál es mayor. Porque en 111 ay tres *letras* y en 99 ay dos, por tanto, sin nombrar lo uno ni otro, diremos ser mayor cantidad 111 que 99 (Pérez de Moya 1589: f. 26v).

Así, el vocablo *carácter*, tomado del latín *character, -eris*, «hierro de marcar ganado», «marca con hierro», «carácter de estilo», y este del gr. Χαρακτήρ, «grabador», «instrumento grabador», «marca, figura», denota en este contexto, según Corominas y Pascual, la marca gráfica o grafema con la que se representa cada uno de los signos matemáticos que conforman nuestro sistema de numeración decimal. Del mismo modo, el latinismo *figura*, etimológicamente «configuración, estructura», «figura, imagen» o «forma, manera de ser», derivado de *fingĕre*, «amasar, modelar, dar forma» (DECH), es, referido a los diez numeros dígitos de origen hindú y en palabras de Pérez de Moya, «la forma, o delineación o hechura de cada una» (1562: 4), significado que comparte con el término *letra* (del lat. *lĭttĕra*, "íd."; DECH) —quizá por influjo del tradicional sistema de numeración romano— y que también aparece en una de las acepciones del cultismo *número*.

También asistimos al desplazamiento o a la especialización de una voz común en el léxico aritmético en el caso del latinismo *especie* («mirada», «aspecto», «apariencia», «tipo, especie», «mercadería»; derivado del lat. arcaico *spĕcĕre*, «mirar», según DECH), que, tal y como indica la glosa explicativa de Juan Pérez de Moya, se refiere, en aritmética, a «ciertas formas o modos de obrar por números, por causa de hallar algún número incógnito pedido» (1562: 2). Por tanto, podemos afirmar que este vocablo adquirió en los tratados matemáticos del Quinientos el sentido de designar «cada una de las cuatro reglas u operaciones de la aritmética: sumar, restar, multiplicar y dividir» (ibíd.).

También las voces patrimoniales de la lengua común *obra* y *obrar* aparecen en estos tratados para designar la «operación matemática» o la acción de «operar», respectivamente:

La *obra* será ésta: la mitad de 4 es 2, cuyo quadrado es 4. Estos 4 juntaremos con 20 y harán 24, y será, luego, el valor de la cosa raíz de 24 menos 2, y tanto será el partidor (Núñez: f. 196v).

No he puesto exemplo en ninguna de las reglas generales en cuenta castellana, porque quien supiere las de guarismo fácilmente *obrará* por ella, pues lo uno no diffiere de lo otro sino en los characteres o figuras de letras (Pérez de Moya 1562: 91-92).

Del mismo modo, el verbo tomado del latín *conjugar* (etimológicamente «unir», DECH) y el latinismo *conjugación* (con sentido original de «unión, encadenamiento», según Corominas y Pascual), adquieren en la terminología de Pedro Núñez Salaciense un significado técnico referido a los conceptos algebraicos de «combinar varias cantidades algebraicas entre sí para formar distintos tipos de ecuaciones»:

En esta arte de Álgebra, el fin que se pretende es manifestar la quantidad ignota. El medio de que usamos para alcançar este fin es ygualdad. Las principales quantidades a que por discursos demonstrativos procuramos esta ygualdad, dándoles o quitándoles quanto conviene, como quien pone en balança, son 3: número, cosa, censo [...]. Estas 3 quantidades se pueden *conjugar* en la ygualdad que el arte siempre procura por 6 modos (f. 1r),

y de «igualdad que contiene una o más incógnitas» (DLE, s. v. *ecuación*). Incluso verificamos, como puede leerse en los siguientes fragmentos, una clasificación en la que el autor divide estas *conjugaciones*, por un lado, en ecuaciones de primer grado (aunque en algunos casos también de segundo) de dos términos «simples», y, por el otro, en ecuaciones segundo grado «compuestas», esto es: ecuaciones cuadráticas que constan de tres términos[1]:

Estas 3 quantidades se pueden conjugar en la ygualdad que el arte siempre procura por 6 modos. Porque son 3 *conjugaciones simples* y 3 *compuestas*: *Conjugaciones simples*: 1. Censos yguales a cosas. / 2. Censos yguales a número. / 3. Cosas yguales a número [en notación moderna: 1. $ax^2 = bx$ / 2. $ax^2 = c$ / 3. $bx = c$]. [...] *Conjugaciones compuestas*: 4. Censo y cosas yguales a número. / 5. Cosas y número yguales a censo. / 6. Censo y número yguales a cosas [En notación moderna: 4. $ax^2 + bx = c$ / 5. $bx + c = ax^2$ / 6. $ax^2 + c = bx$] (Núñez, 1567: f. 1r).

En este sentido, es muy ilustrativa y clarificadora la declaración del matemático Etayo Miqueo:

Una de las dificultades de nuestra terminología es que adoptamos palabras del lenguaje familiar pero con un significado distinto y eso provoca que muchas veces no se nos

[1] Se trata de las seis operaciones algebraicas cánonicas marcadas por la tradición de las matemáticas árabes que emanan a partir del *álgebra* de al-Khwārizmī. Sobre la resolución de estas ecuaciones en la obra de Núñez, véase Labarthe (2012: 190-211).

entienda si nos guiamos por el sentido original de las palabras [...]. Son abundantes los [neologismos] que se han tomado del habla general pero con un significado distinto (2003: 348-349).

El cambio semántico, como argumenta Espinosa Elorza, es unidireccional: «un contenido concreto se emplea con referencia a contenidos abstractos» (162). Asimismo, explica esta lingüista que «la principal fuerza motora del cambio semántico regular es la pragmática: la dependencia del contexto, siendo determinante el papel desempeñado por el hablante en sus estrategias de uso de la lengua» (165). Efectivamente, los autores emplean las estrategias más rentables para lograr transmitir con éxito, mediante los términos acuñados o tomados en préstamo, sus doctrinas al que desconoce. Como es lógico, los términos se crean en un determinado momento para denominar unos conceptos, de acuerdo con los saberes que se posee entonces sobre la realidad de que se trate y con unos fines muy concretos. En estos textos estudiados, por ejemplo, se pretende ante todo ilustrar, adoctrinar, enseñar; son muy pedagógicos, de ahí que adopten voces del lenguaje familiar que les permitan comunicarse con éxito.

B) Travases semánticos desde un lenguaje especializado a otro

Por otro lado, también apreciamos la transferencia de términos entre campos especializados o disciplinas. En estos casos, en los que la terminologización estriba en el uso de una palabra perteneciente ya al vocabulario científico, se establece «una especie de préstamo entre subcódigos de un mismo código general (el científico)» (Martín Camacho 2004: 160). De acuerdo con Gutiérrez Rodilla, «los términos disfrutan de una gran movilidad, tanto en sentido horizontal —es decir, pasan de unas áreas de conocimiento a otras, con el mismo o distinto significado—, como en sentido vertical —hasta los más superespecializados pueden llegar a convertirse en palabras utilizadas a diario por todos los hablantes—» (2005: 29).

Esto sucede, por ejemplo, con los numerales fraccionarios sufijados en *-avo* —*cincoavo, seisavo, sieteavo* y *ochavo*—, que pasan de la aritmética a la geometría aplicada (cf. Sánchez Martín) y al léxico de canteros (cf. Hérraez Cubino). En efecto, hemos documentado un significado geométrico atribuido a estos numerales que, en ciertos contextos, designan polígonos regulares «que constan de cinco, seis, siete u ocho lados iguales»; giros populares que son sinónimos, por tanto, de los cultismos *pentágono*, *hexágono*, *heptágono* y *octógono*, tal y como se comprueba en los siguientes fragmentos e ilustraciones:

> *Pentágono* es la figura que consta de çinco líneas rectas yguales y de otros tantos ángulos, que llamamos çincabos.

Exágono es una figura que consta de seis líneas rectas yguales y de otros tantos ángulos, la qual llamamos seisabo.
Heptágono es de siete lados yguales y otros tantos ángulos, que llamamos sieteabo.
Octágono es figura que consta de ocho lados y otros tantos ángulos yguales, que llamamos ochabo:

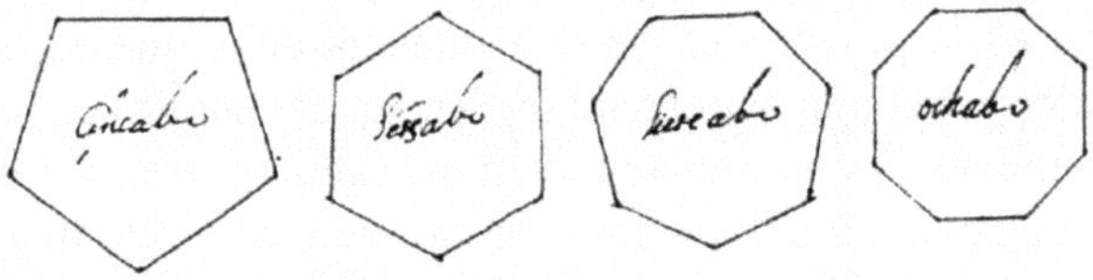

Polígonos nombrados mediante numerales fraccionarios (Vandelvira: f. 5v).

Estas designaciones son, al mismo tiempo, variantes diastráticas muy relacionadas con el léxico de constructores y canteros, por lo que se percibe un intento de las clases populares, desconocedoras del latín, de utilizar un lenguaje jergal complementario a los cultismos heredados de la lengua del Lacio[2].

De manera análoga, verificamos una transferencia de sentidos de los numerales ordinales cultos *quincuagésima*, *sexagésima* y *septuagésima* que va de la aritmética a la cronología, pues pasan a designar una serie de magnitudes temporales de la cultura eclesiástica[3].

Incluso dentro del mismo tecnolecto matemático (cf. Mancho y Molina), podemos hallar la desemantización del verbo *doblar* (tecnicismo aritmético que expresa originalmente «multiplicar por dos una cantidad» > «multiplicar»). Este verbo, una vez desemantizado, actúa como base o núcleo para la creación de otras

[2] «Cuando se trataba de aplicaciones técnicas de las matemáticas, preferentemente de la geometría, se comprueba asimismo la variación de nivel sociolingüístico, como sucede en el ámbito de la cantería con las denominaciones utilizadas por estos artesanos frente a las más cultas de los geómetras» (Mancho Duque 2007: 729).

[3] «La Yglesia introduzió que, desde el primero domingo del Adviento hasta las octavas de los Reyes, y desde el domingo de la *Septuagésima* hasta las octavas passadas de Pascua Mayor, y desde el lunes de las Letanías hasta las octavas de la *Quinquagésima*, que se acaban el sábado después de la dicha fiesta, no se casassen unos con otros, ni velassen, ni diessen bendiciones a los desposados, ni entregassen al desposado su esposa» (Celso: f. CCXIr); «*Quinquagésima* se dize porque, de este domingo hasta la quarta domínica de Quaresma, ay 5 domingos, y hasta el Sábbado Sancto 50 días [...]. *Sexagésima* se dize porque, desde ella hasta la quarta domínica de Quaresma, ay 6 domingos [...]. *Septuagésima* se dize assí porque, desde que comiença hasta el sábbado del domingo (que dizen) de Quasimodo, ay setenta días. Algunos dizen que *Septuagésima* se dize por los siete domingos que ay desde ella hasta la quarta domínica de Quaresma» (Pérez de Moya 1562: 662).

formas populares mediante la anteposición de numerales cardinales (sigue el infrecuente esquema compositivo: Adj. [numeral cardinal] + V) y configura todo un paradigma que asciende hasta la decena (*tresdoblar*, *cuatrodoblar*, *cincodoblar*, etc.; voces estudiadas en § IV.2.1.).

Igualmente, en la selección léxica que nos ocupa hallamos, por ejemplo, la extensión semántica del arabismo *cifra* (cuyo significado etimológico fue en un primer momento —aún en los textos del XVI— «cero») mediante la generalización de su significado para denotar el «signo lingüístico o matemático con que se representa cada uno de los números que forman el sistema numeral romano o arábigo»:

> Para hazer de reales maravedís sin multiplicar qualquier cantidad que sea, harás assí, aunque sean cientos ni millares de reales, o qualquier suma mayor y menor, que en qualquier especie que sea han de entrar las nueve *cifras* siguientes: 1, 2, 3, 4, 5, 6, 7, 8, 9, juntas o devisas cada una por sí, o acompañadas con cero, o ceros, y en qualquier cantidad que fuere, grande o pequeña, siguirás esta horden (Belveder: f. 191v).

C) Préstamos semánticos o calcos

Por último, documentamos el proceso neológico mediante el que una voz existente en la lengua adquiere un nuevo significado o acepción prestado de otra. De acuerdo con Gómez Capuz, el calco es un tipo especial de préstamo «que no imita la entidad fonética material (significante) del modelo extranjero sino otros dos aspectos más "internos": el esquema o construcción morfológica y la significación» (2005: 36). El calco, explica este autor, «consiste en reproducir en la lengua receptora, por síntesis y mediante unidades ya existentes en esta lengua, un elemento que tenga la misma articulación estructural y la misma motivación semántica del modelo extranjero» (1998: 61).

Por ejemplo, la voz *cantidad*, concepto matemático que se define como «todo lo que es capaz de aumento y disminución, y puede, por consiguiente, medirse o numerarse», adquiere en la época estudiada un sentido algebraico específico por préstamo semántico del italiano, pasando a señalar la «segunda cantidad desconocida o incógnita que es preciso determinar en una ecuación o en un problema para resolverlos» (en notación simbólica actual: *y*) y convirtiéndose en complementaria de la voz *cosa*.

Como es natural, el avance y progreso del álgebra dio lugar a la aparición de estructuras, problemas y, en consecuencia, ecuaciones cada vez más complejas; de ahí la aparición de la *segunda cosa* o la *quantitá*: terminología acuñada y documentada por vez primera, según las pesquisas de Franci, en el *Trattato di Fioretti*[4]

[4] Este tratado ha sido editado por Arrighi (1967).

(ca. 1380) escrito por el «maestro d'abaco» florentino Antonio de' Mazzinghi[5] en el Quattrocento italiano: «in solving many problems Antonio even uses two unknowns, one called *cosa* and the other *quantità*. As far as I know, Antonio is the firts algebraic to use two unknowns» (Franci 1988: 246).

Terminología que copió y difundió ampliamente el célebre e influyente matemático italiano Luca Pacioli para designar la segunda incógnita de una ecuación o problema dado, y el también italiano Gerolamo Cardano, tal y como documenta Heeffer: «Luca Pacioli almost literally copied the solution method in his *Summa* of 1494, and Cardano used the second unknown both in his *Arithmetica* and the *Ars Magna*» (2010: 58).

Del mismo modo que en las álgebras italianas, en los tratados analizados aparecen algunas reglas o métodos de los algoritmos empleados para la resolución de los sistemas de ecuaciones lineales[6] —es decir, sistemas de ecuaciones cuyas variables son de primer grado—, expresadas, a partir de esta acepción de cantidad, por los compuestos sintagmáticos *regla de la cantidad* y *regla de la cantidad simple* o *absoluta*.

Este término, *cantidad* —representado mediante la variante gráfica arcaizante *quantidad*—, al igual que *segunda cosa*, responde a la necesidad de insertar una incógnita distinta e independiente de la *cosa*. Incluso, nos explican estos matemáticos, en otra posición dentro del algoritmo de la ecuación demandada. Así se certifica en los siguientes fragmentos:

> Esta *regla de la quantidad* enseña cómo te has de haver con algunas demandas, que con sólo poner la co. no basta a llegar a la ygualación y última respuesta, como en las passadas, como muchas vezes acontesce se aya de poner otra posición o otras para que puedas venir a la fin desseada (Aurel: f. 108r).

> Artículo nono d'este XIII capítulo. Trata de la *regla de la segunda cosa* o *quantidad*: En esta regla, por la mayor parte, se pone una cosa por respuesta de la demanda (como se ha visto en los capítulos precedentes), mas ay muchas demandas que para venir a su última respuesta es necessario poner otra posición; y porque la segunda posición se differencie de la primera, ponen una *quantidad* que se figura d'esta manera: *1q.*, con la qual se procede haziendo lo que la demanda pide hasta tanto que se haga una igualación (Pérez de Moya 1562: 599-600).

---

[5] Matemático italiano (Florencia, 1353-¿?). Recibió una cuidada educación, debido a la preocupación de su padre por su formación: de ahí que estudiara matemáticas, como argumenta Franci, «under the guidance of Paolo dell'Abaco, who was at the time the most learned Florentine abacist» (1988: 241) y llegara a cultivar el álgebra, para la cual tenía una gran intuición. Se considera a este autor «as the best algebraist of the 14th and 15th centuries» (cf. Franci 1988 y Maracchia: 161-165).

[6] Para más información, véanse Kloyda (1937) y Heeffer (2010).

Por otro lado, en el campo de la aritmética documentamos el único préstamo semántico del catalán: *nombre*, término empleado para expresar el concepto de «número»[7] que se erige como el centro de una red léxica (cf. Pascual y García) de la que seleccionamos la siguiente serie léxico-semántica: *nombrador*[8] (por «numerador») y *nombrar*[9] (por «numerar»), y que opera también en la configuración de compuestos sintagmáticos referidos a distintos tipos de números, entre los que destacan *nombre cuadrado*, *nombre cúbico*, *nombre entero*, *nombre par* o *nombre quebrado*; estos últimos únicamente presentes en la *Aritmética* redactada por Juan de Ortega (1512), la obra matemática más temprana del corpus analizado.

Igualmente, esta voz genera la designación de expresiones algebraicas compuestas de dos o más términos (en origen *números* o *nombres*, del latín *nōmen, -inis*) y unidas por los signos más o menos: *binomio*, *trinomio*, *cuadrinomio*, *quinomio*, *senomio* o *multinomio*.

En el ámbito que nos ocupa solo encontramos, además, un término de origen latino: *arte*. Como afirman Corominas y Pascual, el latín *ars, artis* adoptó del griego, mediante el calco, el significado de τέχνη. Esta voz se emplea para la confección de los compuestos: *Arte mayor* y *Arte menor*, los cuales, como hemos puesto de manifiesto en § 1.1.2., dan nombre, en el siglo XVI, a las dos disciplinas objeto de estudio de este libro.

1.2. Metáforas

La neología de sentido se produce, además, mediante procesos de comparación, haciendo uso de analogías o creando metáforas o metonimias, «porque los con-

---

[7] Probable préstamo del catalán, según Corominas y Pascual. En efecto, en DECH se recoge un caso en *El Cid*, intrepretado como préstamo del catalán *nombre* "íd." (<NUMERUS) o «quizá más bien del francés: recuérdense los comerciantes y banqueros franceses de Sahagún y Toledo, y los repobladores catalanes y gascones de esta última ciudad»; esta primera hipótesis es, en nuestra opinión, plausible dado la cantidad de catalanismos documentados en el texto de Ortega (§ III.4.5.), quien probablemente conoció la *Suma de l'art arithmética* del barcelonés Santcliment (1482), de corriente francoprovenzal (§ I.4.1.1.). Véase Labarthe (2004).

[8] Por ejemplo: «4/9, en esta manera: que dirás que la raíz del *nombrador*, que es 4, son dos, porque 2 vezes 2 son 4; y la raíz del denominador, que es 9, será 3, porque 3 vezes 3 son 9» (Ortega: f. 33r).

[9] «El primero capítulo de la Arismética ensenya a *nombrar* qualquiera cuenta o suma grande o pequenya: Primeramente es necessario dar declaración a *nombrar* qualquiera suma, grande o chica y, por tanto, sabe que quando una suma pasa tres figuras, començando a la man derecha, la primera es nombre, e la segunda dezenal e la tercera se llama centenal» (Ortega: f. 2r).

ceptos que subyacen son más relevantes y permiten un acceso más fácil a los correspondientes términos» (Espinosa Elorza: 165).

Se trata de un proceso cognitivo que tiene que ver con las asociaciones establecidas entre las cosas, propiedades o actividades y es, probablemente, uno de los mecanismos más importantes del cambio semántico[10], así como uno de los recursos más fructíferos en la creación léxica. La metáfora es «una proyección conceptual entre dos estructuras conceptuales, basada en relaciones de semejanza» (Espinosa Elorza: 170). Esta transferencia de significados permite el paso desde el vocabulario general al especializado, facilitando la denominación de conceptos o realidades que, de otro modo, serían difíciles de designar.

Efectivamente, la metáfora es el principal mecanismo mediante el cual comprendemos conceptos abstractos. Tal y como argumentan Santos y Espinosa:

> La función primaria de la metáfora es proporcionar comprensión, ya que permite captar y estructurar un concepto abstracto en términos de otro más concreto [...], entendiendo por concreto aquello que está basado en nuestra experiencia en el espacio y el movimiento, en la percepción y en la mentalidad que proporciona vivir en una determinada cultura y sociedad (44-45).

1.2.1. Metáforas antropomórficas

Mancho Duque subraya que «entre las metáforas destacan, por su importancia en la formación de terminologías específicas de las ciencias y de las técnicas, las denominaciones de partes del cuerpo humano trasladadas a las de diversos objetos, en virtud de cierto parecido o similitud» (2005: 791).

En esta línea, hallamos una serie de metáforas corporales y de cualidades o acciones propias del ser humano en un nutrido grupo de tecnicismos matemáticos renacentistas. Entre otros, destaca el *número dígito* o *digital* que, en el corpus textual analizado, denota «el que puede expresarse con un solo guarismo; en la numeración decimal lo son los comprendidos desde el cero al nueve, ambos inclusive» y con el que se asocia el rudimentario y básico método de cómputo[11]. De

[10] «La metáfora centra la atención de la semántica tradicional tanto como procedimiento lingüístico que posibilita el cambio de significado de los términos como por ser un tipo de asociación mental que, sobre la base de semejanza entre dos realidades, provoca el empleo del término que designa a una de ellas para referirse a la otra» (Llamas: 19). Son asociaciones mentales que surgen del sujeto hablante, cuya voluntad fuerza un cambio lingüístico.

[11] Sobre la génesis de nuestros sistemas de numeración y la escritura de las notaciones numéricas, véase «De la mano que cuenta a la mano que escribe» (Durán: 374), además de «Diez dedos para aprender a contar» (Ifrah 1987: 50-52) y «La mano, primera "máquina de contar"» (Ifrah 2002: 131-169).

acuerdo con Ifrah, «maravilla de movilidad y eficacia, la mano es el más antiguo y extendido de los auxiliares de cuenta y cálculo que los pueblos han usado en el trascurso de los tiempos» (2002: 131): se trata de un procedimiento natural, elemental —y eficaz al mismo tiempo—, del que derivará nuestro sistema de cómputo de base 10 o decimal[12]:

> El numerar es para conoscer la representación de algún número prosupuesto, y para saber quánto vale o significa. Tales números en 3 maneras pueden venir, y son llamados de los mathemáticos: *dígito*, artículo y compósito. El primero no llega a diez, el segundo es diezes justos, y el tercero es diezes y unos juntos (Aurel: f. 1r).

> El número generalmente se divide en dígito, artículo y compuesto. *Número dígito* es aquél que no llega a diez, assí como 2, 3, 4, 5, 6, 7, 8, 9. Número artículo[13] es aquél que es diez o diezes justos, assí como 10, 20, 30, 40, 100, 200, etc. Número compuesto es aquél que participa de *dígito* y de artículo, assí como 12, 15, 25, 207, etc. (Pérez de Moya 1562: 3-4).

---

[12] El hombre ha aprendido a contar gracias a los diez dedos de sus manos, lo que ha motivado que la mayoría de sistemas de numeración que existen tengan como base la decena. No obstante, hay culturas que cuentan con la base 20 —resultado de sumar los dedos de las manos y de los pies—; otras que toman el número 5 como base, esto es, siguen un sistema quinario, al considerar efectiva sólo una mano. Por otro lado, somos herederos del más primitivo de los sistemas de cómputo: el de los babilonios y sumerios. Se trata de un sistema sexagesimal o de base 60 que pervive en nuestro universo temporal, esto es, en las horas, minutos o segundos, así como en los ángulos, puesto que son 360º los que completan una circunferencia. Sobre el papel de la mano como elemento computacional en el ámbito matemático del Renacimiento, véase Mancho Duque (2010c, 2004b y 2011).

[13] Esta gestualidad permitía representar «las unidades simples mediante los dedos y las decenas mediante las articulaciones, por lo cual las palabras *digiti* ("los dedos") y *articuli* ("las articulaciones") vinieron a designar, en la Edad Media, las unidades simples y las decenas» (Ifrah 2002: 161).

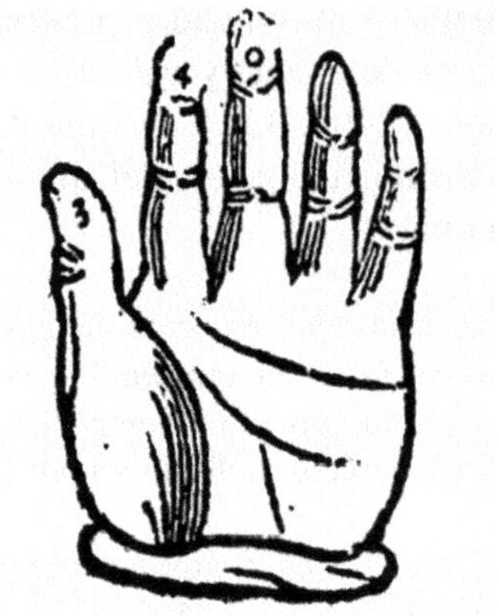

Contar con los dedos (Pérez de Moya 1562: 432-434)[14]

Asimismo, en otras ocasiones asistimos a una personificación[15] de ciertos elementos matemáticos, como *número*, entidad abstracta a la que se le atribuyen cualidades físicas propias del ser humano, tales como la disfunción orgánica que supone la ausencia de audición, como ocurre en *número sordo*[16], también deno-

---

[14] Según afirma este destacado matemático, se empleaban para establecer el cálculo numérico ambas extremidades, pero cada una poseía diferente valor de acuerdo con su posición espacial con relación al eje del cuerpo, así como sus respectivos dedos o falanges (denominadas *junturas* o *coyunturas* en el Quinientos), pues «antropológicamente el lado derecho primaba sobre el izquierdo, lo que desde una perspectiva matemática implicaba superioridad numérica» (Mancho Duque 2011: 207) o más valor computacional. Así, explica Pérez de Moya: «Los antiguos contavan con los dedos de la mano siniestra hasta 99, y con la diestra desde 100 hasta 9900, d'esta manera: que para denotar uno doblegavan el dedo mínimo, de arte que toque a la palma de la mano, y doblegando de la misma manera el medicus con el mínimo denota 2; doblegando el medius con estos dos denota 3; levantando el mínimo y dexando los otros cerrados denota 4; levantando el dedo medicus, dexando doblado el medius, denota 5; levantando el medius y doblegando el medicus denota 6» (1562: 626-627). Una muestra gráfica sobre este primitivo sistema de numeración manual puede consultarse en (Campiglio y Eugeni: 46).

[15] «Entre los compuestos sintagmáticos con lexicalización semántica, las metáforas más frecuentes son ontológicas de personificación» (Buenafuentes 2010: 282).

[16] «La palabra *sordo* en un principio tenía el mismo significado que "irracional". Parece que los traductores árabes del siglo IX tradujeron la palabra griega *alogos* ("irracional") como *assamn* ("sordo", "mudo"). A los matemáticos árabes les gustaba pensar en los números racionales como audibles y a los irracionales como inaudibles. Su palabra se tradujo posteriormente al latín como *surdus* ("sordo, mudo"). Actualmente, a los números "sordos" se les considera números irracionales que no se pueden escribir de otra manera que ésta: $\sqrt{5}$» (Bentley: 84). Véase también Mancho Duque (2007: 739) y (2010b). Según Labarthe, el hecho de que la raíz sorda se pueda dar en línea «souligne le caractère géométrique de ces objets numériques» (2010: 21).

minado *irracional*, frente otros *números racionales*[17] o *discretos* —además de *números perfectos*[18]—. Explica Aurel que

> quando alguna quantidad no tuviere raýz discreta y sobrare algo, tal *número* es llamado *irracional* y, de los práticos, *número sordo*, para con los quales no es necessario trabajar en hallarla, pues no la tiene, mas poco más o menos saber quál es su raýz mayor, siguirás como has visto, y lo que sobrare pornás encima de una raya a manera de quebrado, y debaxo de la dicha raya pornás el doble de la raýz mayor (f. 42r).

Otro caso se da en la adjetivación metafórica que caracteriza al compuesto sintagmático *raíz sorda*, de la cual enfatiza Núñez, en las siguientes palabras, su inaudición: «A este lado quadrado, que impropriamente se dize raíz, llaman commúnmente los arithméticos *raíz sorda* de 6. La razón del nombre debe ser porque se puede dar en línea y mostrar a la vista, pero no se puede oýr lo que representa, y por esso la llaman sorda» (f. 44r).

Una cualidad por la que el hombre se distingue de otros animales es la *razón*, ahora bien, este atributo, en matemáticas, denota *proporcionalidad* o *proporción*, es decir: el «respecto o relación mutua que tienen entre sí dos cantidades de un mismo género» (*Autoridades*). Por ejemplo, leemos en Rojas que «[l]os lados de los triángulos equiángulos, que abraçan iguales ángulos, son proporcionales, y son de semejante *razón* los lados que se oponen a iguales ángulos» (1613: f. 16v).

Por otro lado, testimoniamos algunas voces metafóricas formadas a partir del esquema[19] de la fuerza, cuyo representante prototípico sería el verbo *quebrar*, que, en el repertorio léxico que nos ocupa, designa la operación matemática consistente en «dividir algo en partes o fracciones» (DLE, s. v. *fraccionar*): «Prosigue sacando la mitad del uno que está antes del 6 y puse zero (por no *quebrar* la unidad debaxo del mismo 6). Luego, del 1 que no he partido y del 6 que se le sigue, que hazen diez y seys, saqué la mitad, que son 8» (Pérez de Moya 1589: f. 191v).

---

[17] «Llámase racional la cantidad que no tiene ningún radical ni exponente fraccionario, porque esta cantidad contiene un número exacto de veces a la unidad, o tiene una razón con ella» (Picatoste 1862: 99).

[18] «*Número perfecto* es aquél que la summa de sus partes alíquotas es ygual a sus mismos números; assí como 6, que tiene por partes alíquotas 1, 2, 3, la summa de las quales es 6, que es tanto como su todo, que en este exemplo fue 6. Pues los números que semejante propriedad tuvieren se dirán perfectos» (Pérez de Moya 1562: 327).

[19] Como apuntan Santos y Espinosa, siguiendo la teoría de Johnson (1987), «este autor plantea la existencia de unas estructuras abstractas, denominadas por el *esquemas de imágenes* (*image-schemata*), que podemos definir como un complejo unificado de propiedades que organizan nuestra experiencia y comprensión y manifiestan una pauta repetida. Esa pauta emerge de nuestros movimientos en el espacio y nuestra experiencia en la manipulación de objetos, de las interacciones perspectivas y del hecho de vivir en una determinada sociedad» (23).

Como puede leerse en el ejemplo, se alude a la ruptura de la unidad, caracterizada por un todo entero. Asimismo, los adjetivos lexicalizados *quebrado*[20], *roto* y *tranzado* designan un tipo de número concreto: los fraccionarios, cuyo origen, en palabras de Pérez de Moya, tiene lugar «quando se parte un número por otro y en la tal partición sobra alguna cosa, porque en tal caso aquello que sobra y no se puede partir enteramente es parte del partidor, y llámenle *quebrado* o *roto* (1562: 128-129).

De manera análoga, el dominico Juan de Ortega explica al lector no versado:

> Quiero que sepas que el *nombre roto* o *quebrado* es nombre que no tiene razón de nombre entero, porque la principal denominación de las partes no se puede devidir como el nombre entero. Y, por tanto, sabrás que en qualquier *roto* son necesarios dos nombres y deve siempre el menor sobre el mayor, poniendo una raya pequeña en medio de amos. Y aquel nombre que estuviere encima se llama el nonbrador; y aquel que estuviere debaxo se llama el denominador (ff. 43r-43v).

Estos, a su vez, se conectan con el esquema parte / todo, el cual, según Santos y Espinosa (1996), se relaciona con la experiencia de nuestros propios cuerpos, concebidos como una totalidad que consta de partes organizadas y en el que la experiencia fundamental del todo es estar de una pieza (cuando no falta nada a la forma canónica del cuerpo). Adjudicamos, por tanto, al *todo* una evaluación positiva: de ahí la alusión a un número *sano* —llevado a cabo mediante una personificación del elemento a caracterizar— o *entero* (esto es, «número que consta exclusivamente de una o más unidades, a diferencia de los quebrados y de los mixtos»), y también de ahí que consideremos negativa la carencia de alguna parte o elemento (como el *roto* o *quebrado*, con el que se identifica y designa al «número que expresa una o varias partes alícuotas de la unidad»).

Por otra parte, testimoniamos algunas metáforas biológicas[21] asociadas a la aritmética y el álgebra, como las acciones de *engendrar* o *procrear*, empleadas en los tratados matemáticos de esta centuria para indicar la génesis o producción de un número determinado:

> Mas si el partidor entra igualmente en la summa partidera, quiero dezir que si partiendo un número por otro no sobrare nada, en tal caso no *se engendrará* quebrado (Pérez de Moya 1562: 130).

---

[20] Ciertos signos, como es el caso de *quebrado*, entre otros, «se desmetaforizan con el tiempo, volviéndose propios y convencionales» (Coseriu 1985: 82).

[21] «Our belief system is formed by our everyday experiences with the physical world and our cultural environment. We reason and talk about the world using language in ways that reveal our reliance on our beliefs» (Svorou: 1).

> Nota que quando partes estos denominadores comunes no te sobrará nada. La razón es porque *son procreados* los tales números de la multiplicación de los denominadores de los quebrados de do ellos son el todo, y los tales números que lo *procrearon* son sus partes alíquotas (ibíd.: 166).

Igualmente, la acción de *nacer* se documenta en el corpus científico-técnico renacentista analizado con el sentido de «generarse una cantidad como resultado de una multiplicación»:

> Multiplicando, pues, 8 en sí, *nascen* 64; y, ansimesmo, multiplicando las 6 en sí, *nascen* 36 (Girava, en Fineo: 100).

> Es a saber: la distancia verdadera, que son 14 millas, valen 840 minutos; multiplico esta verdadera distancia quadradamente en sí: *nacen* 705.600 (Apiano: f. 61r).

Por su parte, su derivado *nacimiento*, atribuido a las cuentas es, en palabras del matemático palentino Juan de Ortega, sinónimo de progresión:

> Está con gran diligencia y atentamiento a entender la declaración d'este capítulo, porque son algunos nombres en especialmente que se ayuntan muy más prestamente por la manera de multiplicar, que no por la manera de sumar, la qual manera se llama progresión, que quiere dezir *nazimento de cuenta* (Ortega: f. 23r).

1.2.2. Metáforas de acciones y objetos de la vida cotidiana

Denotan dimensiones del espacio en el que habitamos los términos *casa* o *asiento*, los cuales indican en aritmética la «posición que corresponde a cada uno de los números de una operación aritmética de acuerdo con el sistema de numeración decimal, esto es, según sean: unidad, decena, centena, etc.»:

> Quiero summar estas 5 partidas en una sola partida o summa. Començarás de la mano derecha y juntarás toda la primera orden, que son unidades [...]. Assimesmo harás con la segunda orden, juntando las dezenas con la tercera orden, y assí consecutivamente de *casa* en *casa* o de orden en orden. Porque los números van subiendo o cresciendo de diez en diez por una décupla proporción; porque diez unidades hazen una dezena, 10 dezenas un 100, 10 cientos un millar, etc.; porque summar no es otra cosa sino hazer de unos, diezes; de diezes, cientos; de cientos, millares; etc.» (Aurel: ff. 2r-2v).

> Ya que has summado las unidades, que fue la primera ringlera, passa a la segunda, que es el *assiento* de las dezenas, y hallarás que todos son zeros, por lo qual no harás otra cosa sino assentar un zero debaxo de la raya enfrente de los zeros, como muestra el quarto aviso (Pérez de Moya 1562: 22).

Otra serie de voces metafóricas por similitud o analogía con las acciones de nuestro día a día son *juntar* y *ayuntar* para indicar la suma, pues, explica Pérez de Moya, «summar no es otra cosa sino *juntar* muchos números en una summa» (1562: 19), así como *quitar* para la resta, dado que «restar es sacar o *quitar* un número menor de otro mayor, siendo ambos de un especie, por causa de saber la diferencia o excesso que haze el número mayor al menor» (1589: f. 26r).

En relación con las dos operaciones aritméticas básicas de adición y sustracción, testimoniamos el esquema de inclusión / exclusión o dentro / fuera (cf. Santos y Espinosa); esquema expresado, sobre todo, mediante verbos de movimiento, que especifican de modo inherente una dirección: entre otros, *venir*[22], *volver*[23], *sacar*, *llevar*[24], *salir* o *entrar*[25]. Así como el esquema contenedor / recipiente, al que aluden estos lingüistas (cf. 25), por ejemplo, en los verbos *caber*[26] y *sobrar*[27] en el corpus analizado.

---

22 En nuestra opinión expresaría la acción de «producirse una cantidad como resultado de una multiplicación o división». Por ejemplo: «Parte agora los 2 que están en lo alto por los 50 que están abaxo, y *vendrá* a la partición 2/50 abos» (Pérez de Moya 1589: f. 132r).

23 Cuyo significado es el de transformar o cambiar algunos números en otros distintos pero equivalentes en una operacion matemática, como puede inferirse en el siguiente ejemplo: «Y assí avrás dado fin a tu redución, y responderás que tanto es dezir medio como 60 ciento y 20 abos; y lo mesmo es dezir 2 tercios que dezir 80 ciento y veyntabos, y lo mesmo es dezir 3 quintos que dezir 72/120 abos. Y d'esta suerte *se avrán buelto* todos los quatro quebrados (aunque differentes) a una mesma y común denominación» (Pérez de Moya 1562: 165).

24 Que se podría definir como: «reservar las decenas de una suma, resta o multiplicación parcial para agregarlas a la suma, resto o producto del orden superior inmediato»: «Nota que quandoquiera que qualquiera cuenta sumares y venieren las letras en diezes cabales, que estonzes pongas un zero debaxo de la raya, enfruente de las letras que as sumado, y *lleva* los diezes adelante para ayuntar con las figuras siguientes» (Ortega: f. 5v).

25 «Dicho de una cantidad llamada divisor: ser contenida en otra llamada dividendo» «Mira agora qué valen las letras que les corresponden de la partición a los quinze del partidor, quiero dezir, las que están en su derecho, que en este exemplo son éstas: 76, que valen setenta y seys. Mira quántas vezes *entran* los 15 en ellas, y hallarás *entrar* cinco vezes, porque cinco vezes 15 son 75, y sobra uno» (Pérez de Moya 1589: f. 68r). Frente a *salir*, el cual denota la acción de «producirse una cantidad como resultado de una de las cuatro operaciones aritméticas posibles», como se infiere en el siguiente fragmento: «Y hallarás que, partiendo 16cce. a 8ce., *salen* a 2ce., porque 16 partidos a 8 caben 2, y cce. partido por ce. viene ce.» (Pérez de Moya,1562: 520).

26 Que definimos como «dicho de una cantidad llamada divisor: ser contenida en otra llamada dividendo»: «El partir es la 5ª specie que conviene al Arithmética, la 4ª y última de las 4 reglas principales, y no es otra cosa que partir un número por otro, d'esta manera: mirar y sacar quántas vezes *cabe* el menor en el mayor, que es partir la quantidad mayor en tantas partes yguales como unidades tiene el número menor» (Aurel: f. 8r).

27 Con el sentido de «quedar como residuo o resto o en la división o en la resta»: «En 45, ¿quántas vegadas entran 6? Y hallarás que caben 7 y *sobran* 3» (Ortega: f. 19r).

Un subgrupo de acciones de la vida cotidiana son las relativas a la economía o transacciones comerciales, las cuales sirven para establecer en la terminología aritmética del siglo XVI los siguientes neologismos metafóricos: por un lado, *deuda* y su sinónimo *recibo* —«cantidad de la que ha de restarse otra» (DLE, s. v. *minuendo*)—, y, por otro, *gasto* y *paga* —«cantidad que ha de restarse de otra» (DLE, s. v. *sustraendo*)—:

> Exemplo y práctica: Uno recibió tres mill y setenta y tres, gastó mill y trezientos y quarenta y dos maravedís, o lo que quisiéredes; y por quanto no pagó tanto como recibió, quiere saber quánto es lo que queda deviendo, o qué differencia ay de lo que recibió a lo que gastó. Para hazer esta cuenta y las semejantes, assentarás el *recibo*, que es mayor quantidad, sobre el *gasto*:

Recibo	3 0 7 3
Gasto	1 3 4 2
Alcance	1 7 3 1

(Pérez de Moya 1562: 30)

> Si quieres saber si es verdad, harás como hiziste en la resta pasada, que ayuntes la paga con la *deuda* y si está verdadera la resta y lo que pagó, montará amas a dos sumas tanto como la *deuda* principal, como lo veis por exemplo:

Deuda ——	4 5 6 7 8 8
Paga ——	2 7 8 8 8 9
Resta ——	1 7 7 8 9 9
Prueua ——	4 5 6 7 8 8

(Ortega: f. 8v)

Por último, documentamos la locución verbal *quedar a deber*, para expresar el «resultado que se obtiene de la operación de restar»:

Recibo.	7 0 7 2 9 0 7 6.
Pago.	2 0 8 9 9 6 2 0.
Quedo a deuer.	4 9 8 2 9 4 5 6.
La prueua real.	7 0 7 2 9 0 7 6.

> Assí harás en toda manera de tales restas, y pongo la Prueva real d'esta regla, por ser breve, la qual no es más que summar lo que pago con lo que *quedo a dever*, y si tal conjunto o summa fuere tanto quanto es la deuda o suerte principal, estará bien restada la tal resta, como la mesma razón te demuestra (Aurel: ff. 4r-5r).

Por otro lado, los algoritmos de la multiplicación y división, de mayor complejidad, generan en su desarrollo metodológico y disposición gráfica una serie de analogías con objetos de la vida social del momento, como una celosía, una copa, una escalera o un barco. Parten de métodos antiguos de computación, llevados a cabo por los matemáticos hindúes y árabes, transmitidos al Occidente y difundidos por el afamado matemático Luca Pacioli.

Por lo que respecta a la multiplicación[28], reseñamos el método de origen oriental (de la India, en concreto, de donde se extendió desde el siglo XII a China y a Arabia) que se conoce como de *multiplicación en gelosía*, *en celdillas* o *reticulado* (cf. Campiglio y Eugeni: 179, Meavilla: 78-79):

> De los árabes pasó a Italia durante los siglos XIV y XV, y aquí fue donde recibió el nombre de gelosía debido a la semejanza del diagrama con las rejillas de madera que adornaban y protegían las ventanas en Venecia y en otras ciudades italianas. De hecho, la palabra celosía parece provenir del italiano gelosía, y es de uso común en España, Francia, Alemania [...] para designar las persianas venecianas (Boyer: 281).

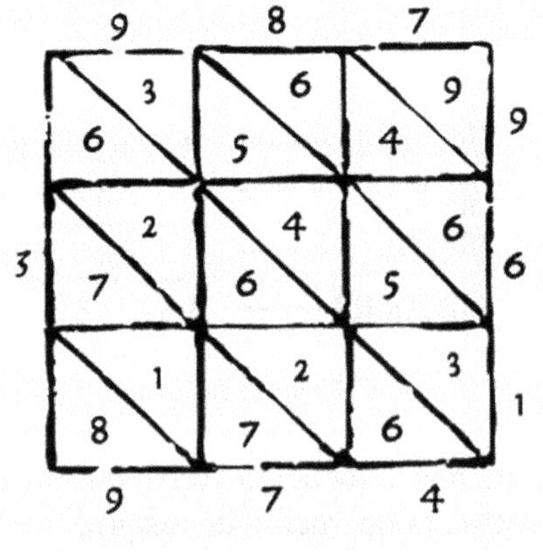

Multiplicación *per gelosia* de Luca Pacioli (Rankin: 145)

[28] Además de las tablas para multiplicar números dígitos que debían aprenderse, al igual que hoy día, «de coro» o de memoria (mediante una serie de reglas menotécnicas). Véase en el *Glosario de aritmética y álgebra del Renacimientos hispano* la entrada «tabla» y sus compuestos «tabla simple» y «tabla doble» (Molina Sangüesa 2015b).

Encontramos la afiliciación a este sistema en los gráficos de Ortega y Pérez de Moya:

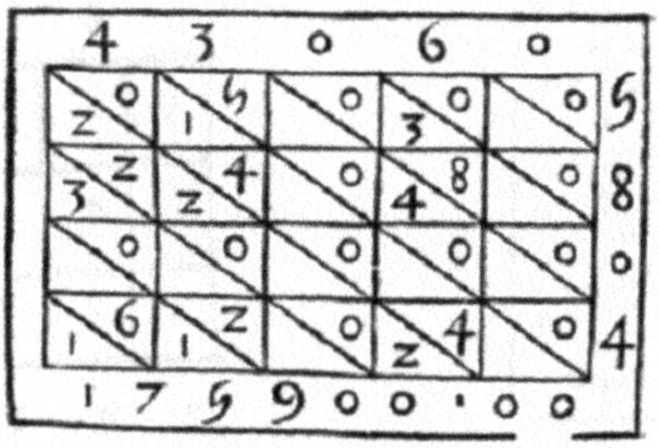

Ortega: f. 18v

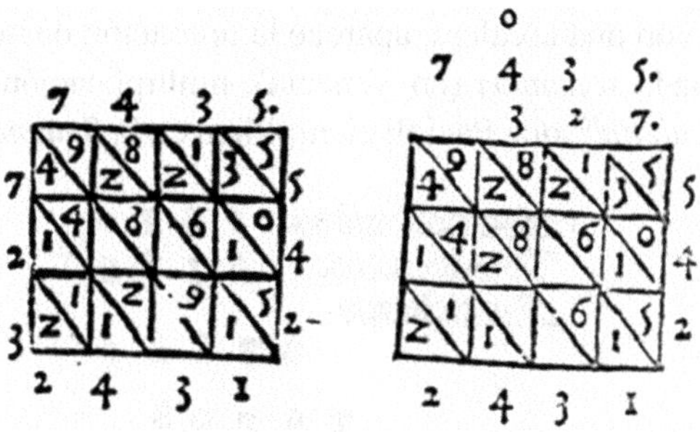

Pérez de Moya 1562: 60[29]

Un cierto parecido observamos con el método siguiente, el de la *multiplicación del cuadrilátero* (según el matemático árabe Alcalsadí; cf. Sánchez Pérez 1949: 143) o *método del tablero de ajedrez*, así llamado por su semejanza con aquel (Willerding: 45). Este algoritmo solo difiere del actual, en palabras de Meavilla Seguí, «en la disposición de los productos parciales, en el cálculo de las sumas

29 Las instrucciones, como detalla Meavilla Seguí, son las siguientes: «se construye un rectángulo 4x3 [en el caso de Ortega es 5x4, de 20 celdas], en el que cada una de las doce celdas cuadrangulares se divide diagonalmente en dos partes, y se escriben el multiplicando y el multiplicador [...]. Acto seguido, se multiplica cada dígito del multiplicando por cada dígito del mutiplicador y se escribe cada uno de los productos parciales en la celda que ocupa la columna del dígito del multiplicando y la fila del dígito del multiplicador, de modo que las unidades queden en la parte derecha de la celda y las decenas en la parte izquierda [...]. A partir de aquí, para obtener el resultado de la multiplicación, solo se deben sumar (de derecha a izquierda) los dígitos que figuran en la misma diagonal [...]. El resultado de la operación propuesta se escribe a lo largo del perímetro del rectángulo» (79-80).

que conducen al resultado final y en la ubicación del mismo». También de este procedimiento tenemos testimonios gráficos en las obras de Ortega y Pérez de Moya:

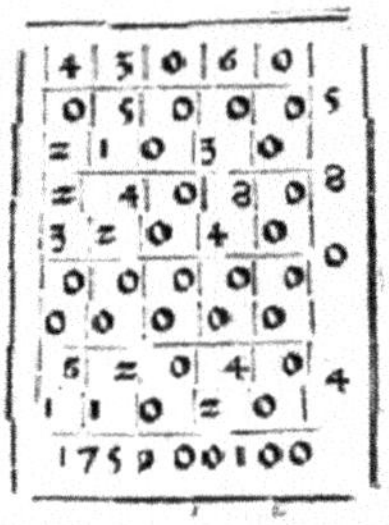

Ortega: f. 18v

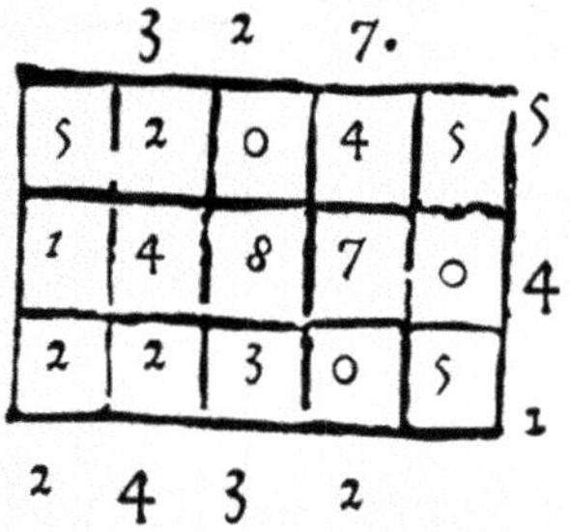

Pérez de Moya 1562: 60

Por semejanza con una escalera, aparece la operación de números en orden descendente denominada *scachieri* (en Venecia), multiplicación por *bericuocolo* (en Florencia) o por *scaletta*[30], que Pacioli ejemplifica en la *Summa* del siguiente modo:

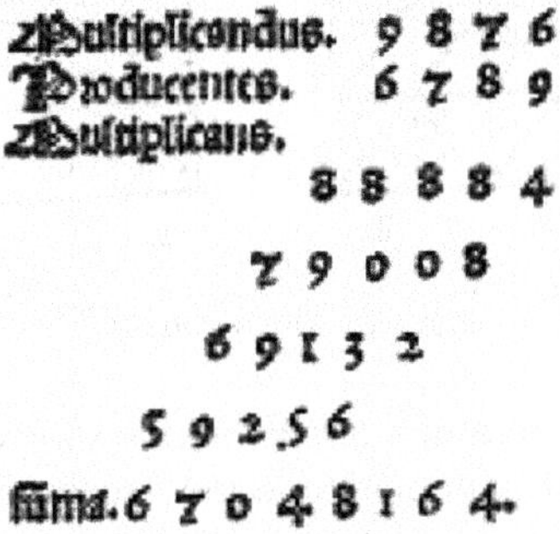

Pacioli 1494: f. 26r,

el cual es reproducido con bastante fidelidad por el español Juan de Ortega:

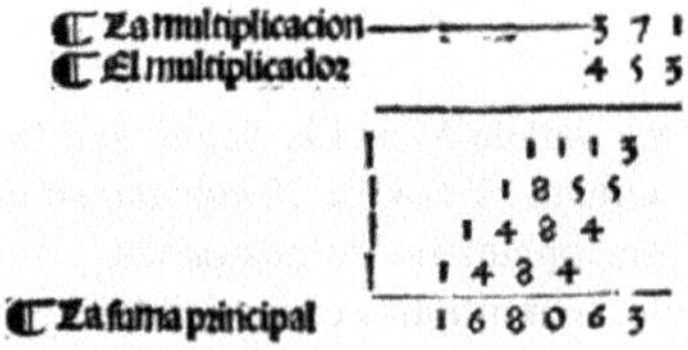

Ortega: f. 36v

30 «This method is called *bericuocolo* because it resembles the little snacks that are sold at festivals [...] and sometimes a scaletta because os the steps that appear in it» (Rankin: 138).

Por otro lado, verificamos la multiplicación *per coppa* (Rankin: 148), *método de la copa* o de Abenezra (Sánchez Pérez 1949: 143), designada de este modo por su analogía o parecido formal, como ilustra el siguiente ejemplo extraído de la *Arithmética práctica y specualtiva* de Pérez de Moya (1562: 61):

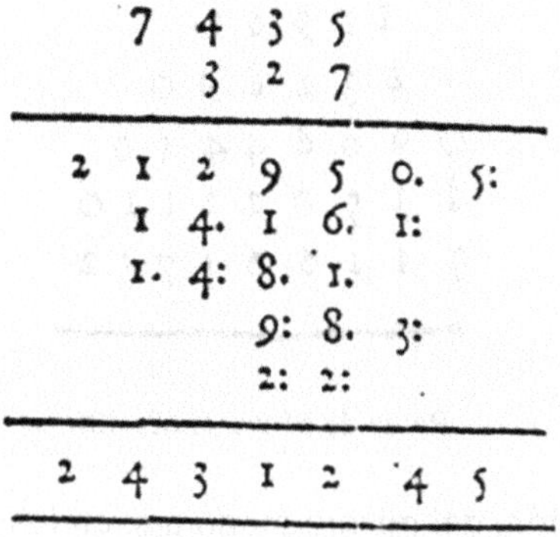

Este método se llama así dado que los productos de cada cifra del multiplicando por cada cifra del multiplicador se distribuyen de forma caprichosa, atendiendo a sus órdenes de magnitud, de tal modo que la estructura final recuerda la silueta de una copa (Meavilla: 86)[31].

Asimismo, en su pedagógico tratado matemático, Pérez de Moya enseña a *multiplicar en pirámide*. Este esquema dispositivo «se usa probablemente para asombrar, especialmente junto con resultados "maravillosos". A pesar del procedimiento, aparentemente sin pies ni cabeza, el resultado es exacto [...]. Es preciso tomar en consideración solo las cifras llevadas de vez en vez en el cuadro, multiplicarlas como se indica y yuxtaponer los resultados tal como son; las decenas ausentes se reemplazan por un cero» (Campiglio y Eugeni: 180).

[31] «La disposición de cada producto parcial viene determinada según la regla convencional de colocarlo tan arriba y tan a la izquierda como se pueda. El resultado final se obtiene sumando todas las columnas, empezando por la derecha. El producto es el número dispuesto en forma de uve» (Paradis y Malet: 59).

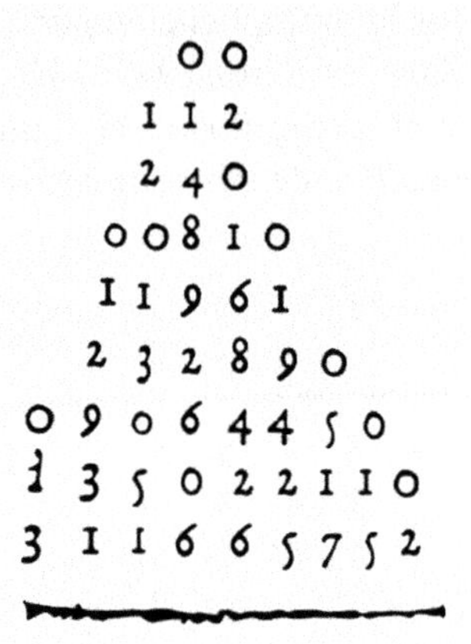

Pérez de Moya 1562: 486

En cuanto a la división, del mismo modo que en los algoritmos de la multiplicación, los árabes, y a través de ellos los europeos, adoptaron la mayor parte de sus artificios aritméticos de los hindúes; «es muy probable que también venga de la India el método de división larga conocido como *método de la galera*, por su semejanza con un barco con las velas desplegadas» (Boyer: 282). La división *por bote* o *por galera*

> se llama así porque, una vez terminado el cálculo, parece una embarcación con uno o más mástiles, mientras los guiones usados para tachar las cifras hacen de remos. La división por galera es la versión escrita de la división áurea realizada en el ábaco con las fichas [ápices] (Campiglio y Eugeni: 182).

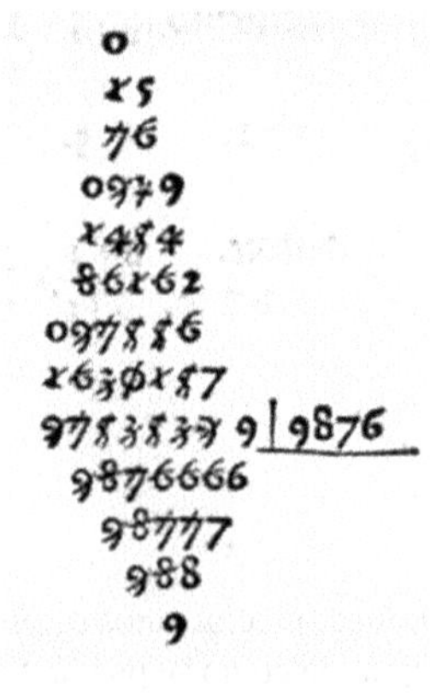

Pacioli 1494: f. 36r

Esta disposición es reproducida por Aurel y Pérez de Moya:

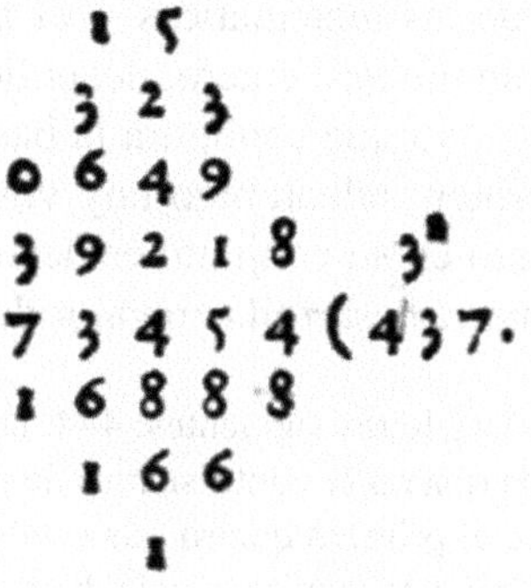

Aurel: f. 6r

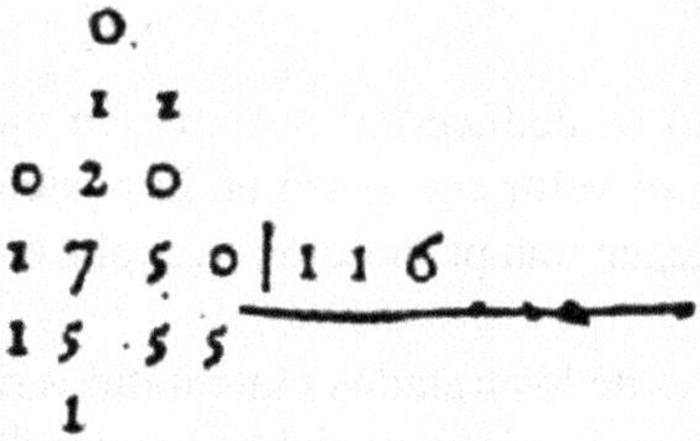

Pérez de Moya 1562: 86-87[32]

Como hemos podido apreciar en estos esquemas metodológicos, las aritméticas prácticas más representativas publicadas en España en el siglo XVI trajeron consigo la generalización y difusión de los aventajados algoritmos del cálculo referido a las cuatro reglas de origen oriental —así como de los numerales indoarábigos—, los cuales proporcionaron las herramientas requeridas para satisfacer con éxito las nuevas necesidades de tipo comercial y financiero.

1.2.3. Metáforas de orientación espacial

A) Dimensión horizontal

La experiencia del espacio (cf. Svorou) y del movimiento constituye un dominio básico para poder desenvolvernos en el mundo que nos rodea. Así, «utilizamos el eje anterior / posterior de nuestro propio cuerpo para definir las coordenadas ho-

[32] Un análisis detallado sobre los pasos que explican la ejecución de dicho método pueden leerse en Meavilla Seguí (92-94).

rizontales, y nuestro eje transversal izquierda / derecha para definir las restantes» (Santos y Espinosa: 49-50). La localización de elementos en el eje transversal es esencial en el campo de las matemáticas —el propio cero, como es sabido, colocado a la derecha de un número entero, decuplica su valor; pero a la izquierda, en nada lo modifica[33]—, ya que configura la base del sistema de numeración decimal[34] posicional de origen indoarábigo hoy vigente, por el que el lugar que ocupa una unidad o número en su conjunto es determinante, como demuestra el siguiente ejemplo en el que se desarrolla en valor de tres cuatros sucesivos:

> Pongo exemplo en estas tres letras siguientes: 444. Bien vemos que todas tres figuras son quatros, luego si cada una no se contasse más de por quatro todos montarían doze, lo qual será falso, porque el primero quatro que está a la mano derecha vale quatro, y el segundo discurriendo hazia la izquierda vale diezes, y por quanto por sí vale quatro unidades, por tanto contamos quatro diezes, que son quarenta; el tercero, aunque también es quatro como los otros, por estar en el tercero lugar vale quatrocientos (Pérez de Moya 1562: 12-13).

Efectivamente, como se deduce del pedagógico ejemplo confeccionado por el matemático jienense, el valor comienza en la posición derecha absoluta y asciende matemáticamente, en una proporción décupla, es decir, en múltiplos de 10, hacia la izquierda.

De ahí que los autores de los tratados matemáticos revisados hagan constantemente hincapié en el lugar u orden que deben ocupar decenas, centenas, cuentos, decenas de millar, decenas de cuento, etc., dado que la cifra «asume el valor preciso que es determinado por el puesto que ocupa en el ámbito del número mismo» (Campliglio y Eugeni: 70):

> Y assí, passarás a la figura del quinto lugar, que es 4, y dirás *dezena de millar*, que quiere dezir que vale diezes de millares, assí como diez mill, veynte mill, etc., de arte que la letra que tal nombre tuviere valdrá tantas vezes diez mill quantas unidades la tal letra sola valiere; pues porque aquí vale quatro, por tanto valdrá quatro diezes de millares, que son quarenta mill, y si como es 4 fuera cinco, valiera cinqüenta mill, y si seys, sesenta mill, etc.

---

[33] «En este numerar ay una cierta y artificiosa representación, hecha de diez letras de differentes figuras, aunque la dezena y última no tiene valor ni por sí significa cosa alguna. Mas a las otras, quando entre ellas o al cabo, hazia la mano derecha, fuere puesta, hará valer las que delante d'ella estarán diez vezes tanto como ellas, por sí solo, sin ella, representarán. Las diez letras o figuras son las siguientes: 1, 2, 3, 4, 5, 6, 7, 8, 9, 0» (Aurel: f. 1r).

[34] «Para declaración de lo sobredicho, as de notar que de uno fasta nueve se llama nombre, y de diez fasta noventa y nueve se llama dezena, y de ciento fasta nueve cientos y noventa y nueve se llama centena» (Ortega: f. 3r).

> Pasa a la sexta figura, que es cinco, y di *centena de millar* (que quiere dezir cientos de millares), y serán tantos cientos quantos la figura a la qual tal nombre das valiere unidades; pues aquí vale cinco, por tanto serán cinco vezes cien mill, que por otra denominación o nombre serán quinientas mill.
> Prosigue diziendo en la figura o letra del séptimo lugar unidad de cuento, que quiere dezir que serán tantos cuentos quantos la tal figura valiere unidades, y porque es nueve dirás que monta nueve cuentos.
> Pasa a la octava figura, que es tres, y di *dezena de cuento*, y serán tantos diezes de cuentos quantas la tal figura por sí sola valiere unidades; y porque esta figura vale tres, serán tres diezes, que son treynta, y porque se nombran ser de cuentos dirás que vale treynta cuentos (Pérez de Moya 1562: 10-11),

como puede visualizarse en la siguiente tabla:

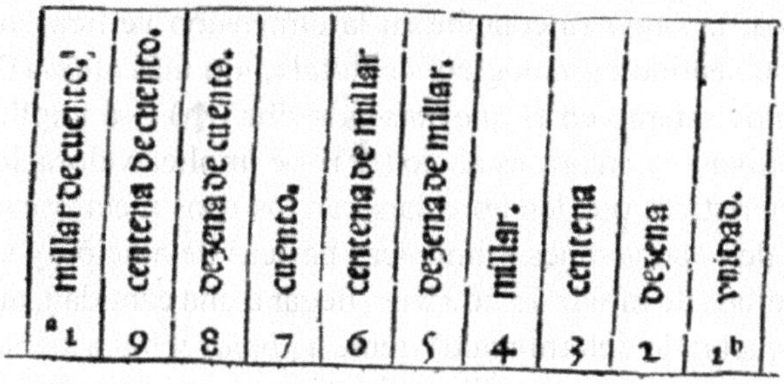

Falero 1535: f. 44v

En este sentido, Marco Aurel detalla las siguientes instrucciones para determinar el correcto valor de una cifra concreta basadas en la orientación de ambos lados (izquierda/derecha) a partir del eje corporal del respectivo computista o contador:

> Nota, empero, que has de contar al revés, de la mano derecha hazia la yzquierda, de la manera que escriven los arábigos (los quales fueron los primeros inventores d'esta arte), como por exemplo: quiero saber quánto es esta quantidad 3579. Dirás, como dicho tengo: en el 9, unidad; en el 7, dezena; en el 5, centena; y en el 3, millar. Y dirás que es tres mil quinientos setenta y nueve. *De manera que de la mano derecha hazia la yzquierda sabrás el qué, y de la yzquierda hazia la derecha, el quánto* (f.1v).

En el plano horizontal documentamos los términos matemáticos referidos a las proporciones: *antecedente* —«primer término de una razón que se compara con el segundo llamado consecuente»— y *consecuente* —«segundo término de una razón con quien se compara el primero llamado antecedente»—, con connotaciones o matiz temporal-comparativo, cuál va antes y con respecto a qué: «Y el primero término de la proporción se llama *antecedente* y el segundo término *conseqüente*, assí que en la proporción de 5 para 2 es 5 el *antecedente* y 2 el *conseqüente* (Núñez: f. 70v). Entre ambos que establecen varios *medios* —a saber, *aritmético*, *armónico*, *geométrico*, *proporcional*—, así como un *extremo* «término primero o último de una proporción»[35] (← o →), o los conceptos de finitud (*finito*) e infinitud (*infinito*, ∞).

B) Dimensión vertical

Las metáforas orientacionales de dimensión vertical están basadas, según Santos y Espinosa, en el esquema de la escala acuñado por Johnson (cf. 1987: 122-123), «básico tanto para los aspectos cuantitativos como cualitativos de nuestra experiencia [...]. Normalmente, cuanto mayor sea el desplazamiento hacia arriba en esa escala mayor será la cantidad» (Santos y Espinosa: 55), puesto que las escalas tienen un carácter acumulativo.

En esta línea, la *suma* se concibe en la dimensión vertical, tal y como pone de manifiesto su sentido etimológico, «el total», «lo más alto» (DECH). Denota, por tanto, un movimiento en el que *más* es arriba (↑) —e implica normalmente valoración positiva— y *menos* es abajo (↓) —e implica valoración negativa— .

Estas características pueden apreciarse en los usos metafóricos de los verbos referidos a las dos operaciones aritméticas básicas de adición y sustracción. Así, hallamos los verbos de movimiento *subir* (llegar a una cantidad, aumentar el valor de un número quebrado determinado) frente a *abajar* y *bajar* (descender el número, operación ejecutada para simplificar fracciones), así como *acrecentar* y *crecer*, los cuales se oponen a *menguar*:

> Para *crescer* o augmentar los números de una proporción que vayan continuando por la mesma proporción prosupuesta, como queriendo continuar una dupla, que es de dos a uno, ternás esta regla general para qualquiera proporción: multiplica los 2 y 1, que es la dupla, con 2, que es la denominación de la dicha proporción dupla, y verná 4 y 2 (Aurel: f. 20r).

> Estará assí: 6/8 o 1/4. De manera que dirás que de toda la plata han quedado los 3/4 y *ha menguado* 1/4. De suerte que quedan veynte y siete marcos y faltan nueve marcos (ibíd.: f. 90r).

Por último, encontramos insertos en este esquema los superlativos *máximo* y *mínimo*, referidos a los números que forman una proporción; además de los

---

[35] «Exemplo: 6, 3, 2. La proporción de los dos *extremos* (que es de 6 a 2) es tripla. Agora, mira de quánto excede el mayor, que es 6, al medio, que es 3, y será de 3. El mediano, que es 3 excede al menor, que es 2, de uno. Assí de 3 a 1 es la mesma proporción que de 6 a 2, la qual proporcionalidad es de tres términos o números» (Aurel: f. 18r).

comparativos *mayor* y *menor*, que, acompañados de la voz *arte*, designan las siguientes disciplinas: álgebra (*Arte mayor*) y aritmética práctica o comercial (*Arte menor*). Esta gradación se explicaría —al menos desde la óptica o perspectiva de los matemáticos de esta centuria, claramente influida por Pacioli[36]— por el grado de dificultad de los contenidos que integran ambas ramas de las matemáticas, así como por las connotaciones valorativas en las que subyace la consideración de superioridad y el grado o rango elevado del álgebra en contraposición con la aritmética práctica o comercial, como puede apreciarse en las siguientes palabras de Marco Aurel:

> Y porque todas las demandas que por una y dos falsas posiciones, y por otras muchas reglas en *Arte menor* se podrían hazer, se harán más presto y con menos fatiga y con más razón y muy más galanas por la regla de la primera ygualación de la cosa, o *Arte mayor*, por lo qual no he puesto ni pongo más reglas, assí d'éstas como de otras. Porque, en verdad, los primores del *Arte menor* son muy fáciles y muchos sin razón, y no se estienden más que a las falsas posiciones. De aquí adelante, buenas noches a los del *Arte menor*, con sus primores en las cuentas (f. 32v).

1.2.4. Metáforas geométricas

Documentamos un conjunto de compuestos sintagmáticos formados a partir de una metáfora basada en un elemento o figura geométrica. Las semejanzas emanan principalmente del parecido formal, como sucede, por ejemplo, con los denominados números poligonales (cf. Picatoste 1862: 82-83) de origen pitagórico[37], entre los que se insertan los *números triangulares, números cuadrados* o *números circulares*[38] a los que Pérez de Moya alude:

---

[36] «Pacioli explained [1494: f. 111v] that he used this expresision because algebra contains higer things (*piu alte cose*) than does lesser art of commercial practice» (Stedall: 219).

[37] «La aritmo-geometría pitagórica se prestaba por sí misma a una representación geométrica de las magnitudes. Los pitagóricos solían representar los números mediante puntos en un pergamino o piedrecillas en la arena según las formas poligonales de estas distribuciones de puntos. La asociación del número con la forma geométrica permitió a los pitagóricos la representación visual de los números, al combinar las dos esencias implicadas en la matemática» (González Urbaneja 2007: 112-113).

[38] «Estos números se llaman también esféricos o cíclicos porque como la esfera y el círculo se forman siempre con el regreso del primer principio. El círculo situado un punto y otro fijado por encima, la ronda de ese punto que se ha fijado por encima es equidistante del primer punto, y vuelve al mismo lugar desde el que había empezado a moverse. Pero la esfera es un semicírculo manteniendo el diámetro y la vuelta al primer lugar desde donde había empezado primero a moverse. La unidad misma es también virtualmente y en potencia un círculo y una

Artículo tercero d'este tercero capítulo. Trata de *números triangulares*: Otros números ay que se dizen *triangulares*, y son *números* que, començando de la unidad y poniendo números que se excedan unos a otros en una unidad, harán triángulo perfecto aequilátero, aunque el proceder fuesse en infinito, como paresce en la figura:

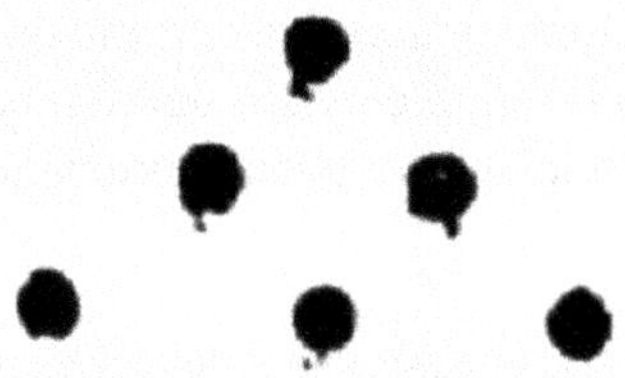

Otros números son dichos *números quadrados*, y son aquéllos que proceden de la multiplicación de dos números yguales, assí como, si el 3 se multiplica por otro 3, haze 9, estos 9 es quadrado y el uno de los 3 es su raýz quadrada o lado, como mejor entenderás en el capítulo 1 del séptimo libro, y como paresce figurado:

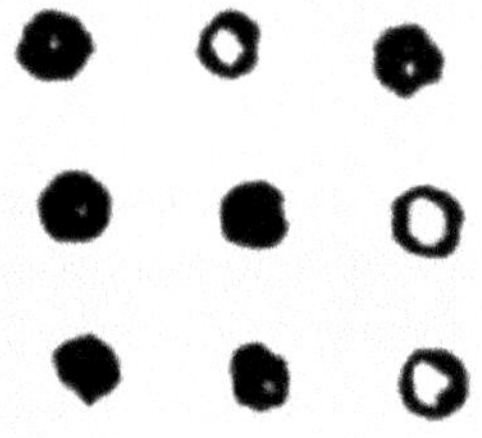

Trata de números dichos *circulares*: Otros *números* son dichos *circulares* por cierta similitud en que se semejan al círculo, porque assí como el círculo comiença de puncto y fenesce en puncto, assí estos números comiençan y fenescen en un semejante término. D'estos números ay solos dos, que son 5 y 6. Exemplo. Cinco multiplicado por sí haze 25: començó en 5 y fenesció en 5 el producto; assimismo si se multiplican estos 25 por 5 montarán 125, y assí procedería en infinito, que no cessaría de ponerse cinco al principio de los productos. Y lo mismo haría el 6, que siempre fenescería en 6 (1562: 329-331).

---

esfera, pues puedes multiplicar un punto por sí y se termina donde había empezado» (Sánchez Manzano: 125).

Asimismo, hallamos *números angulares*[39], los que «numera[n] la cantidad de los senos rectos», así como un subtipo de número *lineal* o *superficial* —«el entero que procede de la multiplicación de dos números iguales o desiguales»[40]— o un par de acepciones de *número medial*, que designa, por un lado, «el que resulta de multiplicar una cantidad por sí misma tres veces»[41] y, por otro, «el que tiene como potencia raíz cuadrada de un número no cuadrado»[42].

También se incluiría en este grupo la metáfora visual que genera la locución verbal *multiplicar en cruz*, la cual parte de la figura formada por dos líneas que se cortan perpendicularmente (×), como puede visualizarse en el siguiente ejemplo:

> ¿Quál es más, dos tercios o tres quintos? *Multiplica en cruz*, como hemos mostrado, y vendrá sobre los dos tercios 10 y sobre los 3/5 9; y porque el 10 que está encima de los dos tercios es más que los nueve que están sobre los 3/5, por tanto dirás que es de mayor valor 2/3 de una cosa que 3/5 de la misma cosa:

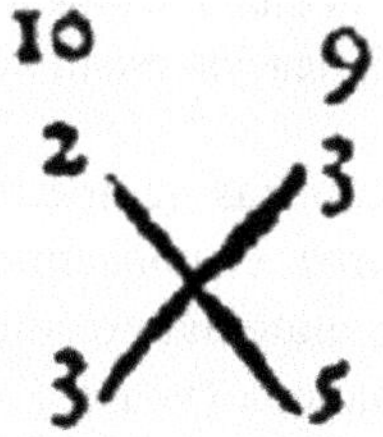

Pérez de Moya 1562: 156

39 «Como si de un seno recto que tenga 25 partes, un minuto y 28 segundos quisiéssemos saber el arco verdadero, es menester que en la tercera llana de las tablas se busque dicho número de 25 partes, un minuto, 28 segundos, y se hallará en la setena lista de los *números angulares* que denotan los senos rectos» (Girava, en Fineo: 42).

40 «Trata de *número superficial*: Según Geometría ay otra división de números, porque unos *números* son dichos *superficiales*, y son aquéllos que son procreados de la multiplicación de otros dos números, assí como 48, que procede de la multiplicación de 6 por 8, y assí como 6, que procede de la multiplicación del 2 en el 3. Son dichos *superficiales* o *lineales*, a differencia del quadrilátero o quadrado, y differen del quadrado en que el superficial puede proceder de la multiplicación de dos números yguales o desyguales, y el quadrado siempre de yguales, como en el 4 artículo d'este capítulo se declarará» (Pérez de Moya, 1562: 328).

41 «Muestra summar y restar *números mediales* de otra suerte: Porque para los principiantes es cosa difficultosa lo que se ha tratado en los artículos precedentes d'este capítulo, quiero poner aquí otra orden de summar y restar d'estos números quadrados dos vezes» (Pérez de Moya 1562: 504).

42 «Por *número medial* entendemos un número cuya potencia es r. de número no quadrado. Assí como si dezimos rr. 7 quiere dezir rayz de rayz quadrada de 7; su potencia es r. de 7, el qual 7 no tiene r. racional. Y porque se entienda mejor, pongo que es un quadrado que tiene de área o superficie r. de 7; el lado o rayz del tal quadrado será rr.7» (Pérez de Moya 1562: 498).

figura que remite, a su vez, a una serie de metáforas antropomórficas. En efecto, el dominico Juan de Ortega detalla entre las instrucciones que prueban una multiplicación en cruz, el pie, brazo o mano derecha e izquierda de la misma:

> Sacarás los sietes de la multiplicación y lo que sobrare ponello as encima de la cruz, agora sea zero o sea letra qualquiera. Y, después, saca también los sietes del multiplicador y lo que sobrare, agora sea zero o sea figura, ponello as debaxo del *pie* de la cruz. Y, después, multiplica si fueren amas a dos figuras, la de arriba y la de abaxo, una por otra. Y si aquella multiplicación de amas a dos letras no llegare fasta 7, todo aquello pondrás delante del *braço derecho* de la cruz; y si pasare aquella multiplicación de siete o sietes, sacarás el siete o sietes que oviere y lo que restare ponello as, como tengo dicho, en el *braço derecho* de la cruz. Y después que ansí ovieres puesto aquella multiplicación en la man derecha de la cruz, yrás a la suma principal, que es la suma de todo aquello que se a multiplicado, y sacarás tanbién los sietes. Y si la multiplicación estuviere verdadera, fallarás, sacando los sietes d'ella, que sobra otro tanto como está en la *man derecha* de la cruz, la qual pondrás a la man izquierda de la cruz. Y si no saliere la mesma letra, la multiplicación estará falsa (f. 37v).

Finalmente, apreciamos metáforas geométricas que designan conceptos aritméticos y algebraicos, entre otros, el polisémico término *punto* que, además de designar el «signo lingüístico o matemático con que se representa el número cero en el sistema de números romanos» (véase §. III.4.1.), indica en los textos del Quinientos «una o más unidades reservadas de las decenas de una suma o multiplicación parcial para agregarlas a la suma o producto del orden superior inmediato», es decir, las llevadas de una operación matemática:

> Y nota que quando escomenzares a multiplicar con el nombre multiplicador por el nombre de la multiplicación, estonzes veniere nombre simple, conbiene a saber: que no llegue a diez, que, ydo, aquello que veniere has de poner debaxo de la raya enfruente de los mesmos nombres. Y si vinieren diez o diezes cabales, que no sobre ni falte cosa nenguna, estonzes pondrás zero debaxo de la dicha raya enfruente de los nombres y tendrás en ti aquel diez o diezes, tomando por cada diez un *punto* (Ortega: f. 14v).

> 8 vezes 5 son 40; por quanto vienen los diezes yguales, pon zero debaxo de la raya enfruente de los diezes y lleva contigo 4 *puntos*, por cada diez un *punto*, para ayuntarlos con los diezes (ibíd.: f. 16r).

De manera análoga, el tecnicismo *lado* designa en álgebra, a partir de un proceso metafórico, «cada uno de los valores que puede tener la incógnita de una ecuación (x)»:

> El co. es rayz o *lado* de un quadrado equilátero y es el primero de los números de una continua proporción, porque n. es como uno, el qual no es número (Aurel: f. 69v).

El segundo se dize cosa. Es raýz o *lado* de un número quadrado, y éste es el primero de los números de una continua proporción. Su valor es variable, porque, assí como si aviendo de poner algunos números proporcionales puede el primero ser unas vezes una quantidad y otras vezes otra, assí esta cosa no tendrá proprio valor, antes tendrá el que le quisieres dar, assí por enteros como por quebrados (Pérez de Moya 1562: 449).

Esta voz refleja las frecuentes imbricaciones entre álgebra y geometría —al igual que sucede con la tercera potencia, denominada *cubo*— ya desde las matemáticas árabes, pues en estos textos se emplean construcciones geométricas para la resolución y planteamiento de ecuaciones; influencia directa de los métodos expuestos en los libros de Euclides, que se convirtieron en una referencia constante (Paradis y Malet: 50). Un ejemplo nos lo proporciona una de las imágenes de los cuadrados diseñados por Núñez Salaciense para la resolución de la primera de las *conjugaciones simples*[43]: «*censos* yguales a *cosas*» (f. 1r), terminología utilizada por el portugués para referirse a una ecuación de segundo grado del tipo $ax^2 = bx$:

La primera regla, que responde a la primera conjugación, diximos que, si las *cosas* fueren yguales a *censos*, partiremos el número de las *cosas* por el número de los *censos* y pronunciaremos el número quociente por valor de la cosa, tiene esta razón que agora avemos señalado: que puesto que lo que viene en la partición sea el número de cosas que vale 1 *censo* y no las unidades que contiene 1 *cosa*, empero, porque tantas unidades tiene cada 1 cosa quantas cosas tiene el censo, justamente tomaremos el número de cosas que vale 1 *censo* por el número de unidades que vale 1 *cosa*:

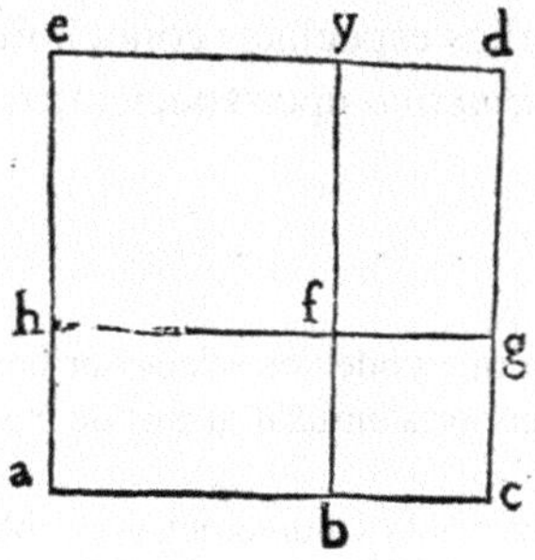

Núñez: ff. 6r-6v

[43] En este problema, de construcción geométrica, cada uno de los lados desconocidos se pueden expresar como una raíz de una ecuación cuadrática con coeficientes numéricos conocidos, y esta raíz es, según Boyer (cf. 354), constructible geométricamente por medio de artificios conocidos de los *Elementos* de Euclides o del *Álgebra* de al-Khwārizmī, en la que cada uno de los lados se designan como «cosa» y, entonces, se resuelve el problema por la regla de la cosa, y el «cuadrado», por medio de una ecuación de segundo grado.

Como hemos podido comprobar, los lenguajes de especialidad utilizan con mucha frecuencia la composición sintagmática basada en distintos tipos de metáforas como mecanismo de creación de nuevas voces (cf. Buenafuentes 2010: 278 y ss.): *número cuadrado*, *número cubo*, *número lineal*, *número medial*, entre otros. De acuerdo con Lerat, consideramos que la composición tiene un interés particular en las lenguas especializadas pues «sirve para condensar la información recurriendo más a la motivación que a la explicación patente. Los procedimientos varían en cada lengua tanto sincrónica como diacrónicamente, pero esta función de denominación de un objeto a partir de las propiedades evidentes es continua» (73-74).

2. Otros mecanismos neológicos de corte semántico

2.1. Metonimia

En la conformación del léxico aritmético-algebraico son relevantes, asimismo, algunos esquemas metonímicos, cuya función primaria es referencial[44]. Uno de los más comunes consiste en denominar con el nombre de una cualidad relacional determinada a la persona encargada de realizar una actividad —el agente— o incluso a la propia técnica. Así, del adjetivo *calculatorio*, «que es propio del cálculo» > a *calculatoria*, «arte de calcular»[45] (Terreros); o *matemático*, que pasa de significar «perteneciente o relativo a las matemáticas» > a «persona que profesa las matemáticas o tiene en ellas especiales conocimientos»[46] (DLE). Análogamente, el adjetivo relacional *aritmético* «perteneciente o relativo a la aritmética» pasa

[44] «Por medio de la metonimia podemos relacionar una entidad que sea predominante y fácilmente codificada para evocar otra entidad que es de menor interés o más difícil de designar» (Santos y Espinosa: 47).

[45] «De la Astrología son partes la Gnomónica o Horologiographía, que trata del arte de los reloxes solares, de toda manera y en qualquier sitio hechos, y enseña otras subtilezas halladas por posición de estilos. La Metheoroscópica, consideradora de cosas altas, y determina el número, grandeza y distancia de los cielos, los movimientos d'ellos, los puestos de todos los planetas y estrellas, y las alturas y respectos que tienen a las partes de la tierra, de la qual, en esta parte, depende la Cosmographía y Arte naútica. Y d'esta misma parte se deriva y salen la *Calculatoria* de los movimientos y aspectos de las estrellas y planetas, y la facultad práctica de los puramente tabulistas» (Herrera: ff. 5v-6r).

[46] «De este mysterio tan inefable pueden ser sombra y figura quatro demonstraciones del doctíssimo *mathemático* Euclides, y servir de señuelo para rastrear por ellas algo de este tan incomprehensible mysterio» (Rojas, 1613: f. 47v).

por contigüidad metonímica a designar a la «persona que profesa la aritmética o tiene en ella especiales conocimientos»:

> Liberales se llaman los que trabajan solamente con el espíritu y con el ingenio, como son los gramáticos, lógicos, retóricos, *arisméticos*, músicos, geométricos, astrólogos, con los quales son numerados los pintores y esculptores, cuyas artes son tan estimadas por los antiguos (Sagredo 1526: 14).

Otra solución metonímica opera cuando es necesario nombrar una acción esencial dentro de las matemáticas, a partir del nombre del instrumento con que se ejecuta. Este es el caso de *cálculo*, originalmente «guijarro», «piedra empleada para enseñar a los niños a contar», «tanto, ficha» (DECH), el cual pasa a designar la acción y operación de contar (o relacionadas):

> Según el verdadero *cálculo* de tal qüenta y razón, por virtud propia de consideraçiones mathemáticas, la parte posterior del cañón común de batería dicho, contada del medio y çentro de los muñones al liso y exterior orlo de la culata, tomada, al fin, su ancho y trabesía diametralmente por la perfeta basis y pie de su curtapiramidal y exphérica forma, conterná justamente 2.592 libras (Ufano: 245).

2.2. Epominia

En la creación de nuevas designaciones en el ámbito científico, se emplea, igualmente, un procedimiento que consiste en habilitar un nombre propio que pasa a funcionar como un sustantivo o un adjetivo técnico en el respectivo tecnolecto que lo acuña o acoge. Estos términos neológicos —denominados en lingüística *epónimos*— son especialmente frecuentes en el lenguaje científico y tienen como origen nombres que suelen pertenecer a los científicos que se les atribuye algún descubrimiento (cf. Gutiérrez Rodilla 1998: 114 y 2005: 53). Por consiguiente, en los epónimos, el significado se asocia al nombre de su inventor, descubridor o introductor, como sucede, por ejemplo, con el antropónimo *al-Khwārizmī*.

Portada de *álgebra* (*Al-Khwārizmī*) de Baldor

Este nombre propio origina los neologismos eponímicos, *alguarismo* —del árabe *Al-ḫuwārizmî*, sobrenombre del matemático árabe Abu Ŷafar Mohámmed Abenmusa, cuyas traducciones introdujeron la aritmética en la Europa medieval (DECH)— y *guarismo* —voz que proviene, según Corominas y Pascual, del castellano antiguo *alguarismo* «arte de contar, aritmética»—:

Con la tabla precedente y la que luego pondremos en cuenta castellana para los que no entendieren *guarismo* sabrá uno los maravedís que desde un real hasta nueve mil hazen y quanto mayor quantidad quisiere. Y lo mismo digo de los escudos y ducados, que son las monedas que más se usan en España (Pérez de Moya 1589: f. 225r):

Numero.	Reales.	Eſcudos.	Ducados.
300	10200	120000	112500
400	13600	160000	150000
500	17000	200000	187500
600	20400	240000	225000
700	23800	280000	262500
800	27200	320000	300000
900	30600	360000	337500

> El sumar en castellano se haze de la misma suerte que con las letras de guarismo se ha dicho. Sólo difieren en las figuras, porque, assí como para poner doze *en guarismo* se pone d'este modo: *12*, en castellano se pone assí: XII. En lo demás, los precetos son generales, aunque los caracteres de los números sean diferentes (ibíd.: f. 20r).

Efectivamente, a partir de una de las traducciones latinas de las obras del matemático musulmán *al-Khwārizmī*, *De numero indiorum*, Occidente tuvo conocimiento del avanzado sistema numeral y de contabilidad hindúes:

> Cuando aparecieron en Europa las primeras traducciones latinas de esta obra, los lectores, que carecían de más información al respecto, comenzaron en seguida atribuir al autor no solo la obra, sino también el sistema de numeración expuesto en ella, y así el nuevo sistema de numeración vino a ser conocido como «el de Al-Khowarizmi» y, a través de las de las deformaciones del nombre en la traducción y en la transmisión (Boyer: 296).

Así, la voz *algoritmo*, deturpación del antropónimo árabe en su paso al latín (*al-gorismi*) de la traducción de *Liber Indiorum*, que comenzaba con la expresión «Dixit algorizmi...», es un epónimo técnico más, que, reservado primero a las reglas de cálculo escrito con números de origen indio, en oposición a los métodos de cálculo con el ábaco de fichas, adquirirá finalmente su sentido actual de «procedimiento sistemático de cálculo» (Ifrah 2002: 1450).

Por otro lado, cabe advertir que no solo se emplean para la formación de epónimos los nombres de descubridores o inventores, sino que también se utilizan los de personalidades históricas, dioses, figuras mitológicas (cf. Martín Camacho 2004) o nombres geográficos, de los que derivan gentilicios como *romana* (de Roma), *castellana* (de Castilla) e *indiana* (de la India), que, atribuidos a los núcleos *cuenta* y *número*, forman los compuestos sintagmáticos: *cuenta romana*, *cuenta castellana*, *número castellano* / *número indiano*, en los que se especifica la existencia de dos sistemas numerales distintos:

> Lo que ay de differencia es que, por la quarta de altitud en la qual cayere la cuenta de las horas, cuente los grados de altitud del sol, y cuéntelos por los *números indianos* discurriendo (porque los ay allí de dos maneras). Y quantos grados hallare de altitud por los dichos números, otros tantos ha de buscar tornando al revés por la misma quarta en los *números castellanos*, y luego passará la dioptra allí donde acabó la tal cuenta. Entonces, el puncto horario de la dioptra en las líneas de la classe ya dicha demonstrará la hora (Sánchez de las Broças, en Helt Frisio: ff. 23r-23v).

> De lo que hemos dicho se sigue que, d'estos seis caracteres: I, V, X, L, C, D, se componen todas las diversidades de números que usamos en la *cuenta castellana*, de la suerte que parece figurado:

j.	vno.	x.	diez.	C	ciento.
ij.	dos.	xx.	veynte.	cc	doziẽtos
iij.	tres.	xxx.	treynta.	ccc	treziẽtos
iiij.	quatro.	xl.	quarenta.	cccc	quatroc.
v.	cinco.	L.	cincuẽta.	D	quinient.
vj.	ſeys.	lx.	ſeſenta.	Dc.	ſeyſcient.
vij.	ſiete.	lxx.	ſetenta.	Dcc	ſetecient.
viij.	ocho.	lxxx.	ochenta.	Dccc	ochociẽt.
ix.	nueue.	xc.	nouenta.	Dcccc.	nueueciẽ.

Pérez de Moya 1589: ff. 12v-13r

***

Los cambios semánticos producidos mediante procesos de comparación, analogías y metaforizaciones en voces de la lengua común permiten crear un buen número de tecnicismos aritmético-algebraicos (un total de 67 voces, aproximadamente un 80% de los neologismos de sentido).

Como se advierte en el análisis, la metáfora es el mecanismo neológico más productivo. El cuerpo humano es una de las fuentes prototípicas de la que emanan nuevos términos. Igualmente, expresiones relacionadas con aspectos biológicos, del tipo *procrear*, *nacer*, *engendrar* y *nacimiento* o con aspectos cotidianos como las dimensiones del espacio en el que habitamos (por ejemplo, *casa* o *asiento*), verbos de movimiento que especifican de modo inherente una dirección (*venir, volver, sacar, llevar, salir* o *entrar*), así como objetos de la vida social del momento (una celosía, una copa, una escalera o un barco, entre otros) son algunos de los referentes que permiten acuñar tecnicismos con los que designar, en el español del Siglo de Oro, más de medio centenar de conceptos u objetos relativos a las ciencias exactas.

De manera análoga, las localizaciones espaciales, tanto en el eje horizontal como en el vertical (tomando el cuerpo del respectivo computista, contador o aprendiz de cuentas como punto de referencia), así como sus implicaciones terminológicas, son aspectos de vital relevancia en la configuración del tecnolecto matemático.

Se constata, además, en la divulgación de este léxico de especialidad en lengua española, la transferencia léxica entre disciplinas como la geometría y la aritmética, bien para la creación metafórica (símiles que se establecen a partir de figuras como un triángulo, un cuadrado, un ángulo, un círculo, una cruz, una línea o un punto, entre otras), bien entre sublenguajes (como sucede, por ejemplo, con los numerales fraccionarios sufijados en *-avo*, que pasan de la aritmética a la geometría aplicada para designar polígonos regulares «que constan de cinco, seis, siete u ocho lados iguales», o entre la aritmética y la cronometría, para designar, a partir de numerales ordinales, una serie de magnitudes temporales de corte eclesiástico).

En menor porcentaje se recurre al préstamo semántico o calco (hallamos nuevas acepciones tomadas del italiano y del francés en las voces *cantidad y nombre*, respectivamente, junto con el latinismo *arte,* del helenismo τέχνη) y al uso de esquemas metonímicos (constituido por el trinomio: *matemático*, *aritmético* y *cálculo*). Aunque también minoritario, un tipo particular de neologismos documentados en los tratados del Quinientos son los epónimos, interesantes por cuanto dan nombre a los elementos del actual sistema de numeración (*guarismos*) y al conjunto de operaciones ejecutables con los mismos (*algoritmos*), voces que derivan de la deturpación y adaptación del antropónimo *al-Khwārizmī*, matemático persa considerado como su introductor en Occidente.

CONCLUSIONES

Como hemos podido comprobar, el desarrollo de las matemáticas en el Renacimiento hispano estuvo marcado principalmente por las aplicaciones prácticas de este saber a las necesidades sociales, surgidas por el fuerte movimiento de renovación acaecido en Europa en los últimos siglos de la Edad Media. Así pues, se recurrió al estudio de las matemáticas (en sus dos vertientes: aritmética y geometría) para hacer frente a los nuevos retos que exigían la navegación y la ingeniería civil o militar, entre otras actividades.

Igualmente, el dinamismo económico de los siglos XV y XVI, ligado a la rápida expansión urbana, al comercio continental (entre el Occidente cristiano y el Oriente musulmán) y al afán de riqueza de la clase burguesa, desencadenó una auténtica revolución comercial, origen del moderno capitalismo, en la que el estudio de la aritmética se convirtió en un instrumento útil e ineludible para hacer frente a las nuevas situaciones y problemas contables.

De este modo, en aras de facilitar y adoctrinar a un extenso público sobre la ciencia de los números y del espacio, se imprimieron en lengua vulgar multitud de aritméticas prácticas o mercantiles que contenían las técnicas de origen oriental más avanzadas (es decir, los numerales y algoritmos indo-arábigos) y que estaban inspiradas en los *tratados de ábaco* italianos que emanaron, en este importante foco comercial y financiero que fue Italia, de la obra de Fibonacci (1202). Asimismo, se efectuaron numerosas traducciones al español de textos antiguos de referencia, como los *Elementos* de Euclides, que permitieron formar, en el seno de uno de los mayores centros de cultivo de esta disciplina, la Academia Real Mathemática, a cosmógrafos, ingenieros y otros técnicos al servicio de la Corona española. Gracias a la publicación de estos tratados se democratizó y difundió el saber de números, que hasta la centuria quinientista había sido un privilegio exclusivo de un grupo social selecto y minoritario, que, vinculado a la universidad y los claustros religiosos, empleaba, además, métodos arcaicos e ineficaces.

Este fecundo y exitoso género textual de las aritméticas prácticas, en el que se inscriben los textos estudiados, trajo consigo un revolucionario proceso de aritmetización de la sociedad de la época, que se llevó a cabo mediante la generalización de la numeración posicional (con el triunfo casi definitivo de las diez cifras indoarábigas) y de los aventajados y sofisticados cálculos que, efectuados con pluma y papel, llegaban desde India para hacer frente a la notación romana, el ábaco y las fichas. Además, buena parte de estas obras incluían un capítulo o apéndice final —que trascendía las reglas aplicables directamente al comercio— dedicado a la resolución de problemas que implicaban hallar el valor de una o más incógnitas u operar con polimonios y raíces, esto es, a la *Regla de la cosa* o álgebra.

Como se ha puesto de manifiesto, las obras confeccionadas por Juan de Ortega (1512), Marco Aurel (1552), Juan Pérez de Moya (1562, 1589) y Pedro Núñez Salaciense (1567) estaban motivadas por fines eminentemente prácticos. Son textos didácticos en los que predomina la claridad y la sencillez expositiva, y cuya finalidad es instruir y convertir al destinatario aprendiz de matemáticas en buen contador o algebrista. Así pues, para alcanzar con éxito tal cometido, los conceptos presentados en sus páginas (y, por extensión, los términos o tecnicismos mediante los que se expresan) están plagados de definiciones, ejemplos, glosas explicativas e instrucciones que ayudan a una óptima comprensión de los mismos al lector no versado. De manera análoga, las teorías tratadas aparecen avaladas por multitud de demostraciones, justificaciones, pruebas y excepciones. Un lugar destacado ocupan también los avisos, recomendaciones y advertencias que contribuyen a la adquisición del dominio pleno de la disciplina objeto de estudio.

España y los científicos españoles no permanecieron al margen de los avances de la ciencia y de la técnica. En lo que respecta al álgebra, por ejemplo, destacan las notables influencias ejercidas por las dos escuelas principales en el desarrollo de esta vertiente abstracta de las matemáticas, como son la italiana y la alemana. Efectivamente, las teorías y, sobre todo, las notaciones, así como la nomenclatura empleada en la *Summa* del fraile italiano Luca Pacioli (1494) y en los diversos *Coss* publicados por los *Rechenmeister* alemanes de la Hansa, están presentes en los textos matemáticos del Siglo de Oro español. Igualmente, aunque no fueron grandes descubridores ni muy creativos, estaban al tanto de los avances científicos de la época, como el hallazgo de la resolución de la ecuación cúbica llevado a cabo por Cardano y Tartaglia; quienes dieron un paso más primordial en el desarrollo de esta ciencia que, a finales de la centuria y a lo largo del siglo XVII, culminará con las aportaciones de los franceses François Viète y René Descartes.

La excelencia de estas obras, así como de la materia tratada en las mismas, es un hecho destacable, puesto que constituyen un elemento fundamental para comprender y reconstruir parte de la historia de nuestro pensamiento científico y de nuestra cultura. Asimismo, desde un punto de vista lexicológico, estos tratados atesoran un gran valor, aspecto que hemos intentado demostrar en el estudio léxico del tecnolecto matemático confeccionado, del que aportamos, a continuación, las siguientes conclusiones.

***

Uno de los principales mecanismos empleados por el romance castellano del siglo XVI para suplir las necesidades designativas que suponían el hecho de verbalizar por vez primera ideas, objetos o conceptos matemáticos fue recurrir a la adopción de préstamos léxicos —o neologismos externos— de otras lenguas de cultura, tales como el latín, el francés o el italiano. Así pues, 364 voces de la selección léxica aritmético-algebraica estudiada son préstamos.

El grueso de este centenar de empréstitos está compuesto por términos tomados de una lengua culta, el latín; son, por tanto, latinismos, y ascienden a un total de 342 términos, de los cuales poco más de una veintena son, a su vez, de origen griego. En efecto, el latín sirvió como puente para introducir voces griegas y transmitir tanto el saber iniciado en la Hélade (a partir de *axiomas*, *hipótesis*, *teoremas*, *problemas*, *sofismas*, etc.) como el nombre de las grandes disciplinas (*matemáticas*, *aritmética* o *geometría*) y sus cultivadores (a saber: *matemático* y *aritmético*), merced de la labor de divulgación científica desempeñada por el rey Sabio.

Con todo, el latinismo alcanzó enorme vitalidad en el vocabulario hispano de los albores del Humanismo. Escritores como Enrique de Villena, Juan de Mena, Santillana, Pérez de Guzmán y, sobre todo, Alfonso de Palencia en su *Universal vocabulario latino-romance* «introducen sin medida una enorme cantidad de palabras cultas» (Lapesa: 270). De hecho, esta se constituye como la época más prolífica, aspecto en buena medida justificado por el hecho de que las matemáticas estuvieran integradas en los planes de estudio de la universidad medieval, donde estaban reconocidas como una doctrina elemental.

Análogamente, en el Siglo de Oro se produce una especial intensidad en la corriente introductora de términos doctos, empleados por vez primera en los tratados de Ortega, Aurel, Pérez de Moya, Núñez y Herrera, principalmente, para dar voz a conceptos para los cuales «todavía no existía expresión lingüística apta en el vocabulario abstracto del romance literario» (Dworkin 2004: 653). Entre ellos destacan una serie de numerales multiplicativos, aplicados, con suma frecuencia, a las proporciones (*séxcuplo, sesquisexto, superparciente, superparticular*, etc., que penetraron probablemente a través del italiano y la *Suma* de Pacioli), así como palabras prestadas que aparecen exclusivamente en la obra de un autor determinado (tal es el caso de *calculatoria* en la *Institución de la Academia Real Mathemática* de Juan de Herrera; *ducto*, *ducción* y *conjugar* en el *Libro de álgebra* del Núñez Salaciense o los neologismos *binómino*, *trinómino* y *compósito* en el texto de Marco Aurel, uno de los autores más latinizantes) y que responden, por tanto, a una cierta predilección (y/o solución) designativa de cada escritor. Ahora bien, de acuerdo con Herrero Ingelmo, se corrobora la idea de que el cultismo científico renacentista, «está motivado por necesidades objetivas de designación» (426), como ocurre en la red léxica formada por *calcular*, *cálculo*, *calculador*, *calculatorio*, *calculación* o *computar*, *computación* y *computista*, conceptos básicos de aritmética.

En contraposición con la elevada cantidad de latinismos, en el tecnolecto matemático se documenta una cifra baja de tecnicismos tomados de otros ámbitos lingüísticos: 7 galicismos (*cambiar*, *cambio*, *cuartel*, *jetón*, *millón*, *montar* y *ventaja*), 5 arabismos (*álgebra*, *alguarismo*, *almucábala*, *cifra*, *guarismo*), 5 catalanismos (*mercader*, *mercantívol*, *ringlera*, *sobrepujar*, *tranzado*), 4 italianismos (*cero*, *cosa*, *cuatrín*, *reciso*), 2 quechuismos (*quintocamayo, quipocamayo*) y un único germanismo (*sacar*); entre los que destaca el predominio del francés para dotar de nombre a las nuevas designaciones relacionadas con la aritmética práctica y del árabe para el álgebra. Si tenemos en cuenta que las dos disciplinas estudiadas hunden sus raíces en textos y doctrinas orientales, llama la atención la escasa presencia de elementos lingüísticos de procedencia árabe, ya que, normalmente, en los léxicos especializados de formación más antigua, suelen aparecer y predominar los préstamos de la lengua en la que se ha desarrollado la ciencia o técnica en cuestión (cf. Clavería y Torruella: 25). Esta escasez de arabismos se debe, al parecer, a la fuerte tendencia antiislámica de la época y a la actitud dignificadora de la lengua española, «la cual se enriquece mediante de la incorporación de latinismos, concomitante con la depuración de elementos árabes» (Mancho Duque 2001: 53).

De tal manera que, iniciada ya en época medieval, se lleva a cabo la latinización de un buen número de términos de origen arábigo para la transmisión cultural de su legado al Occidente cristiano. Es el caso de las voces que sirven para designar las distintas potencias (*censo*, *cubo*, etc.) o la propia incógnita (*x*), adaptada a la lengua del Lacio como *cosa*, a partir de la cual, además, se creará, a las puertas del Renacimiento —y con el fin de desterrar el nombre de origen bárbaro—, la lexía compleja: *Regla de la cosa* para designar al álgebra y la voz *cosistas* para nombrar a aquellos que la cultivan.

Por otro lado, el esfuerzo creador del léxico patrimonial, mediante mecanismos neológicos de tipo formal y semántico internos a la propia lengua, nutre, asimismo, la nomenclatura del incipiente lenguaje científico estudiado. Efectivamente, la necesidad de nuevos vocablos para denominar las nuevas realidades de la vida material y social favorecieron y fomentaron la innovación romance, bien actualizando el significado de algunos referentes lingüísticos que ya poseía (neología de sentido) bien creando, a través de los recursos lexicogenésicos que dispone el español (como las reglas de formación de palabras), nuevas voces (neología de forma).

Entre los diversos procedimientos morfológicos empleados para acuñar un buen número de tecnicismos aritmético-algebraicos despuntan la sufijación (especialmente, adjetival y nominal) y la composición sintagmática (sobre todo, el esquema S + Adj.).

No obstante, uno de los aspectos más llamativos del estudio de los sufijados nominales que integran el léxico matemático es la improductividad de sufijos como *-ción*, *-dad* o *-ero*, frente a los numerosos cultismos acabados con estas mismas formas sufijales. Por ejemplo, de las 40 voces que se registran con la terminación *-ción*, 36 son latinismos (§ III.2.1.) y solo 4 sufijados: *averiguación*, *disminución*, *igualación* y *repartición*. Detalle que, una vez más, confirma el predominante carácter docto del registro léxico estudiado en esta obra, en el que impera, como hemos puesto de manifiesto, el préstamo culto.

Por su parte, los sufijados adjetivales, el grupo más cuantioso de voces creadas por derivación (cuya suma, recordemos, asciende a un total de 132 términos), forma, por un lado, mediante 6 sufijos distintos: *-al*, *-ble*, *-dero*, *-do*, *-ico* y *-nte*, 64 adjetivos relativos a la aritmética y el álgebra y, por otro, de acuerdo con el criterio de Rainer (1999: 4634), un conjunto de 68 adjetivos denumerales, entre los que destaca la gran vitalidad de los sufijos *-avo* (que genera 34 voces) y *-eno* (14), así como su forma apocopada dialectal aragonesa *-én* (12) para la formación de adjetivos denumerales fraccionarios y ordinales, y *-uplo* (por analogía con el latín *duplo*) para los multiplicativos patrimoniales *ciencuéntuplo, diézcuplo* y *nónuplo*. En este sentido, de acuerdo con Lerat, consideramos que «una característica destacable de los paradigmas derivativos es su interés para las lenguas especializadas» (75), en el caso que nos ocupa, esenciales para la configuración de tres paradigmas numerales, base sobre la que opera la aritmética.

Igualmente, la prefijación (en la que predominan bases adjetivas de naturaleza numeral como *penúltimo*, *triplo*, *séxcuplo*, *nóncuplo*, etc.) y la composición léxica son dos recursos fundamentales para la formación de adjetivos numerales multiplicativos —*subtriplo*, *subséxcuplo*, etc.—, cardinales complejos de base 10 o 100 —*dieciséis*, *diecisiete*, *dieciocho*, *diecinueve*, *cuatrocientos*, *ochocientos*, *setecientos* y *novecientos*—, ordinales como *decimotercio*, *decimocuarto*, *decimoquinto*, *decimosexto*, *decimoséptimo*, *decimoctavo* o *decimonoveno* —hoy mantenidos— e incluso curiosas formaciones populares, como es el caso de *diecinoveno* (en lugar del ordinal culto *decimonoveno*) y de un par de paradigmas prácticamente extintos: el de la serie patrimonial de multiplicativos formados con el adjetivo de cantidad indeterminada *-tanto*: *dostanto*, *trestanto*, etc. (en contraposición con la serie de cultismos de origen latino: *duplo*, *triplo*, etc.) y el de las formas verbales, también referidas a la operación aritmética de la multiplicación, compuestas con el desemantizado verbo *doblar* + numeral cardinal [cantidad por la que se multiplica], del tipo: *tresdoblar* («multiplicar por tres»), *cuatrodoblar* («multiplicar por cuatro») o *cincodoblar* («multiplicar por cinco»), las cuales se oponen a los latinismos *triplicar*, *cuadruplicar* y *quintuplar*. Tales casos dan muestra de una pugna entre la tradición latina y la innovación romance patrimonial.

Por lo que respecta a la composición sintagmática —la mayor fuente creativa en la verbalización de conceptos matemáticos concernientes al dominio de la aritmética y el álgebra—, predomina el esquema compuesto por un sustantivo y un adjetivo para la designación de distintos tipos de número, que alcanza casi medio centenar de estructuras complejas (46), como *número lineal, número cuadrado, número perfecto, número primo, nombre bajero, nombre cúbico* o *número racional*, entre otras. Asimismo, este procedimiento es frecuente en la designación de la variada tipología de las raíces (19) —*raíz compuesta, raíz cuadrada, raíz cuarta, raíz cuba, raíz cúbica, raíz dable, raíz discreta, raíz irracional, raíz ligada, raíz numérica, raíz perfecta, raíz quinta, raíz racional, raíz relata, raíz segunda, raíz simple, raíz sorda, raíz tercera, raíz universal*—, las proporciones (10) —*proporción aritmética, proporción armónica, proporción continua, proporción desigual, proporción geométrica, proporción igual, proporción inigual, proporción irracional, proporción racional, proporcionalidad armónica*—, las cantidades (7) —*cantidad continua, cantidad discreta, cantidad dividida, cantidad ignota, cantidad irracional, cantidad oculta, cantidad racional*— o en los nombres de las ciencias (7) —*aritmética especulativa, aritmética práctica, aritmética teórica, Arte mayor, Arte menor, arte mercantívol, Reglas reales*—, núcleos nominales que, junto con la voz *regla* (en la que prolifera la construcción S + de + S + Adj.), constituyen las subáreas semánticas principales o nucleares del léxico aritmético-algebraico estudiado. Estas formaciones, a veces, llegan a sustituir incluso a sus correspondientes formas latinas cultas, como puede apreciarse en el uso de *nombre bajero* (en lugar del latinismo *denominador*) o *suma partidera* (en vez del latino *dividendo*).

Un procedimiento particular de expresión neológica de tipo formal exclusiva del tecnolecto matemático del Renacimiento es el uso de las voces sincopadas o abreviadas. De hecho, el empleo de las mismas configura la etapa que se conoce como *álgebra sincopada*, en la que, según Etayo Miqueo, «se intercalan abreviaturas para hacer más ágil el razonamiento, que sigue expresándose sin embargo en palabras» (1986: 147). En este sentido, los matemáticos del Quinientos hispano, ocasionalmente creativos (véase la infructuosa propuesta de Núñez Salaciense para las notaciones de las raíces), se sirven de la terminología y de las doctrinas expuestas por las dos escuelas principales —a saber: la alemana (representada por Ries, Rudolff, Stifel, etc.) y la italiana (Fibonacci, Pacioli, Tartaglia y Cardano)— para expresar, operar y divulgar en la Península Ibérica esta novedosa disciplina.

La intertextualidad, tanto para la representación de las distintas potencias de la incógnita como para los radicales y los símbolos de adición y sustracción, es un hecho notorio y dispar en cada uno de los tratados examinados que incluyen el álgebra entre sus contenidos. Se trata de una economía gráfica en la que predominan una serie de procedimientos morfológicos como la apócope (*cosa* > *co.* = x, *censo* > *ce.* = x^2, *cubo* > *cu.* = x^3, *raíz* > R. = $\sqrt{}$, *plus* o italiano *più* «más» > *p.* = +, *mĭnŭs* o italiano *meno* «menos» > *m.* = –) o la reduplicación y yuxtaposición (mecanismos que sirven para generar potencias cuantitativamente superiores o elevar las potencias a términos mayores: este es el caso de *censo de censo* > *ce.ce.* = x^4, *cubo de cubo* > *cu.cu.* = x^9 o *raíz de raíz* > 2R= $\sqrt[4]{}$), en los que se constata, en definitiva, un giro en el método de exposición matemático, que avanza de la retórica elemental a la madurez simbólica, es decir, de la *palabra* al *símbolo*. Transcurso en el que la producción científica del Renacimiento —caracterizada por la proliferación de abreviaturas para la notación de ciertos conceptos algebraicos— contribuirá en gran medida tanto a la abstracción y perfeccionamiento del álgebra como a la independización y consolidación de esta rama de las matemáticas[1].

Al examinar el lenguaje científico en un corte diacrónico como el confeccionado en este estudio, se confirma, de acuerdo con Gutiérrez Rodilla (cf. 2005: 43), que en los estadios iniciales de un área del saber se recurre con suma frecuencia a la neología de sentido. Así, en el tecnolecto matemático se documenta la actualización semántica de casi un centenar de voces de la lengua general que, tras procesos de metaforización en los que se les atribuye un nuevo sema, eminentemente, pasan al léxico especializado aritmético-algebraico.

En efecto, merced a su impulso vulgarizador de la ciencia y dignificador de la lengua española como vehículo de transmisión de los saberes relativos a las ciencias exactas, los matemáticos renacentistas se sirven de aspectos relacionados con el cuerpo humano (como los dedos: *número dígito* o *digital*), los sentidos (*número sordo*), la salud (*número sano*) o los aspectos biológicos (del tipo *engendrar*, *procrear*, *nacer* y *nacimiento*) para designar o expresar, sin necesidad de recurrir a una voz prestada o a la creación de un nuevo vocablo, conceptos propios de la aritmética. Del mismo modo, acuden estos a un conjunto de acciones de la vida cotidiana (como *juntar* para expresar la suma, *quitar* para la resta y los verbos de movimiento *venir*, *volver*, *sacar*, *llevar*, *salir* o *entrar* aplicados al desarrollo metodológico de los algoritmos matemáticos) o de objetos presentes en la sociedad del momento (una copa, un barco, una escalera), que, aplicados a

---

[1] Y todo lo que ello conlleva en el desarrollo de otras disciplinas y del razonamiento matemático en general, pues afirma Bell que «si no se hubiera transformado el álgebra elemental en una ciencia puramente simbólica a fines del siglo XVI, parece poco probable que la geometría analítica, el cálculo diferencial e integral, la teoría de probabilidades, la teoría de números y la dinámica pudieran haber arraigado y florecido, así como fue el caso, en el siglo XVII» e incluso llega a admitir que «la perfección del simbolismo algebraico fue una de las cosas que más contribuyó a la velocidad sin precedentes con que se desarrollaron las matemáticas» (132).

las operaciones de mayor complejidad —esto es, a la multiplicación y la división (las cuales evidencian el paralelismo e intertextualidad existente con la obra de Pacioli, referencia constante en las aritméticas prácticas publicadas en la centuria estudiada)— denotan, por vez primera en castellano, nuevas técnicas contables.

De manera análoga, las localizaciones espaciales, junto con la geometría, configuran un buen número de expresiones aritmético-algebraicas basadas en la metáfora, como, por ejemplo, las que constituyen los distintos tipos de número —*número circular, número lineal, número superficial, número medial, número cuadrado, número cubo* o *número triangular*— o la voz *lado*, referida al álgebra y a los cuadrados geométricos diseñados por Núñez para la resolución de ecuaciones de primer y segundo grado.

Como se ha comprobado, se recurre a menudo a la composición sintagmática y a la semejanza o parecido formal del referente con el que se establece la metaforización. Este fructífero recurso neológico revela la vitalidad y relevancia de la que goza el componente patrimonial en la caracterización del registro especializado que se analiza en este libro, así como la creatividad de los matemáticos de la centuria quinientista, quienes, movidos sobre todo por un afán de hacerse entender, extraen, a través de analogías y símiles diversos, la mayor rentabilidad posible a la lengua con la que transmiten sus conocimientos.

Asimismo, se constata la movilidad que afecta a ciertos tecnicismos entre distintas áreas del saber, como la aritmética, la geometría y la cronometría —en las que se producen travases de un léxico de especialidad a otro— y la presencia de otros mecanismos de corte semántico menos productivos, ya que escasean los préstamos semánticos o calcos, las voces metonímicas o los epónimos.

Los neologismos estudiados en este libro son, en definitiva, muestras de un estadio de la lengua en pleno proceso y eclosión creativa, de ahí que los textos examinados estén plagados de interesantes soluciones patrimoniales (entre otras), tanteos designativos y fluctuaciones de voces para designar un mismo concepto; elementos esperables en un momento en el que se inician las terminologías, esto es, en el que se comienza a designar en español conceptos aritmético-algebraicos trasmitidos tradicionalmente en latín a una minoritaria élite culta.

***

En síntesis, con este estudio han quedado al descubierto, por un lado, cuestiones de índole histórica y cultural relativas a las ciencias exactas y a su cultivo en nuestro país y, por otro, aspectos novedosos y poco explorados de una parcela del léxico, con todas sus implicaciones (etimológicas, morfológicas o semánticas), correspondientes a la historia de la lengua española en una época —la del Renacimiento— crucial de su devenir.

Esperamos que se haya cumplido, así, nuestro principal objetivo: contribuir a mejorar el conocimiento sobre la terminología relativa a la aritmética y el álgebra —condensado en las letras, especialmente: letras que designan números y letras y números que designan incógnitas que resolver— en los albores de su expresión en español.

REFERENCIAS BIBLIOGRÁFICAS

Corpus del *Diccionario de la Ciencia y de la Técnica del Renacimiento* (DICTER)

ACOSTA, Joseph de (1590): *Historia natural y moral de las Indias*. Libro IV. Sevilla: Juan de León.

ÁLABA Y VIAMONT, Diego de (1590): *El perfeto capitán instruido en la diciplina militar y nueva ciencia de la Artillería*. Madrid: Pedro Madrigal.

ALBERTO, León Baptista (1582): *Los diez libros de Architectura*. Madrid: Alonso Gómez. Trad. de Francisco Loçano.

ALCEGA, Juan de (1589): *Libro de Geometría prática y traça*. Madrid: Guillermo Drouy.

ALONSO BARBA, Álvaro (1640): *Arte de los metales*. Madrid: Imprenta del Reyno.

ANÓNIMO (1527): *Ordenanças sobre el obraje de los paños, lanas, bonetes y sombreros, nuevamente hechas*. Burgos: s. n.

— (1538): *Leyes, ordenanças, premáticas y declaraciones de las ordenanças antiguas que hablan del obrage de las lanas e paños*. [Toledo: s. n., 1528]. Sevilla: s. n.

— (1552): *La premática que Su Magestad ha mandado hazer... para que ningún mercader ni tratante... no traten ni vayan a las ferias de León...* Alcalá de Henares: Joán de Mey.

— (1554): *Repertorio de los tiempos*. Valladolid: Francisco Fernández de Córdova.

— (1574): *Pragmática y declaración sobre juegos*. Madrid: Alonso Gómez.

— (ms. ca. 1631): *Diálogo entre un bizcaýno y un montañés sobre la fábrica de navíos*.

APIANO, Pedro (1575): *Cosmographía*. [Enveres: Gregorio Bontio, 1548] Anvers: Juan Bellero. Trad. de anónimo.

ARPHE DE VILLAFAÑE, Joán de (1572): *Quilatador de la plata, oro y piedras*. Valladolid: Alonso y Diego Fernández de Córdova.

— (1585-1587): *De varia conmensuración para la Escultura y Arquitectura*. Sevilla: Andrea Pescioni y Juan de León.

AUREL, Marco (1552): *Libro primero de Arithmética algebrática*. Valencia: Joán de Mey.

BELVEDER, Joán de (1597): *Libro general de la reduciones de plata y oro*. Lima: Antonio Ricardo.

BESSON, Diego (1602): *Teatro de los instrumentos y figuras matemáticas y mecánicas*. Lyon: Horacio Cardon.

CANO, Thomé (1611): *Arte para fabricar, fortificar y aparejar naos de guerra y merchante*. Sevilla: Luis Estupiñán.

CASTILLO, Diego del (1551): *Tratado de cuentas*. [Burgos: Alonso de Melgar, 1522]. Salamanca: Juan de Junta.

CELSO, Hugo de (1553): *Reportorio universal de todas las leyes d'estos reynos de Castilla*. Medina del Campo: Juan María da Terranova y Jacome de Liarcari (por Francisco del Canto). Comp. por Andrés Martínez de Burgos.

COLLADO DE LEBRIXA, Luys (1592): *Plática manual de Artillería*. Milano: Pablo Gotardo Poncio.

CORTÉS DE ALBACAR, Martín (1556 [1551]): *Breve compendio de la sphera y de la arte de navegar*. Sevilla: Antón Álvarez.

ÇAMORANO, Rodrigo (1588): *Compendio del arte de navegar*. [Sevilla: Alonso de la Barrera, 1581] Sevilla: Joán de León.

DAÇA DE VALDÉS, Benito (1623): *Uso de los antojos para todo género de vistas*. Sevilla: Diego Pérez.

ESCALANTE, Bernardino de (1577): *Discurso de la navegación*. Sevilla: Biuda de Alonso Escrivano.

EUCLIDES (1584-85): *La perspectiva y especularia*. Madrid: Viuda de Alonso Gómez. Trad. de Pedro Ambrosio Ondériz.

FALERO, Francisco (1535): *Tratado del esphera y del arte del marear*. Sevilla: Juan Cromberger.

FERNÁNDEZ DE ENCISO, Martín (1530): *Suma de Geographía*. [Sevilla: Jacobo Cromberger, 1519]. Sevilla: Juan Cromberger.

FERROFINO, Julián (ms. 1599): *Descrizión y tratado muy breve y lo más probechoso de Artillería*.

FINEO, Oroncio (ms. 1553): *Los dos libros de la Geometría práctica*. Trad. de Hierónimo Girava y Pedro Juan de Lastanosa.

GARCÍA DE CÉSPEDES, Andrés (1606): *Libro de instrumentos nuevos de Geometría*. Madrid: Juan de la Cuesta.

GARCÍA DE PALACIO, Diego (1583): *Diálogos militares*. México: Pedro Ocharte.

— (1587): *Instrucción náuthica*. México: Pedro Ocharte.

GONZÁLEZ DE MEDINA, Diego (1599): *Examen de fortificación*. Madrid: Pedro Várez de Castro.

HELT FRISIO, Hugo (1549): *Declaración y uso del relox español*. Salamanca: Juan de Junta. Trad. de Francisco Sánchez de las Broças.

HERRERA, Juan de (1584): *Institución de la Academia Real Mathemática*. Madrid: Guillermo Droy.

LECHUGA, Cristóval (1611): *Discurso del Capitán Cristóval Lechuga, en que trata de la Artillería y de todo lo necessario a ella*. Milano: Marco Tulio Malatesta.

LLANOS, García de (ms. ca. 1609-1611): *Diccionario y maneras de hablar que usan en las minas*.

LOBATO, Francisco (ms. ca. 1585): *Notas*.

LÓPEZ DE ARENAS, Diego (ms. 1619): *Primera y sigunda parte de las reglas de la carpintería*.

MARTÍNEZ DE ARANDA, Xinés (ms. ca. 1599): *Zerramientos i trazas de montea*.

MARTÍNEZ DE BURGOS, Andrés (1551): *Reportorio de todas las premáticas y capítulos de Cortes (1523-1551)*. Medina del Campo: Guillermo de Millis.

Medina, Pedro de (1545): *Arte de navegar*. Valladolid: Francisco Fernández de Córdova.

— (1563): *Regimiento de navegación*. Sevilla: Simón Carpintero.

Mendoça, Bernardino de (1596): *Theórica y práctica de guerra*. [Madrid: Viuda de P. Madrigal, 1595]. Anvers: Imprenta Plantiniana.

Micón, Josepe (1578): *Diario y juyzio del grande cometa*. Barcelona: Jayme Sendrat.

Molina Cano, Joán Alfonso de (1598): *Descubrimientos geométricos*. Anvers: Andrea Bacx.

— (1599): *Nuevos descubrimientos geométricos*. Anvers: Andrea Bacx.

Montes, Diego (1537): *Instrucción y regimiento de guerra*. Zaragoza: George Coci.

Mosquera de Figueroa, Christóval (1596): *Comentario en breve compendio de disciplina militar*. Madrid: Luis Sánchez.

Muñoz, Hierónimo (1573): *Libro del nuevo cometa*. Valencia: Pedro de Huete.

Nebrija, Antonio de (s. a.): *Tabla de la diversidad de los días y horas*. [Alcalá de Henares: Arnao Guillén de Brocar, 1517]. s. l.: s. n.

Núñez Salaciense, Pedro (1567): *Libro de Álgebra en Arithmética y Geometría*. Anvers: Herederos de Arnoldo Birckman.

Ortega, Juan de (1512): *Conpusición de la arte de la Arismética y de Geometría*. Lyon: Maistro Nicolau de Benedictis (por Joannes Trinxer).

Pérez De Moya, Juan (1562): *Arithmética práctica y speculativa*. Salamanca: Mathías Gast.

— (1589): *Manual de contadores*. Madrid: Pedro Madrigal.

Pérez Vargas, Bernardo (1568): *De re metallica*. Madrid: Pierres Cosin.

Poça, Andrés de (1585): *Hydrografía*. Bilbao: Mathías Mares.

Turriano, Pseudo Juanelo (ms. ca. 1605): *Los veinte y un libros de los yngenios y máquinas*.

Roiz, Pedro (1575): *Libro de los reloges solares*. Valencia: Pedro de Huete.

— (1598): *Teórica y práctica de fortificación*. Madrid: Luis Sánchez.

— (1613): *Compendio y breve resolución de fortificación*. Madrid: Juan de Herrera.

— (ms. 1607): *Sumario de la milicia antigua y moderna*.

Sacrobosco, Juan de (1545): *Tractado de la sphera*. Sevilla: Juan de León. Trad. de Hierónymo de Chaves.

Sagredo, Diego de (1526): *Medidas del Romano*. Toledo: Remon de Petras.

Sanctiago, Diego de (1598): *Arte separatoria*. Sevilla: Francisco Pérez (por Rodrigo Cabrera).

Santa Cruz, Alonso de (ms. a. 1567): *Libro de las longitúdines*.

Tovar, Simón de (1595): *Examen i censura del modo de averiguar las alturas de las tierras*. Sevilla: Rodrigo de Cabrera.

Ufano, Diego (1613): *Tratado de la Artillería*. Bruxelles: Juan Momarte.

Valle de La Cerda, Luys (1600): *Desempeño del patrimonio de Su Magestad por medio de los erarios públicos y montes de piedad*. Madrid: Pedro Madrigal.

Valles de Covarrubias, Francisco de (1592): *Tratado de las aguas destiladas*. Madrid: Luis Sánchez.

Vandelvira, Alonso de (ms. ca. 1591): *Libro de traças de cortes de piedras*.

Vignola, Jacome de (1619): *Regla de las cinco órdenes de Architectura*. Madrid: Vicencio Carducho. Trad. de Patritio Caxesi.

Vitruvio Pollión, Marco (1582): *De Architectura*. Alcalá de Henares: Juan Gracián. Trad. Miguel de Urrea.

Repertorios lexicográficos generales y especializados

Alcover, Antoni Mª y Francesc de Borja Moll (1935): *Diccionari català-valencià-balear*. Palma de Mallorca: Imprenta Mn. Alcover (DCVB).

Beltrami, Pietro (dir.) (en línea): *Tesoro della lingua italiana delle origini* (TLIO). En <http://tlio.ovi.cnr.it/TLIO> (03-10-2016).

Blecua, José Manuel (dir.) (1999): *Diccionario general de sinónimos y antónimos*. Barcelona: VOX Universidad.

Bouvier, Alain y Michel George (2000): *Diccionario Akal de Matemáticas*. Madrid: AKAL. Dir. François Le Lionnais.

Clapham, Christopher (1998): *Diccionario de Matemáticas*. Madrid: Editorial Complutense.

Corominas, Joan (1998): *Breve diccionario etimológico de la lengua castellana*. Madrid: Gredos.

Corominas, Joan y José Antonio Pascual (1980-1991): *Diccionario crítico etimológico castellano e hispánico*. Madrid: Gredos (DECH).

— (2012): *Diccionario Crítico Etimológico Castellano e Hispánico*. [versión CD]. Madrid: Gredos.

Corriente Córdoba, Federico (1999): *Diccionario de arabismos y voces afines en iberorromance*. Madrid: Gredos.

Corripio, Fernando (2007[2]): *Diccionario de ideas afines*. Barcelona: Herder.

Cortelazzo, Manlio y Paolo Zoli (1979-1988): *Dizionario etimologico della lingua italiana*. Bologna: Zanichelli (DELI).

Covarrubias Horozco, Sebastián de (2006 [1611]): *Tesoro de la lengua castellana o española*. Madrid / Frankfurt: Iberoamericana / Vervuert. Ed. de Ignacio Arellano y Rafael Zafra. (Cov.).

DLP / *Diccionário da Língua Portuguesa* (en línea), en *Infopédia*: <http://www.portoeditora.pt/espacolinguaportuguesa/dol/dicionarios-online/> (20-06-2013).

Du Cange (1954): *Glossarium mediae et infimae latinitatis, 1883-1887*. Graz: Akademische Druck / Verlagsanstalt.

Ernout, André y Antoine Meillet (1985): *Dictionnaire étymologique de la langue latine: histoire des mots*. Paris: Klincksieck.

Figuereido, Cândido (1899): *Novo Dicionário da Língua Portuguesa*. En <http://www.gutenberg.org/cache/epub/31552/pg31552.html> (03-10-2016).

Gaffiot, Félix (1934): *Dictionnaire latin-français*. Paris: Hachette.

— (2000 [1934]): *Le Grand Gaffiot: dictionnaire latin-français*. Paris: Hachette.

Glare, Peter G. W. (1968-1982): *Oxford Latin Dictionary*. Oxford: Clarendon Press.

Gradenwitz, Otto (1904): *Laterculi Vocum latinarum*. Leipzig: S. Hirzel.

Gutiérrez Cuadrado, Juan (dir.) (1996): *Diccionario Salamanca de la lengua española*. Madrid: Santillana / Universidad de Salamanca (DSAL).

Imbs, Paul (dir.) (1971-1986): *Trésor de la langue française. Dictionnaire de la langue du XIXe et du XXe siècle*. Paris: Centre National de la Recherche Scientifique / Gallimard (TLF).

Lewis, Charlton T. y Charles Short (1879): *A Latin Dictionary: Founded on Andrew's Edition of Freund's Latin Dictionary*. Oxford: Clarendon Press (Lewis-Short).

López Piñero, José Mª, Thomas F. Glick, Víctor Navarro Brotóns y Eugenio Portela Marco (eds.) (1983): *Diccionario histórico de la ciencia moderna en España* (2 vols.). Barcelona: Península.

Machado, José Pedro (1967): *Dicionário etimológico da língua portuguesa*. Lisboa: Confluência.

Mancho Duque, Mª Jesús (dir.): *Diccionario de la ciencia y de la técnica del Renacimiento español*. Salamanca: Ediciones Universidad de Salamanca. En <http://dicter.eusal.es/> (03-10-2016) (DICTER).

Migliorini, Bruno (1965): *Vocabolario della Lingua Italiana*. Torino: Paravia.

Miguel, Raimundo de (2003): *Nuevo diccionario latino-español etimológico*. Madrid: Visor.

Moliner, María (1998[2]): *Diccionario de uso del español*. Madrid: Gredos.

Nebrija, Antonio de (1951 [1495]): *Vocabulario español-latino*. Madrid: Real Academia Española (Nebr.).

Niermeyer, J. F. y C. van de Kieft (2002): *Mediae latinitatis lexicon minus*. Leiden: Brill.

Oudin, César (1607): *Tesoro de las dos lenguas francesa y española*. Paris: Marc Orry.

Pagés, Aniceto de (1902-31): *Gran diccionario de la lengua castellana, autorizado con ejemplos de buenos escritores antiguos y modernos [...]* (5 vols.). Madrid / Barcelona: Sucesores de Rivadeneyra / Pedro Ortega / Fomento Comercial del Libro.

Pharies, David (2002): *Diccionario etimológico de los sufijos españoles*. Madrid: Gredos.

Picatoste y Rodríguez, Felipe (1862): *Vocabulario matemático-etimológico*. Madrid: D. E. Aguado.

Real Academia Española (1933-1936): *Diccionario histórico de la lengua española*. Madrid: Hernando.

— (1960-): *Diccionario histórico de la lengua española*. Madrid: Real Academia Española. Dir. Julio Casares y Rafael Lapesa Melgar.

— (1990 [1726-1739]): *Diccionario de Autoridades*. Madrid: Gredos.

— (2001): *Nuevo tesoro lexicográfico de la lengua española*. Madrid: Espasa Calpe (NTLLE).

— (2014[23]): *Diccionario de la lengua española*. Madrid: Espasa Calpe. (DLE). En < http://dle.rae.es > (30-11-2015).

— (en línea): *Mapa de diccionarios académicos*. En <http://web.frl.es/ntllet/> (25-03-2013).

Sánchez González de Herrero, Mª Nieves (dir.) (2000): *Diccionario Español de Documentos Alfonsíes*. Madrid: Arco/Libros.

Sánchez Ron, Manuel (1996): *Diccionario de la Ciencia*. Barcelona: Planeta.

Schwartzman, Steven (1994): *The Words of Mathematics: An Etymological Dictionary of Mathematical Terms Used in English*. Washington: Mathematical Association of America.

Seco, Manuel, Olimpia Andrés y Gabino Ramos (1999): *Diccionario del español actual*. Madrid: Grupo Santillana de Ediciones.

Segura Munguía, Santiago (2001): *Nuevo diccionario etimológico latín-español y de las voces derivadas*. Bilbao: Universidad de Deusto.

— (2007): *Diccionario por raíces del latín y de las voces derivadas*. Bilbao: Universidad de Deusto.

Terreros y Pando, Esteban de (1987 [1786-1793]): *Diccionario castellano con las voces de las ciencias y las artes*. Madrid: Arco/Libros.

Tommaseo, Nicolò y Bernardo Bellini (1861-1879) (en línea): *Dizionario della lingua italiana*. En <http://www.dizionario.org/> (03-10-2016).

TLFi / *Trésor de la Langue Française informatisé* (en línea). En <http://atilf.atilf.fr/tlf.html> (22-01-2014).

Varela, Fernando y Hugo Kubarth (1996): *Diccionario fraseológico del español moderno*. Madrid: Gredos.

VV. AA. (2004[13]): *Diccionario de sinónimos y antónimos*. Madrid: Espasa Calpe.

VV. AA. (2009-2013): *Diccionario biográfico español*. Madrid: Real Academia de la Historia.

Warusfel, André (1972): *Diccionario razonado de matemáticas. De las matemáticas clásicas a la matemática moderna*. Madrid: Tecnos. Trad. de Jaime Totella y Carmen Azcarate.

Estudios lingüísticos e históricos

Alarcos Llorach, Emilio (1994): *Gramática de la lengua española*. Madrid: Espasa Calpe.

Almela Pérez, Ramón (1999): *Procedimientos de formación de palabras en español*. Barcelona: Ariel.

Alvar Ezquerra, Manuel (1995[3]): *La formación de palabras en español*. Madrid: Arco/Libros.

Alvar Ezquerra, Manuel y Bernard Pottier (1983): *Morfología histórica del español*. Madrid: Gredos.

Alvar, Manuel y Sebastián Mariner (1967): «Latinismos», en M. Alvar *et al.* (dirs.), *Enciclopedia lingüística hispánica. Elementos constitutivos, II*. Madrid: Consejo Superior de Investigaciones Científicas, pp. 3-49.

Álvarez de Miranda, Pedro (2009): «Neología y pérdida léxica», en E. de Miguel (ed.), *Panorama de lexicología*. Barcelona: Ariel, pp. 133-158.

Ambadiang, Théophile (1999): «La flexión nominal. Género y número», en I. Bosque y V. Demonte (dirs.), *Gramática descriptiva de la lengua española*, vol. 3. Madrid: Espasa Calpe, pp. 4843-4913.

Ambrosetti, Nadia (2008): *L'eredità arabo-islamica nelle scienze e nelle arti del calcolo dell'Europa medievale*. Milano: Universitarie di Lettere Economia Diritto.

Arrighi, Gino (ed.) (1967): *Trattato di Fioretti nella trascelta a cura di M° Benedetto*. Pisa: Domus Galileana.

Arntz, Reiner y Heribert Picht (1995): *Introducción a la terminología*. Madrid: Fundación Germán Sánchez Ruipérez / Pirámide.

Azofra Sierra, Mª Elena (2006): «Consideraciones sobre el concepto de cultismo», en *Revista de Filología Románica*, 23, pp. 229-240.

Azorín Fernández, Dolores (1992): «El Diccionario general de la lengua frente a los vocabularios científicos y técnicos», en *Actas del IV Congreso Internacional de EURALEX*. Barcelona: Bibliograf, pp. 445-453.

Bajo Pérez, Elena (1997a): *La derivación nominal en español*. Madrid: Arco/Libros.

— (1997b): «La clasificación de las voces según su procedencia etimológica, con especial referencia al DCECH», en *Moenia*, nº 3, pp. 411-458.

Baldor, Aurelio (1997): *Álgebra*. México D. F.: Grupo Editorial Patria.

Baranda Leturio, Consolación (2011): «Formas del discurso científico en el Renacimiento: tratados y diálogos», en *Studi Aurea: Revista de Literatura Española y Teoría Literaria del Renacimiento y Siglo de Oro*, nº 5, pp. 3-21.

Barrow, Jonh D. (2009): *El libro de la nada*. Barcelona: Planeta.

Bashmakova, Isabella y Galina Smirnova (2000): *The Beginnings and Evolution of Algebra*. Washington: The Mathematical Association of America.

Battaner, Paz (1995): «Terminología y diccionario», en *Actes de la Jornada Panllatina de Terminologia*. Barcelona: Institut Universitari de Lingüística Aplicada, Universidad Pompeu Fabra. En <http:www.iula.upf.es/jorb/jp11. html> (8-10- 2014).

Becker, Oskar (1966): *Magnitudes y límites del pensamiento matemático*. Madrid: Gráficas Nebrija.

Bell, Eric Temple (2000^{5}): *Historia de las matemáticas*. México D. F.: Fondo de Cultura Económica.

Benito, Manuel, J. Javier Escribano, Emilio Fernández y Mercedes Sánchez (2012): «Fray Juan de Ortega's approximations, 500 years after», en *ArXiv*, pp. 1-23. En <https://arxiv.org/abs/1212.1125> (3-10-2012).

Bentley, Peter J. (2008): *El libro de las cifras: el secreto de los números*. Barcelona: Paidós.

Bergua Cavero, Jorge (2004): *Los helenismos del español*. Madrid: Gredos.

Blair, Ann (1996): «La persistance du latin comme langue de science à la fin de la Renaissance», en R. Chartier y P. Corsi (eds.), *Sciences et langues en Europe*. Paris: Centre Alexandre Koyré / École des Hautes Etudes en Sciences Sociales, pp. 21-42.

Boncompagni, Baldassarre (1851): «Della vita e delle opere di Gherardo Cremonese, traduttore del secolo decimosecondo, e di Gherardo da Sabbioneta, astronomo del secolo decimoterzo», en *Atti dell'Accademia Pontificia dei Nuovi Lincei*, IV, pp. 387-493.

Bosmans, Henri (1908a): «Sur le *Libro de Algebra* de Pedro Nuñez», en *Bibliotheca Mathematica*, nº 8, pp. 154-169.

Bosmans, Henri (1908b): «L'algèbre de Pedro Nuñez», en *Annaes Scientificos da Academia Polytechnica do Porto*, nº 3, pp. 222-271.

Bosque, Ignacio (1993): «Sobre las diferencias entre los adjetivos relacionales y calificativos», en *Revista Argentina de Lingüística*, vol. 9, pp. 9-48.

Bourbaki, Nicolás (1969^{2}): *Éléments d'histoire des mathématiques*. Paris: Hermann.

Boyer, Carl B. (2003): *Historia de la matemática*. Madrid: Alianza Editorial.

Brendecke, Arndt (2012): *Imperio e información: funciones del saber en el dominio colonial español*. Madrid / Frankfurt: Iberoamericana / Vervuert.

Buenafuentes de la Mata, Cristina (2006): *Procesos de gramaticalización en la formación de compuestos en español*. Bellaterra: Universitat Autònoma de Barcelona [tesis doctoral inédita].

— (2010): *La composición sintagmática en español*. San Millán de la Cogolla: Cilengua.

Buesa, Tomás (1964): «Americanismos», en M. Alvar *et al.* (dirs.), *Enciclopedia Lingüística Hispánica, II*. Madrid: Consejo Superior de Investigaciones Científicas, pp. 325-348.

Bustos Gisbert, Eugenio de (1986): *La composición nominal en español*. Salamanca: Universidad de Salamanca.

Bustos Tovar, José Jesús (1974): *Contribución al estudio del cultismo léxico medieval (1140-1252)*. Madrid: Real Academia Española (Anejos del Boletín de la Real Academia Española XXVIII).

Cabré, Mª Teresa (1993): *La terminología. Teoría, metodología, aplicaciones*. Barcelona: Antártida / Empúries.

Cabré, Mª Teresa (2003): «El lenguaje científico desde la terminología», en B. M. Gutiérrez (ed.), *Aproximaciones al lenguaje de la ciencia*. Burgos: Fundación Instituto Castellano y Leonés de la Lengua, pp. 19-52.

Cajori, Florian (1993): *A History of Mathematical Notations* (2 vols.). La Salle: Open Court Publishing Co. / Dover.

Campiglio, Alberto y Vincenzo Eugeni (1992): *De los dedos a la calculadora: la evolución del sistema de cálculo*. Barcelona: Paidós.

Campos Souto, Mar (2007): «Hacia la ordenación morfológica del NDHE: primer esbozo», en *Verba: Anuario Galego de Filoloxía*, nº 34, pp. 125-155.

— (2008): «Morfología genética y etimología: los cruces léxicos», en Mª Pilar Garcés (ed.), *Diccionario Histórico: nuevas perspectivas lingüísticas*. Madrid / Frankfurt: Iberoamericana / Vervuert, pp. 41-67.

Campos Souto, Mar y José Ignacio Pérez Pascual (eds.) (2006): *El Diccionario de la Real Academia Española, ayer y hoy*. A Coruña: Universidade da Coruña.

Cañizares Esguerra, Jorge (2008): *Cómo escribir la historia del Nuevo Mundo*. México D. F.: Fondo de Cultura Económica.

Cañon Loyes, Camino (1993): *La matemática: creación y descubrimiento*. Madrid: Universidad Pontificia Comillas.

Casas Gómez, Miguel (1999): *Las relaciones léxicas*. Tübingen: Niemeyer.

— (2002): *Los niveles del significar*. Cádiz: Servicio de publicaciones de la Universidad de Cádiz.

Caunedo del Potro, Betsabé (2000): «El arte del alguarismo en la Europa medieval», en B. Caunedo y R. Córdoba (eds.), *El arte del alguarismo. Un libro castellano de aritmética comercial y de ensayo de la moneda del siglo* xiv. Salamanca: Junta de Castilla y León, pp. 23-82.

— (2007): «La aritmética mercantil castellana en la Edad Media. Una breve aproximación», en *ILUIL*, vol. 30, p. 5-19.

CHUQUET, Nicolás (ms. 1484): *Le Triparty en la science de les nombres.*

CIAPUSCIO, Guiomar Elena (2003): *Textos especializados y terminología.* Barcelona: IULA.

CIFOLETTI, Giovanna (1996): «The Creation of the History of Algebra in the Sixteenth century», en C. Goldstein, J. Gray y J. Ritter (eds.), *L'Europe mathématique: Histoires, mythes, identités.* Paris: Maison des Sciences de l'Homme, pp. 121-142.

CLAVERÍA NADAL, Gloria (1991): *El latinismo en español.* Bellaterra: Servei de Publicacions de la Universitat Autònoma de Barcelona.

— (2004): «Los caracteres de la lengua en el siglo XIII: el léxico», R. Cano (coord.): *Historia de la lengua española.* Barcelona: Ariel, pp. 473-504.

— (2013): «La formación de palabras y el cultismo», en I. Pujol (ed.), *Formación de palabras y diacronía. Anexos Revista de Lexicografía,* nº 19. A Coruña: Universidade da Coruña, pp. 49-68.

CLAVERÍA NADAL, Gloria y Joan TORRUELLA (1993): «Formación de términos en los léxicos especializados de la lengua española», en *Cuadernos de Filología,* nº 1, pp. 1-45.

CLAVERÍA NADAL, Gloria; Margarita FREIXAS ALÁS, Marta PRAT SABATER y Joan TORRUELLA (eds.) (2012): *Historia del léxico: perspectivas de investigación.* Madrid / Frankfurt: Iberoamericana / Vervuert.

COLÓN DOMÉNECH, Germán (1967a): «Occitanismos», en M. Alvar *et al.* (dirs.), *Enciclopedia lingüística hispánica. Elementos constitutivos, II.* Madrid: Consejo Superior de Investigaciones Científicas, pp. 153-192.

— (1967b): «Catalanismos», M. Alvar *et al.* (dirs.), *Enciclopedia lingüística hispánica. Elementos constitutivos, II.* Madrid: Consejo Superior de Investigaciones Científicas, pp. 193-238.

— (2002): «Elementos constitutivos del léxico español», en A. Soler y N. Mañé (eds.), *Para la historia del léxico español,* vol. 1. Madrid: Arco/Libros, pp. 19-44.

CORRIENTE CÓRDOBA, Federico (2004): «El elemento árabe en la historia lingüística peninsular: actuación directa e indirecta. Los arabismos en los romances peninsulares (en especial, en castellano)», en R. Cano (coord.), *Historia de la lengua española.* Barcelona: Ariel, pp. 185-206.

COSERIU, Eugenio (1977a): *Principios de semántica estructural.* Madrid: Gredos. Trad. de Marcos Martínez

— (1977b): «La creación metafórica en el lenguaje», en *El hombre y su lenguaje. Estudios de teoría y metodología lingüística.* Madrid: Gredos, pp. 66-102.

COUCHOUD, Sylvia (1993): *Mathématiques Egyptiennes. Recherches sur les connaissances mathématiques d'Egypte pharaonique.* Paris: Le Léopard d'Or.

DAHAN-DALMEDICO, Amy y Jeanne PEIFFER (1986): *Une histoire des mathématiques. Routes et dédales.* Paris: Seuil.

DEVLIN, Keith (2002): *El lenguaje de las matemáticas.* Barcelona: Robinbook.

DJEBBAR, Ahmed (2001): «Las matemáticas árabes y su papel en el desarrollo de la tradición científica europea», en Consejería de Educación, Cultura y Deportes del Gobierno de Canarias y Fundación Orotava de Historia de la Ciencia (eds.), *Galileo y la gestación de la ciencia moderna.* Tenerife: Consejería de Educación, Cultura y Deportes del Gobierno de Canarias, pp. 23-34.

DJEBBAR, Ahmed (2005): *L'Algèbre arabe: genèse d'un art.* Paris: Vuibert.

DOCAMPO REY, Javier (2004): *La formación matemática del mercader catalán 1380-1521. Análisis de fuentes manuscritas*. Santiago de Compostela: Universidade de Santiago de Compostela [tesis doctoral inédita].

— (2006): «Reading Luca Pacioli's *Summa* in Catalonia: An early 16th-century Catalan manuscript on Algebra and Arithmetic», en *Historia Mathematica*, nº 33, pp. 43-62.

— (2008): «Vernacular Algebra in the Iberian Peninsula before Marco Aurel: Notations and Terminology», en H. Hunger, F. Seebacher y G. Holzer (eds.), *Proceeding of the 3rd International Conference of the European Society for the History of the Science*. Wien: Österreichische Akademie der Wissenschaften, pp. 85-92.

DURÁN GUARDEÑO, Antonio J. (2000): *El legado de las matemáticas de Euclides a Newton: los genios a través de sus libros*. Sevilla: Consejería de Cultura (Junta de Andalucía) / Universidad de Sevilla / Real Sociedad Matemática Española.

— (2006): *Vida de los números*. Madrid: T Ediciones.

— (2007): «La humanidad de los números», en *Arbor. Ciencia, Pensamiento y Cultura*, CLXXXIII / nº 725, pp. 373-381.

DWORKIN, Steven N. (1985): *Etymology and Derivational Morphology: the Genesis of Old Spanish Denominal Adjetives in -ido*. Tübingen: Max Niemeyer.

— (2004): «La transición lexica en el español bajomedieval», en R. Cano (coord.), *Historia de la lengua española*. Barcelona: Ariel, pp. 643-654.

EGEA, Esteban Rafael (1993): «Restricciones lexicológicas en el uso de los adverbios en -mente», en S. Varela (ed.), *La formación de palabras*. Madrid: Taurus, pp. 282-299.

ESPINOSA ELORZA, Rosa Mª (2009): «El cambio semántico», en E. de Miguel (ed.), *Panorama de lexicología*. Barcelona: Ariel, pp. 159-188.

ESTÉBANEZ GARCÍA, Fernando (1998): *Étimos griegos: monemas básicos del léxico científico*. Barcelona: Octaedro.

ESTEBAN PIÑEIRO, Mariano (1993): «Los oficios matemáticos en la España del siglo XVI», en *II Trobades d'història de la ciència i de la tècnica*. Barcelona: SCHCYT, pp. 239-251.

— (2002-2003): «Las academias técnicas en la España del siglo XVI», en *Quaderns d'Història de l'Enginyeria*, vol. V, pp. 10-18.

ESTEBAN PIÑEIRO, Mariano y Mª Isabel VICENTE MAROTO (1991): «La idea de "excelencia y utilidad de la matemática" en la España de 1550-1650», en M. Valera y C. López Fernández (eds.), *Actas del V Congreso de la Sociedad Española de Historia de las Ciencias y de las Técnicas*, vol. 1. Murcia: PPU, pp. 596-610.

ESTEBAN PIÑEIRO, Mariano y Vicente SALAVERT FABIANI (2002): «Las matemáticas», en J. Mª López Piñero (dir.), *Historia de la ciencia y de la técnica en la Corona de Castilla. vol. III. Siglos XVI y XVII*. Valladolid: Junta de Castilla y León, pp. 231-257.

ETAYO MIQUEO, José Javier (1986): «El álgebra del cinquecento», en *Historia de la Matemática hasta el siglo XVII*. Madrid: Real Academia de Ciencias Exactas, Físicas y Naturales, pp. 147-169.

— (2003): «El lenguaje de las matemáticas», en B. M. Gutiérrez (ed.), *Aproximaciones al lenguaje de la ciencia*. Burgos: Fundación Instituto Castellano y Leonés de la Lengua, pp. 345-370.

FAITELSON-WEISER, Silvia (1993): «Sufijación y derivación sufijal: sentido y forma», en S. Varela (ed.), *La formación de palabras*. Madrid: Taurus, pp. 119-162.

Fernández Galiano, Manuel (1967): «Helenismos», en M. Alvar *et al.* (dirs.), *Enciclopedia lingüística hispánica. Elementos constitutivos, II*. Madrid: Consejo Superior de Investigaciones Científicas, pp. 51-77.

Fernández Vallín, Acisclo (1989): *Cultura científica en España en el siglo xvi*. Sevilla: Padilla. Ed. de M. Menéndez Pelayo.

Ferreras, Jacqueline (1993): «Didactismo y arte literario en el diálogo humanístico del siglo xvi», en *Criticón*, nº 58, pp. 95-102.

— (2008²): *Los diálogos humanísticos del siglo xvi en lengua castellana*. Murcia: Universidad de Murcia.

Ferreirós, José y Antonio J. Durán (eds.) (2003): *Matemáticas y matemáticos*. Sevilla: Universidad de Sevilla.

Flórez Miguel, Cirilo (2001): «Otra cara del humanismo», en Mª J. Mancho (ed.) y C. Blas (coord.): *Pórtico a la ciencia y a la técnica del Renacimiento*. Salamanca: Junta de Castilla y León / Universidad de Salamanca, pp. 11-43.

Flórez Miguel, Cirilo (2006): «Ciencias, siglos xv-xvii», en L. E. Rodríguez-San Pedro Bezares (coord.), *Historia de la Universidad de Salamanca, vol. III, Saberes y confluencias*. Salamanca: Universidad de Salamanca, pp. 409-433.

Folwer, David y Eleanor Robson (1998): «Square Root Approximations in Old Babylonian Mathematics: YBC 7289 in context», en *Historia Mathematica*, nº 25, pp. 366-378.

Franci, Rafaella (1988): «Antonio de' Mazzinghi: An Algebraist of the 14th Century», en *Historia mathematica*, nº 15, pp. 240-249.

— (2003): «Una traduzione in volgare dell'al-jabr di al-Khwarizmi (Ms. Urb. Lat. 291 Biblioteca Apostolica Vaticana)», en R. Franci, P. Pagli y A. Simi (eds.), *Il sogno di Galois. Scritti di storia della matematica dedicati a L. Toti Rigatelli per il suo 60° compleanno*. Siena: Centro Studi della Matematica Medioevale, pp. 19-49.

— (2010): «The History of Algebra in Italy in the 14th and 15th Centuries. Some Remarks on Recent Historiography», en *Actes d'Història de la Ciència i de la Tècnica, Nova Época*, vol. 3 / nº 2, pp. 175-194.

Franci, Rafaella y Laura Toti Rigatelli (1982): *Introduzione all'Aritmetica Mercantile del Medioevo e del Rinascimento*. Firenze: Urbino.

— (1985): «Towards a History of Algebra from Leonardo de Pisa to Luca Pacioli», en *Janus*, nº 72, pp. 17-82.

— (1988): «The Italian Algebra of the Fourteenth Century», en C. Hay (ed.), *Mathematics from Manuscript to Print 1300-1600*. Oxford: Clarendon press, pp. 11-30.

Gamillscheg, Ernst (1967): «Germanismos», en M. Alvar *et al.* (dirs.), *Enciclopedia lingüística hispánica. Elementos constitutivos, II*. Madrid: Consejo Superior de Investigaciones Científicas, pp. 79-91.

Garcés, Mª Pilar (1986): «El cultismo en la *Primera Crónica General*», en *Analecta Malacitana*, vol. IX / nº 1, pp. 77-88.

García Gallarín, Consuelo (2007): *El cultismo en la historia de la lengua española*. Madrid: Parthenon.

García González, Javier (1993): «El contacto de dos lenguas: los arabismos en el español medieval y en la obra alfonsí», en *Cahiers de linguistique hispanique médiévale*, vol. 18, pp. 335-365.

GARÍN, Eugenio (1984²): *La revolución cultural del Renacimiento*. Barcelona: Crítica.

GECKELER, Horst (1976): *Semántica estructural y teoría del campo léxico*. Madrid: Gredos.

GIL, Juan (2004): «El latín tardío y medieval (siglos VI-XIII)», en R. Cano (coord.), *Historia de la lengua española*. Barcelona: Ariel, pp. 149-180.

GÓMEZ, Jesús (1988): *El diálogo en el Renacimiento*. Madrid: Cátedra.

GÓMEZ CAPUZ, Juan (1998): *El préstamo lingüístico. Conceptos, problemas y métodos*. Valencia: Universitat de València (Cuadernos de Filología, Anejo XXIX).

— (2005): *La inmigración léxica*. Madrid: Arco/Libros.

GONZÁLEZ OLLÉ, Fernando y Manuel CASADO (1991): «Formación de palabras», en G. Hontus, M. Metzelin y C. Schmitt (eds.): *Lexikon der Romanistischen Linguistik*, vol. IV. Tübingen: Niemeyer, pp. 91-109.

GONZÁLEZ URBANEJA, Pedro M. (2000): «Matemáticas y matemáticos en el mundo griego», en A. J. Durán (ed.), *El legado de las matemáticas de Euclides a Newton: los genios a través de sus libros*. Sevilla: Consejería de Cultura (Junta de Andalucía) / Universidad de Sevilla / Real Sociedad Matemática Española, pp. 23-77.

GONZÁLEZ URBANEJA, Pedro M. (2007): *Pitágoras. El filósofo del número*. Madrid: Nivola.

GIUSTI, Enrico y Carlo MACCAGNI (1994): *Luca Pacioli e la matematica del Rinascimento*. Firenze: Editorial Giunti.

GUEDJ, Denis (2011): *El imperio de los números*. Barcelona: Blume.

GUTIÉRREZ, Santiago (2008): «Robert Recorde: el creador del signo igual», en *Suma*, nº 57, pp. 89-95.

GUTIÉRREZ CUADRADO, Juan (1993): «Sobre algunos desdoblamientos léxicos del siglo XV», en F. Abad *et al*., *Antiqua et nova Romania: estudios lingüísticos y filológicos en honor de José Mondejar en su sexagenario aniversario*, vol. 1. Granada: Universidad de Granada, pp. 331-346.

GUTIÉRREZ RODILLA, Bertha M. (1998): *La ciencia empieza en la palabra*. Barcelona: Península.

— (2003): «Lenguaje científico e historia de la ciencia», en *Asclepio*, vol. LV / nº 2, pp. 1-26.

— (2005): *El lenguaje de las ciencias*. Madrid: Gredos.

— (2013): «Sobre la formación de palabras y el léxico científico: algunas nociones generales y varias preguntas al aire», en I. Pujol (ed.): *Formación de palabras y diacronía. Anexos Revista de Lexicografía*, nº 19. A Coruña: Universidade da Coruña, pp. 69-78.

GUTIÉRREZ ORDÓÑEZ, Salvador (1992): *Introducción a la semántica funcional*. Madrid: Síntesis.

GUZMÁN OZAMIZ, Miguel de (1986): «Los pitagóricos», en *Historia de la Matemática hasta el siglo XVII*. Madrid: Real Academia de Ciencias Exactas, Físicas y Naturales, pp. 11-35.

— (1993): *El pensamiento matemático, eje de nuestra cultura* [discurso inaugural del año académico 1993-1994]. Madrid: Real Academia de Ciencias Exactas, Físicas y Naturales, pp. 1-37.

HANNAH, John (2007): «False Position in Leonardo of Pisa's *Liber Abaci*», en *Historia Mathematica*, nº 34, pp. 306-332.

HEEFFER, Albrecht (2009): «The Abbaco Tradition (1300-1500): its Role in the Development of European Algebra», en *Suuri Kaiseki Kenkyuujo Koukyuuroku*, nº 1625, pp. 23-33.

— (2010): «From the Second Unknown to the Symbolic Equation», en A. Heeffer y M. Van Dyck (eds.): *Philosophical Aspects of Symbolic Reasoning in Early Modern Mathematics*. *Studies in Logic*, nº 26, pp. 57-102.

— (2012a): «The Rhetoric of problems in Algebra Textbooks from Pacioli to Euler», en *Almagest*, vol. 1 /nº 3, pp. 26-61.

— (2012b): «The rule of quantity by Chuquet and de la Roche and its Influence on German Cossic Algebra», en S. Rommevaux, M. Spiesser y Mª R. Massa (dirs.), *Pluralité de l'algèbre à la Renaissance*. Paris: Honoré Champion, pp. 127-147.

Hernando Cuadrado, Luis A. (2001): «Sobre la naturaleza léxico-gramatical del participio», en A. Veiga *et al.* (eds.), *El verbo entre el léxico y la gramática*. Lugo: Tris-Tram, pp. 85-94.

Herráez Cubino, Guillermo (2007): *El léxico de los tratados de cortes de cantería españoles del siglo XVI*. Salamanca: Universidad de Salamanca.

Herrero Ingelmo, José Luis (1994-95): *Cultismos renacentistas (cultismos léxicos y semánticos en la poesía del siglo XVI)*. Madrid: Separata del Boletín de la Real Academia Española (LXXIV y LXXV).

Hinojosa, J. Ramón (1987): «Mercaderes alemanes en la Valencia del siglo XV: la "Gran Compañía" de Ravensburg», en *Anuario de Estudios Medievales*, nº 17, pp. 205-211.

Hissette, Roland (1997): «Guillaume de Luna ou de Lunis ou Lunense: une même traducteur d'Averroès et de traités d'al-Jabr?», en *Bulletin de Philosophie Médiévale*, nº 39, pp. 121-129.

— (2003): «L'al-Jabr d'al-Khwārizmī dans les ms. Vat. lat. 4606 et Vat. Urb. lat. 291 et Guglielmo de Lunis», en *Miscellanea Bibliothecae Apostolicae Vaticanae*, vol. X, pp. 137-158.

Høyrup, Jens (1991): «"Oxford" and "Cremona": on the relation between two versions of al-Khwarizmi's Algebra», en *Actes du 3me Colloque Maghrébin sur L'Histoire des Mathématiques Arabes*, vol. II. Alger: Association Algérienne d'Histoire des Mathématiques, pp. 1-24.

— (2010): «Hesitating Progress —the Slow Development Toward Algebraic Symbolization in the Abbacus— and Related Manuscripts, c. 1300 to c. 1550», en A. Heeffer y M. Van Dyck (eds.), *Philosophical Aspects of Symbolic Reasoning in Early Modern Mathematics*. *Studies in Logic*, nº 26, pp. 3-56.

Hughes, Bernard (1986): «Gerard of Cremona's Translation of al-Khwārizmī's Al-jabr: A Critical Edition», en *Mediaeval Studies*, nº 48, pp. 211-263.

— (1989): *Robert of Chester's Translation of al-Khwārizmī's al-jabr: A New Critical Edition*. Sttugart: Franz Steiner.

Ifrah, Georges (1987): *Las cifras. Historia de una gran invención*. Madrid: Alianza.

— (2002): *Historia universal de las cifras*. Madrid: Espasa Calpe.

— (2006): «¿Cómo han aprendido a contar y calcular los seres humanos?», en A. J. Durán (ed.), *Vida de los números*. Madrid: T ediciones, pp. 82-136.

Igual, David (2009): «Una aproximación a la cultura mercantil en los reinos hispánicos de la Baja Edad Media», en P. Boucheron y F. Ruiz Gómez (eds.), *Modelos culturales y normas sociales al final de la Edad Media*. Cuenca: Universidad de Castilla-La Mancha / Casa de Velázquez, pp. 273-308.

Instituto de Investigación Rafael Lapesa / Real Academia Española (en línea): *Corpus del Nuevo Diccionario Histórico del Español* (CDH). En <http://web.frl.es/CNDHE> (10-11-2015).

Jiménez Ríos, Enrique (1990): *El sufijo -ez, -eza en castellano medieval*. Salamanca: Universidad de Salamanca [memoria de licenciatura inédita].

— (2001): *Variación léxica y diccionario: Los arcaísmos en el diccionario de la Academia*. Madrid / Frankfurt: Iberoamericana / Vervuert.

— (2002): «Los neologismos en el *Diccionario de Autoridades*», en Mª T. Echenique y J. P. Sánchez (coords.), *Actas del V Congreso Internacional de Historia de la Lengua Española*. Madrid: Gredos, pp. 2143-2156.

Johnson, Mark (1987): *The Body in the Mind: the Bodily Basis of Meaning, Reason and Imagination*. Chicago / London: Chicago University Press.

Karpinski, Louis C. (1915) (ed., trad.): *Robert of Chester Latin Transalation of the Algebra of al-Khowarizmi*. London: Macmillan.

— (1936): «The First Printed Arithmetic of Spain: Francesc Santcliment, *Suma de la art de Arismetica*», en *Osiris*, nº 1, pp. 411-420.

Klein, Jacob (1968): *Greek Mathematical Thought and the Origin of Algebra*. New York: Dover.

Kline, Morris (2012): *El pensamiento matemático. De la antigüedad a nuestros días*. Madrid: Alianza.

Kloyda, Mary Thomas al Kempis (1937): «Linear and Quadratic Equations 1550-1660», en *Osiris*, nº 3, pp. 165-192.

Kremer, Dieter (2004): «El elemento germánico y su influencia en la historia lingüística peninsular», en R. Cano (coord.): *Historia de la lengua española*. Barcelona: Ariel, pp. 133-148.

Labarthe, Marie-Hélène (2004): *Premières arithmétiques imprimées des Espagnes: une hiérarchie des problèmes au service des procédés de résolution*. Toulouse: Université Paul Sabatier [tesis doctoral inédita].

— (2005): «Les règles de compagnie, dans les premières arithmétiques imprimées des Espagnes: de la règle marchande à l'outil mathématique», en *Revue d'histoire des mathématiques*, nº 11, pp. 257-313.

— (2010): «Extension des opérations de l'arithmétique aux nouveaux objets de l'algèbre: l'argumentation de Pedro Nunes», en *Quaderns d'Història de l'Enginyeria*, vol. XI, pp. 19-51.

— (2012): «L'argumentation dans le traité d'algèbre de Pedro Nunes: la part de l'arithmétique et celle de la géométrie», en S. Rommevaux, M. Spiesser y Mª R. Massa (dirs.), *Pluralité de l'algèbre à la Renaissance*. Paris: Honoré Champion, pp. 185-213.

Laca, Brenda (1993): «Las nominalizaciones orientadas y los derivados españoles en *-dor* y *-nte*», en S. Varela (ed.), *La formación de palabras*. Madrid: Taurus, pp. 180-205.

Lapesa, Rafael (1988[6]): *Historia de la lengua española*. Madrid: Gredos.

Lausberg, Heinrich (1970-1973): *Lingüística románica*. Tomo II. Madrid: Gredos.

Leal y Leal, Luis (1971-1972): «El Bachiller Juan Pérez de Moya», en *Boletín del Instituto de Estudios Giennenses*, nº 70-71, pp. 17-36.

Leitão, Henrique (2010): «Pedro Nunes e o Libro de Álgebra», en *Quaderns d'Història de l'Enginyeria*, vol. XI, pp. 9-19.

LERAT, Pierre (1997): *Las lenguas especializadas*. Barcelona: Ariel.

LLAMAS SAÍZ, Carmen (2005): *Metáfora y creación léxica*. Pamplona: EUNSA.

LLITERAS, Margarita (2002): «Concurrencia histórica de los derivados en *-ción* y *-miento*», en J. García-Medall (ed.), *Aspectos de morfología derivativa del español*. Lugo: Tris-Tram, pp. 69-77.

LOGET, François (2012): «L'algèbre en France au XVIe siècle», en S. Rommevaux, M. Spiesser y Mª R. Massa (dirs.), *Pluralité de l'algèbre à la Renaissance*. Paris: Honoré Champion, pp. 69-101.

LÓPEZ PIÑERO, José Mª (1979): *Ciencia y técnica en la sociedad española de los siglos XVI y XVII*. Barcelona: Labor.

— (1999): «El renacimiento de las ciencias», en V. García de la Concha (coord.), *Historia de España Ramón Menéndez Pidal. La cultura del Renacimiento (1480-1580)*, vol. XXI. Madrid: Espasa Calpe, pp. 307-357.

— (dir.) (2002): *Historia de la ciencia y de la técnica en la Corona de Castilla. Vol. III (siglos XVI y XVII)*. Valladolid: Junta de Castilla y León.

LÓPEZ PIÑERO, José Mª, Víctor NAVARRO BROTÓNS Y EUGENIO PORTELA MARCO (1976): *Materiales para la historia de las ciencias en España: s. XVI-XVII*. Valencia: Pre-textos.

LÓPEZ PIÑERO, José Mª *et al.* (1981-86): *Los impresos científicos españoles de los siglos* XV *y* XVI, 5 vols. Valencia: Publicacions Universitat de València.

MACHADO MOTA, Bernardo (2011): *O estatuto da matemática em Portugal nos séculos XVI e XVII*. Lisboa: Fundação para a Ciência e a Tecnologia. Ministerio da Ciência, Tecnologia e Ensino Superior.

MAÍLLO SALGADO, Fernando (1983): *Los arabismos del castellano en la Baja Edad Media (Consideraciones históricas y filológicas)*. Madrid: Instituto Hispano-Árabe de Cultura / Universidad de Salamanca.

MALET, Antoni (ed.) (1998): *Summa de l'art d'aritmètica. Francesc Santcliment*. Vic: Eumo.

— (2000): «Mil años de matemáticas en Iberia», en A. J. Durán (ed.), *El legado de las matemáticas de Euclides a Newton: los genios a través de sus libros*. Sevilla: Consejería de Cultura (Junta de Andalucía) / Universidad de Sevilla / Real Sociedad Matemática Española, pp. 193-225.

MALKIEL, Yakov (1993): «Análisis genético de la formación de palabras», en S. Varela (ed.), *La formación de palabras*. Madrid: Taurus, pp. 71-117.

MANCHO DUQUE, Mª Jesús (1987): «Estudio de los adjetivos en *-al* / *-ar* en el *Tratado de las apostemas* de Diego el Covo», en *Cahiers de Linguistique Hispanique Médiévale*, nº 12, pp. 27-47.

— (2003): «Aproximación al léxico de la ciencia aplicada en el Renacimiento», en *Asclepio*, vol. LV / nº 2, pp. 27-42.

— (2004a): «La divulgación técnica: características lingüísticas», en M. Silva Suárez (ed.), *Técnica e ingeniería en España. I. El Renacimiento*. Zaragoza: Real Academia de Ingeniería / Institución «Fernando el Católico» / Prensas Universitarias de Zaragoza, pp. 307-340.

— (2004b): «Aproximación léxica al arte de contar en el Renacimiento», en R. M.ª Castañer, J. M.ª Enguita (eds.), *In memoriam Manuel Alvar. Archivo de Filología Aragonesa LIX-LX*, vol. I, pp. 587-601.

— (2004c): «Los prólogos de la literatura científica del Renacimiento: la cuestión de la lengua», en Mª L. Lobato y F. Domínguez (eds.), *Memoria de la palabra: Actas del VI Congreso de la Asociación Internacional Siglo de Oro*, vol. 2. Madrid / Frankfurt: Iberoamericana / Vervuert, pp. 1229-1243.

— (2005a): «La divulgación científica y técnica en castellano en la época de Cervantes», en M. Becedas, C. Flórez y Mª J. Mancho Duque (eds.), *La ciencia y la técnica en la época de Cervantes*. Salamanca: Universidad de Salamanca, pp. 17-49.

— (2005b): «La metáfora corporal en el lenguaje científico- técnico del Renacimiento», en C. Hernández (ed.), *Filología y lingüística. Estudios ofrecidos a Antonio Quilis, vol. I.* Madrid / Valladolid: CSIC / UNED / Universidad de Valladolid, pp. 791-805.

— (2007a): «Aproximación al léxico matemático del Renacimiento», en I. Delgado y A. Puigvert (eds.), *Ex admiratione et amicitia. Homenaje a Ramón Santiago*. Madrid: Ediciones del Orto, pp.723-740.

— (2007b): «Oriente y occidente en el léxico de las matemáticas del Quinientos», en M. Campos, R. Cotelo y J. I. Pérez Pascual (eds.), *Historia del léxico español, Anexos Revista de Lexicografía*, nº 5. A Coruña: Universidade da Coruña, pp. 97-107.

— (2007c): «La apertura de fronteras en el ámbito de las matemáticas en castellano del XVI: aspectos léxicos», en M. Bierbach, B. von Gemmingen e Y. Stork (eds.), *La palabra atada. Contribuciones sobre la evolución de diccionarios y gramáticas del español.* Bonn: Romanistischer Verlag, pp. 123-134.

— (2008): «El arte del cálculo aritmético en el Renacimiento: aproximación léxica», en *Lengua viva. Estudios ofrecidos a César Hernández Alonso*. Valladolid: Ediciones Universidad de Valladolid, pp. 431-444.

— (2009a): «En torno a la proporción (una aproximación al léxico matemático del Renacimiento)», en R. de Maeseneer *et al.* (eds.), *El hispanismo omnipresente. Homenaje a Robert Verdonk*. Bruxelles: UPA, pp. 211-221.

— (2009b): «Contrastes entre el vocabulario de las matemáticas en el siglo XVI en comparación con el actual», en E. M. Eckkrammer (ed.), *La comparación en los lenguajes de especialidad*. Berlin: Frank & Timme, pp. 173-182.

— (2010a): «Testimonios neológicos en el léxico matemático del Renacimiento», en R. Verdonk y Mª J. Mancho (eds.), *Aspectos de la neología en el Siglo de Oro. Lengua general y lenguajes especializados*. Amsterdam / New York: Rodopi, pp. 131-148.

— (2010b): «Sobre la tipología de los números en textos matemáticos del Renacimiento: aspectos neológicos», en A. Medina *et al.* (eds.), *Los diccionarios a través de la historia*. Málaga: Universidad de Málaga, pp. 371-393.

— (2010c): «Usos y funciones de la mano en el ámbito matemático del Renacimiento hispano: aproximación léxica», en J. Martí e Y. Aixelà (coords.), *El cuerpo: objeto y sujeto de las ciencias humanas y sociales*. Barcelona: Consejo Superior de Investigaciones Científicas, pp. 1-19.

— (2010d): «Testimonios de la tradición culta en el léxico matemático del Renacimiento», en M. Iliescu, H. Siller-Runggaldier y P. Danler (eds.), *Actes du XXVᵉ Congrès International de Linguistique et de Philologie Romanes, Tome II*. Berlin / New York: Walter de Gruyter, pp. 779-787.

— (2011): «Las referencias espaciales en el ámbito matemático del Renacimiento: aproximación léxica», en E. Hernández, C. Sinner y G. Wotjak (eds.), *Estudios de tiempo y espacio en la gramática española*. Frankfurt: Peter Lang, pp. 197-213.

— (2012a): «Aproximación a una serie de numerales multiplicativos en textos técnicos renacentistas», en M. Campos *et al.* (eds.), «Assí como es de suso dicho»: *Estudios de morfología y léxico en homenaje a Jesús Pena*. San Millán de la Cogolla: Cilengua, pp. 307-322.

— (2012b): «Aproximación lexicológica a una serie a numérica en textos científico-técnicos del Renacimiento», en A. Nomedeu, E. Forgas y M. Bargalló (eds.), *Avances de Lexicografía hispánica*, vol. II. Tarragona: Universitat Rovira y Virgili, pp. 385-401.

— (2012c): «El *Diccionario de la Ciencia y de la Técnica del Renacimiento* (DICTER): un puente filológico entre las dos orillas del conocimiento», en D. Corbella *et al.* (eds.), *Lexicografía hispánica del siglo XXI: nuevos proyectos y perspectivas. Homenaje al profesor Cristóbal Corrales Zumbado*. Madrid: Arco/Libros, pp. 401-421.

— (2012d): «Reflexiones metodológicas sobre el léxico de la ciencia y de la técnica del Renacimiento hispano», en G. Clavería Nadal *et al.* (eds.), *Historia del léxico: perspectivas de investigación*. Madrid / Frankfurt: Iberoamericana / Vervuert, pp. 169-199.

— (2013): «Aproximación a una serie numeral fraccionaria en textos científico-técnicos del Renacimiento», en E. Casanova y C. Calvo (eds.), *Actas del XXVI Congreso Internacional de Lingüística y de Filología Románicas*, vol. IV, pp. 257-268.

— (2014a): «Las traducciones del portugués en el ámbito científico del Renacimiento: el caso de Pedro Núñez», en Á. Marcos de Dios (ed.), *La lengua portuguesa. Estudios lingüísticos*. Salamanca: Universidad de Salamanca, pp. 87-109.

— (2014b): «Testimonios de variación gráfica en el léxico científico-técnico del Renacimiento a través del DICTER», en M. Bargalló, M. P. Garcés y C. Garriga (eds.), *«Llaneza». Estudios dedicados al profesor Juan Gutiérrez Cuadrado, Anexos de la Revista de Lexicografía*, nº 23. A Coruña: Universidade da Coruña, pp. 469-481.

— (2014c): «Del cero al infinito: una aproximación al léxico matemático a partir de los tratados y diálogos renacentistas", Ch. Strosetzki (ed.), *Palabra y número*. Heidelberg: Winter, pp. 179- 192.

— (2014d): «Aproximación a una serie numeral de base léxica cinco en textos científicos técnicos del Renacimiento», en Mª P. Garcés (ed.), *Lexicografía: nuevas propuestas. Anexos Revista de Lexicogafía*, nº 25. A Coruña: Universidade da Coruña, pp. 151-166.

— (2016): «Las traducciones científico-técnicas integradas en el corpus del *Diccionario de la Ciencia y de la Técnica del Renacimiento* (DICTER): algunas características», en C. Garriga y J. I. Pérez Pascual (eds.), *Lengua de la ciencia e historiografía, Anexos Revista de Lexicografía*, nº 35. A Coruña: Universidade da Coruña, pp. 161-181.

Mancho Duque, Mª Jesús (ed.) y Cristina Blas Nistal (coord.) (2001): *Pórtico a la ciencia y la técnica del Renacimiento*. Salamanca: Universidad de Salamanca.

Mancho Duque, Mª Jesús (dir.) y Mariano Quirós García (coord.) (2005): *La ciencia y la técnica en la época de Cervantes: textos e imágenes*. Salamanca: Universidad de Salamanca.

MANCHO DUQUE, Mª Jesús y Fco. Javier SÁNCHEZ MARTÍN (2009): «Dos traducciones representativas de la literatura científico-técnica del Renacimiento», en *Cuadernos del Instituto Historia de la Lengua*, vol. III, pp. 127-162.

MANCHO DUQUE, Mª Jesús e Itziar MOLINA SANGÜESA (2013): «*Doblar* frente a *multiplicar*: el testimonio de una alternancia designativa en textos matemáticos del Renacimiento», en G. Clavería, C. Garriga, C. Julià, F. Rodríguez y J. Torruella (eds.), *Historia, lengua y ciencia: una red de relaciones*. Frankfurt: Peter Lang, pp. 185-196.

MARACCHIA, Silvio (2008²): *Storia dell'Algebra*. Napoli: Liguori.

MARAVALL, José Antonio (1972): *Estado moderno y mentalidad social*. Madrid: Revista de Occidente.

— (1984): *Estudios de historia del pensamiento español. La época del Renacimiento*. Madrid: Cultura Hispánica.

— (1998): *Antiguos y modernos*. Madrid: Alianza.

MARCOS MARÍN, Francisco (1990): «Lexicología en la formación del sistema de los nombres de número», en *Hispánica Posnaniensia*, nº 1, pp. 105-131.

— (1999): «Los cuantificadores: los numerales», en I. Bosque y V. Demonte (dirs.), *Gramática descriptiva de la lengua española*, vol 1. Madrid: Espasa Calpe, pp. 1189-1208.

MARTÍN CAMACHO, José Carlos (2004): «Los procesos neológicos en el léxico científico. Esbozo de clasificación», en *Anuario de Estudios Filológicos*, vol. XXVII, pp. 157-174.

— (2007): «Notas sobre los trasvases recíprocos entre el léxico común y el científico-técnico», en P. Cano López (coord.), *Actas del VI Congreso de Lingüística General. Las lenguas y su estructura*, vol. 2 / nº 2. Madrid: Arco/Libros, pp. 2611-2620.

MARTÍN CASALDERREY, Francisco (2000): *Cardano y Tartaglia. Las matemáticas en el Renacimiento italiano*. Madrid: Nivola.

MARTÍN GARCÍA, Josefa (2007): «Las palabras prefijadas con *des-*», en *Boletín de la Real Academia Española*, tomo LXXXVII / cuaderno CCXCV. Madrid: Real Academia Española, pp. 5-27.

MARTÍN MUNICIO, Ángel (1992): «La metáfora en el lenguaje científico», en *Boletín de la Real Academia Española*, tomo 72, pp. 221-249.

MARTÍN ZORRAQUINO, Mª Antonia (1997): «Formación de palabras y lenguaje técnico», en *Revista Española de Lingüística*, vol. 2/ nº 27, pp. 317-339.

MARTÍNEZ PÉREZ, Mariano (2000): «De la aritmética medieval al álgebra renacentista», en A. J. Durán (ed.), *El legado de las matemáticas de Euclides a Newton: los genios a través de sus libros*. Sevilla: Consejería de Cultura (Junta de Andalucía) / Universidad de Sevilla / Real Sociedad Matemática Española, pp. 78-109.

MASSA ESTEVE, Mª Rosa (2010): «Àlgebra i Geometría al *Libro de Álgebra en Arithmética y Geometría* (1567) de Pedro Núñez», en *Quaderns d'Història de l'Enginyeria*, vol. XI, pp. 101-129.

— (2012): «Spanish Arte Mayor in the Sixteenth Century», en S. Rommevaux, M. Spiesser y Mª R. Massa (dirs.), *Pluralité de l'Algèbre à la Renaissance*. Paris: Honoré Champion, pp. 103-126.

MEAVILLA SEGUÍ, Vicente (1993): «Una aproximación al *Libro primero de Arithmetica Algebratica* de Marco Aurel», en T. Rojano y L. Puig (eds.), *Memorias del tercer* *simposio internacional sobre investigación en educación matemática. Historia de las ideas algebraicas.*Valencia / México: Departamento de la didáctica de la matemática Universitat de Valencia / PNFAMP-México, pp. 65-95.

— (2001): *Aspectos históricos de las matemáticas elementales*. Zaragoza: Prensas Universitarias de Zaragoza.

Menéndez Pelayo, Marcelino (1953-1954): *La ciencia española*. Tomo III. Madrid: Consejo Superior de Investigaciones Científicas.

Menéndez Pidal, Ramón (1989[20]): *Manual de gramática histórica española*. Madrid: Espasa Calpe.

Millán Gasca, Ana (2007): *Euclides. La fuerza del razonamiento matemático*. Madrid: Nivola.

Molina Sangüesa, Itziar (2012): *De la* cantidad *al* número*: estudio léxico de los paradigmas numerales en el Renacimiento hispano*. Salamanca: Universidad de Salamanca [trabajo de investigación inédito].

— (2013): «De números, monedas y cálculo mercantil en el Quinientos: testimonios de una literatura científica», en C. Mata, A. J. Sáez y A. Zúñiga (eds.), *«Festina lente». Actas del II Congreso Internacional Jóvenes Investigadores Siglo de Oro (JISO 2012)*, vol. 17. Pamplona: Universidad de Navarra / GRISO, pp. 289-301.

— (2014a): «El estudio de las matemáticas en el Renacimiento desde una perspectiva filológica: proyecto de una tesis doctoral», en C. Mata, A. J. Sáez y A. Zúñiga (eds.), *«Sapere aude». Actas del III Congreso Internacional Jóvenes Investigadores Siglo de Oro (JISO 2013)*, vol. 24. Pamplona: Universidad de Navarra / GRISO, pp. 251-264.

— (2014b): «Sobre la variabilidad formal de los nombres de numerales cardinales en el léxico matemático del Renacimiento hispano», en C. Grande, L. Martín y S. Salicio (coords.), *Con una letra joven. Avances en el estudio de la Historiografía e Historia de la Lengua Española*. Salamanca: Universidad de Salamanca, pp. 237-245.

— (2014c): «Cruce entre gramática y matemática: los conceptos de "conjugar" y "conjugación" en el *Libro de Álgebra en Arithmética y Geometría* (1567) de Pedro Núñez Salaciense», en Á. Marcos de Dios (ed.), *La lengua portuguesa. Estudios lingüísticos*. Salamanca: Universidad de Salamanca, pp. 505-517.

— (2014d): «*Binomio* y *binómino*, la confluencia de dos nombres en textos matemáticos renacentistas: algunas consideraciones etimológicas sobre la designación de las expresiones algebraicas», en *Revista de lexicografía*, vol. XX, pp. 107-119.

— (2015a): «Tradición e innovación en el ámbito de la divulgación matemática del Quinientos», en J. Brumme y C. López Ferrero (eds.), *La ciencia como diálogo entre teorías, textos y lenguas*. Berlin: Frank & Timme, pp. 31-48.

— (2015b): «Glosario de aritmética y álgebra en el Renacimiento hispano», en Mª J. Mancho Duque (dir.), *Diccionario de la Ciencia y de la Técnica del Renacimiento* (DICTER). Salamanca: Universidad de Salamanca. En <http://dicter.usal.es> (03-10-2016).

— (2015c): *Las matemáticas en el Renacimiento hispano: estudio léxico y glosario*. Salamanca: Universidad de Salamanca [tesis doctoral inédita].

— (2015d): «En torno a las designaciones de *raíz* y sus notaciones: una muestra de la consolidación del álgebra sincopada en el Renacimiento hispano», en *Verba. Anuario Galego de Filoloxía*, nº 42, pp. 323-347.

— (2015e): «En torno a las incógnitas del álgebra: *cosa, segunda cosa* y *cantidad*. Análisis de una terminología matemática renacentista», en J. A. Pascual y E. Liverani (coords.), *Lexicografía, fraseología y terminología. Cuadernos AISPI*, nº 6, pp. 127-147.

— (2016a): «Una aproximación al didactismo matemático renacentista a través de los diálogos de la *Arithmética práctica y especulativa* (1562) de Juan Pérez de Moya», en C. Garriga y J. I. Pérez Pascual (eds.), *Lengua de la ciencia e historiografía, Anexos Revista de Lexicografía*, nº 35. A Coruña: Universidade da Coruña, pp. 181-193.

— (2016b): «La designación de las potencias de la incógnita: algunas cuestiones sobre el tránsito del álgebra retórica al álgebra sincopada en el Renacimiento hispano», en *Arbor: ciencia, pensamiento y cultura*, vol. 192 / nº 777, pp. 1-25.

— (2016c): «El legado de al-Kwārizmī: análisis de la traducción e introducción de algunos arabismos en el campo del Álgebra hispánica renacentista», en *Quaderns: Revista de Traducció*, nº 23, pp. 79-95.

— (en prensa): «Usos rectos y dislocados entre los paradigmas numerales empleados en textos científico-técnicos renacentistas», en *IANUA. Revista Philologica Romanica.*

Moreno Castillo, Ricardo (2004): *Fibonacci. El primer matemático medieval*. Madrid: Nivola.

Navarro Brotons, Víctor (1994): «El cultivo de las matemáticas en la España del siglo xvii», en S. Gama, D. Flament y V. Navarro (eds.), *Contra los titanes de la rutina*. Madrid: Consejo Superior de Investigaciones Científicas, pp. 135-148.

Navarro Loidi, Juan (2006): «La regla de compañía y la didáctica del reparto proporcional», en *Sigma*, nº 28, pp. 117-130.

Nesselman, G. H. F. (1842): *Versuch einer kritischen Geschichte der Algebra, 1. Teil. Die Algebra der Griechen*. Berlin: G. Reimer.

Oaks, Jeffrey A. (2012): «Algebraic Symbolism in medieval Arabic Algebra», en *Philosophica*, nº 87, pp. 27-83.

Otaola Olano, Concepción (2004): *Lexicología y semántica léxica. Teoría y aplicación a la lengua española*. Madrid: Ediciones Académicas.

Pacioli, Luca (1494): *Summa de arithmetica, geometria, proportioni et proportionalità*. Venezia: Paganino Paganini.

— (1509): *De divina proportione* [(1991): *La divina proporción*. Madrid: Akal. Trad. y ed. Juan Calatrava].

Paradis, Jaume y Antoni Malet (1989): *Los orígenes del álgebra: de los árabes al Renacimiento*. Barcelona: Promociones y Publicaciones Universitarias.

Paradis, Jaume, Joan Miralles y Antoni Malet (1989): *El álgebra en el período renacentista: la recuperación de los clásicos griegos*. Barcelona: Promociones y Publicaciones Universitarias.

Paradis, Jaume (1989): «Algunas transformaciones económicas del Renacimiento», en J. Paradis, J. Miralles y A. Malet (eds.), *El álgebra en el período renacentista: la recuperación de los clásicos griegos*. Barcelona: Promociones y Publicaciones Universitarias, pp. 121-151.

Pardo Tomás, José (2006): *Un lugar para la Ciencia: escenarios de la práctica científica en la sociedad hispana del siglo xvi*. Tenerife: Fundación Canaria Orotava.

PARSHALL, Karen Hunger (1989): «The Art of Algebra from al-Kwārizmi to Viète: A Study in the Natural Selection of Ideas», en *History of Science*, vol. / nº 26, pp. 129-162.

PASCUAL RODRÍGUEZ, José Antonio (1974): *La traducción de la Divina Comedia atribuida a D. Enrique de Aragón. Estudio y edición del Infierno*. Salamanca: Universidad de Salamanca.

— (1995-96): «Derivación y diccionario. A propósito de los adjetivos activos en *-dero* en el DRAE», *Boletín de Filología UCh. Homenaje a Rodolfo Oroz*, vol. XXXV, pp. 349-359.

— (1996): «Del latín a las lenguas romances: la complicada gestación —sobre el papel— del castellano», A. Mª Aldama (ed.), *De Roma al siglo XX*. Madrid / Cáceres: Sociedad de Estudios Latinos, Universidad Nacional de Educación a Distancia / Universidad de Extremadura, pp. 447-471.

— (1997-98): «El enfoque histórico en los procedimientos derivativos del léxico español», en *Voces*, nº 8-9, pp. 249-264.

— (2001-02): «Sobre *heredar*, *heredero*, *herencia* en la documentación latina medieval», en *Voces*, nº 12-13, pp. 115-124.

PASCUAL RODRÍGUEZ, José Antonio y Rafael GARCÍA PÉREZ (2007): *Límites y horizontes en un diccionario histórico*. Salamanca: Diputación de Salamanca.

PENA SEIJAS, Jesús (1991): «La palabra: estructura y procesos morfológicos», en *Verba*, 18, pp. 69-128.

— (1993): «La formación de verbos en español: la sufijación verbal», en S. Varela (ed.), *Formación de palabras*. Madrid: Taurus, pp. 217-281.

— (1995): «Formación de palabras, gramática y diccionario», en *Revista de Lexicografía*, nº 1, pp. 163-181.

— (1999): «Partes de la morfología. Las unidades del análisis morfológico», en I. Bosque y V. Demonte (dirs.), *Gramática descriptiva de la lengua española*. Madrid: Espasa Calpe, tomo III, pp. 4305-4366.

— (2000): «Formación de palabras», en M. Alvar (dir.), *Introducción a la Lingüística española*. Barcelona: Ariel, pp. 235-253.

— (2002): «Morfología derivativa y diccionario», en A. Veiga *et al.* (eds.), *Léxico y gramática*. Lugo: Tris-Tram, pp. 285-298.

— (2003): «La relación derivativa», en *ELUA. Estudios de Lingüística de la Universidad de Alicante*, nº 17, pp. 505-517.

— (2005): «Nombres deverbales con lectura deadjetival», en L. Santos Río *et al.* (eds.), *Palabras, norma, discurso. En memoria de Fernando Lázaro Carreter*. Salamanca: Universidad de Salamanca, pp. 881-896.

— (2008a): «La información morfológica en los diccionarios», en Mª P. Garcés (coord.), *Diccionario Histórico: nuevas perspectivas lingüísticas*. Madrid / Frankfurt: Iberoamericana / Vervuert, pp. 19-41.

— (2008b): «La creación del léxico científico y técnico», en M. Brea, F. Fernández y X. L. Regueira (eds.), *Cada palabra pesaba, cada palabra media. Homenaxe a Antón Santamarina*. Santiago de Compostela: Universidade de Santiago de Compostela, pp. 163-170.

— (2013): «Sobre la formación de palabras y familias léxicas: relaciones entre sincronía y diacronía», en I. Pujol (ed.), *Formación de palabras y diacronía. Anexos Revista de Lexicografía*, nº 19. A Coruña: Universidade da Coruña, pp. 91-108.

PENNY, Ralph (1993): *Gramática histórica del español.* Barcelona: Ariel.

PENSADO, Carmen (1999): «Morfología y Fonología. Fenómenos morfo-fonológicos», en I. Bosque y V. Demonte (dirs.), *Gramática descriptiva de la lengua española*, vol. 3. Madrid: Espasa Calpe, pp. 4423-4504.

PICATOSTE Y RODRÍGUEZ, Felipe (1861): *Principios y ejercicios de aritmética y geometría.* Madrid: Imprenta de Segundo Martínez.

— (1873): *El tecnicismo matemático en el Diccionario de la Academia Española.* Madrid: Imprenta y librería de Eusebio Aguado.

— (1891): *Apuntes para una biblioteca científica española del siglo XVI.* Madrid: Imprenta y Fundación Manuel Tello.

PISA, Leonardo (ms. 1202): *Liber Abaci.*

— (ms. 1220): *Practica Geometriae.*

PORTOLÉS, José (1999): «La interfijación», en I. Bosque y V. Demonte (dirs.), *Gramática descriptiva de la lengua española*, vol. 3. Madrid: Espasa Calpe, pp. 5041-5075.

POTTIER, Bernard (1967): «Galicismos», M. Alvar *et al.* (dirs.), *Enciclopedia lingüística hispánica. Elementos constitutivos, II.* Madrid: Consejo Superior de Investigaciones Científicas, pp. 127-151.

PORTUONDO, María M. (2013): *Ciencia secreta: la cosmografía española y el Nuevo Mundo.* Madrid / Frankfurt: Iberoamericana / Vervuert.

PUERTAS CASTAÑOS, Mª Luisa (trad.) (1991-1996): *Euclides. Elementos. Libros I-XIII.* Madrid: Gredos.

PUIG, Luis (1998): «Componentes de una historia del álgebra. El texto de al-Khwarizmi restaurado», en F. Hitt (ed.), *Investigaciones en Matemática Educativa II.* México D. F.: Iberoamérica, pp. 109-131.

— (2003): «Signos, textos y sistemas matemáticos de signos», E. Filloy (ed.), *Matemática Educativa: aspectos de la investigación actual.* México D. F.: Fondo de Cultura Económica / CINVESTAV, pp. 174-186.

— (2010): «Historias de al-Khwārizmī (4ª entrega). El proyecto algebraico», en *Suma*, nº 65, pp. 87-94.

PUJOL PAYET, Isabel (1997-98): «Derivados numerales con sufijos apreciativos», en *Estudi General. Revista de la Facultat de Lletres de la Universitat de Girona*, nº 17-18, pp. 79-110.

— (2000): *Numerales y morfología léxica: del latín al español actual.* Bellaterra: Universitat Autónoma de Barcelona [tesis doctoral inédita].

— (2002): «Derivados en relación al concepto de cuatro», en A. Veiga y M. Suárez (eds.), *Historiografía lingüística y gramática histórica. Gramática y léxico.* Madrid / Frankfurt: Iberoamericana / Vervuert, pp. 61-74.

RADFORD, Luis (2003): «On the Espistemological Limits of Language: Mathematical Knowledge and Social Practice during the Renaissance», en *Educational Studies in Mathematics*, nº 52, pp. 123-150.

RAINER, Franz (1999): «La derivación adjetiva», en I. Bosque y V. Demonte (dirs.), *Gramática descriptiva de la lengua española*, vol. 3. Madrid: Espasa Calpe, pp. 4594- 4644.

— (2013): «Formación de palabras y analogía: aspectos diacrónicos», en I. Pujol (ed.), *Formación de palabras y diacronía. Anexos Revista de Lexicografía*, nº 19. A Coruña: Universidade da Coruña, pp. 141-172.

Ramírez Martínez, Ángel y Carlos Usón Villalba (2001): «El Renacimiento (II): Matemáticas más allá de las Matemáticas», en *Suma*, nº 39, pp. 115-120.

Ramos González, Fernando (2007): *Catálogo de jetones de Nuremberg y de los Países Bajos en el museo de las Ferias. La Guerra de los Ochenta Años en «imágenes acuñadas»*. Medina del Campo: Fundación Museo de las Ferias / Diputación de Valladolid.

Rankin, F. K. C. (1992): *The arithmetic and algebra of Luca Pacioli (c. 1445-1517)*. London: London University [tesis doctoral inédita].

Rashed, Roshdi (1984): *Entre arithmétique et algèbre. Recherches sur l'histoire des mathématiques arabes*. Paris: Les Belles Lettres.

— (1987): «La périodisation des mathématiques classiques», en *Revue de synthèse*, vol. IV, pp. 349-360.

— (dir.) (1997): *Histoire des sciences arabes*. Paris: Seuil.

— (ed.) (2007): *Al-Khwārizmī. Le commencement de l'algèbre*. Paris: Librairie Scientifique et Technique Albert Blanchard.

Real Academia Española (2009): *Nueva gramática de la lengua española* (NGRALE), 2 vols. Madrid: Espasa Calpe.

— (en línea): *Corpus diacrónico del español* (CORDE). En <http://www.rae.es> (03/10/2015).

Requena Fraile, Ángel (1998): *El álgebra: del arte de la cosa a las estructuras abstractas*. Madrid: Santillana.

Rey Pastor, Julio (1926): *Los matemáticos españoles del siglo xvi*. Madrid: Biblioteca Scientia.

Rey Pastor, Julio y José Babini (2000): *Historia de la matemática 1. De la antigüedad a al baja Edad Media*. Barcelona: Gedisa.

Rico Romero, Luis, Encarnación Castro Martínez y Enrique Castro Martínez (1985): «Sistemas de numeración. El sistema decimal: evolución histórica», en M. Capel (coord.), *Libro-homenaje al profesor Dr. Manuel Vallecillo Ávila*. Granada: Universidad de Granada, pp. 3-32.

Rodríguez Vidal, Rafael (1987): «Prólogo y notas», en *Diálogos de Aritmética práctica y especulativa (1562), Bachiller Juan Pérez de Moya*. Zaragoza: Prensas Universitarias de Zaragoza, pp. 5-25

Romano, Antonella (1999): *La contre-réforme mathématique. Constitution et diffusion d'une culture mathématique jésuite à la Renaissance*. Paris: École française de Rome.

— (2007): «El estatuto de las matemáticas hacia 1600», *Actas del seminario Orotava: los orígenes de la ciencia moderna*. Las Palmas de Gran Canaria: Consejería de Educación, Cultura y Deportes del Gobierno de Canarias, pp. 277-308.

Romero Vallhonesta, Fàtima (2007): *Una aproximació al pensament algebraic a l'Espanya del segle xvi: estudi del manuscrit 2294 de la biblioteca de la Universitat de Salamanca, Treball de recerca d'història de les ciències*. Barcelona: Universitat Autònoma de Barcelona [trabajo de investigación inédito].

— (2011): «The "Rule of Quantity" in Spanish Algebras of the 16th Century. Possible Sources», en *Actes d'Història de la Ciència i de la Tècnica, Nova Època*, vol. 4, pp. 93-116.

— (2012): «Algebraic Symbolism in the First Algebraic Works in the Iberian Peninsula», en *Philosophica*, nº 87, pp. 117-152.

ROMMEVAUX, Sabine, Maryvonne SPIESSER y Mª Rosa MASSA ESTEVE (2012): *Pluralité de l'Algèbre à la Renaissance*. Paris: Honoré Champion.

ROSE, Paul Lawrence (1975): *The Italian Renaissance of Mathematics: Studies on Humanists and Mathematicians from Petrarch to Galileo*. Genève: Droz.

ROSEN, Frederic (1831): *The Algebra of Mohammed Ben Musa*. London: Oriental Translation Fund.

RUDOLFF, Christoph (1525): *Behend und Hübsch Rechnung Durch die Kunstreichen Regeln Algebra, so Gemeincklich die Coss Genennt Werden*. Staβburg: s. n.

RUIZ HIGUERAS, Luisa y Fco. Javier GARCÍA GARCÍA (2009): «*Arithmética práctica y speculativa* de J. Pérez de Moya (1513-1596). Análisis epistemológico y didáctico», en *ILUIL*, vol. 32, pp. 103-133.

RUSO, Filippo (1959): «La constitution de l'algèbre au XVIe siècle. Étude de la structure d'une évolution», en *Revue d'histoire des sciences et leurs applications*, vol. 12 / nº 3, pp. 193-208.

SALAVERT FABIANI, Vicent L. (1990a): «Introducción a la historia de la aritmética práctica en la Corona de Aragón del siglo XVI», en *Dynamis. Acta Hispanica ad Medicinae Scientiarumque Historiam Illustrandam*, nº 10, pp. 63-91.

— (1990b): «Aritmética y capitalismo», en *Historia*, nº 16, pp. 56-64.

— (1994): «Aritmética y sociedad en la España del siglo XVI», en S. Gama, D. Flament y V. Navarro (eds.), *Contra los titanes de la rutina*. Madrid: Consejo Superior de Investigaciones Científicas, pp. 51-70.

— (1997): «Aspectos de la comunicación científico-técnica entre la Corona de Aragón e Italia en el Renacimiento», en E. Serrano y E. Sarasa (coords.), *La Corona de Aragón y el Mediterráneo: siglos XVI-XVII*. Zaragoza: Institución «Fernando el Católico», pp. 103-126.

SAN JULIÁN SOLANA, Javier (2013): *Los numerales sustantivos en español*. Oviedo: Universidad de Oviedo.

SÁNCHEZ GONZÁLEZ DE HERRERO, Mª Nieves (1993-1994): «El contacto de dos lenguas: los arabismos en el español medieval y en la obra alfonsí», en *Cahiers de linguistique hispanique médiévale*, nº 18-19, pp. 335-365.

SÁNCHEZ MANZANO, Mª Ángeles (trad. y ed.) (2002): *Boecio: Institutio arithmética*. León: Universidad de León.

SÁNCHEZ MARTÍN, Francisco Javier (2009): *Estudio del léxico de la geometría aplicada a la técnica en el Renacimiento hispano*. Salamanca: Universidad de Salamanca.

SÁNCHEZ PÉREZ, José Augusto (1946): *La aritmética en Grecia*. Madrid: Consejo Superior de Investigaciones Científicas.

— (1949): *La aritmética en Roma, en India y en Arabia*. Madrid: Consejo Superior de Investigaciones Científicas.

SANTIAGO LACUESTA, Ramón y Eugenio BUSTOS GISBERT (1999): «La derivación nominal», en I. Bosque y V. Demonte (dirs.), *Gramática descriptiva de la lengua española*, vol. 3. Madrid: Espasa Calpe, pp. 4505-4594.

SANTOS DOMÍNGUEZ, Luis Antonio y Rosa Mª ESPINOSA ELORZA (1996): *Manual de semántica histórica*. Madrid: Síntesis.

SANTOYO, Julio César (2009): *La traducción medieval en la Península Ibérica, siglos III-XV*. León: Universidad de León.

SCHNEIDER, Ivo (1988): «The Market Place and Games of Chance in the Fifteenth and Sixteenth Centuries», en C. Hay (ed.), *Mathematics from Manuscript to Print 1300-1600*. Oxford: Clarendon Press, pp. 220-235.

SECO, Manuel (2003²): *Estudios de lexicografía española*. Madrid: Gredos.

SEGURA MUNGUÍA, Santiago (2010): *Libro de los números: los números en la formación del léxico*. Bilbao: Universidad de Deusto.

SEISANO, Jacques (1984): «Une arithmétique médiévale en langue provençale», en *Centaurus*, nº 27, pp. 26-75.

SERFATI, Michel (2010): «Symbolic revolution, scientific revolution: mathematical and philosophical aspects», en A. Heeffer y M. Van Dyck (eds.), *Philosophical Aspects of Symbolic Reasoning in Early Modern Mathematics. Studies in Logic*, nº 26. London: College Publications, pp. 103-124.

SERRANO-DOLADER, David (1999): «La derivación verbal y la parasíntesis», en I. Bosque y V. Demonte (dirs.), *Gramática descriptiva de la lengua española*, vol. 3. Madrid: Espasa Calpe, pp. 4683-4756.

SIGLER, Laurence E. (2002): *Fibonacci's Liber Abaci, a Translation into Modern English of Leonardo Pisano book of calculation*. New York: Springer / Verlag.

SILVA SUÁREZ, Manuel (ed.) (2004): *Técnica e ingeniería en España. I. El Renacimiento*. Zaragoza: Real Academia de Ingeniería / Institución «Fernando el Católico»: Prensas Universitarias de Zaragoza.

SPIESSER, Maryvonne (2012): «Pedro Nunes: points de vue sur l'algèbre», en S. Rommevaux, M. Spiesser y Mª R. Massa (dirs.), *Pluralité de l'algèbre à la Renaissance*. Paris: Honoré Champion, pp. 269-291.

STEDALL, Jacqueline (2012): «Narratives of algebra in early printed european texts», en S. Rommevaux, M. Spiesser y Mª R. Massa (dirs.), *Pluralité de l'algèbre à la Renaissance*. Paris: Honoré Champion, pp. 217-235.

STEIGER, Arnald (1967): «Arabismos», en M. Alvar *et al.* (dirs.), *Enciclopedia lingüística hispánica. Elementos constitutivos, II*. Madrid: Consejo Superior de Investigaciones Científicas, pp. 93-126.

SVOROU, Soteria (1994): *The Grammar of Space*. Amsterdam / Philadelphia: John Benjamins.

SWETZ, Frank J. (1987): *Capitalism and Arithmetic: The New Math of the 15th Century*. La Salle: Open Court.

TERLINGEN, Juan (1967): «Italianismos», en M. Alvar *et al.* (dirs.), *Enciclopedia lingüística hispánica. Elementos constitutivos, II*. Madrid: Consejo Superior de Investigaciones Científicas, pp. 263-305.

Trujillo Carreño, Ramón (1974): «El lenguaje de la técnica», en C. Castro *et al.* (eds.), *Doce Ensayos sobre el lenguaje*. Madrid: Fundación Juan March, pp. 197-211.

Ullmann, Stephen (1991): *Semántica. Introducción a la ciencia del significado*. Madrid: Taurus. Trad. de Juan Martín.

Val Álvaro, José Francisco (1999): «La composición», en I. Bosque y V. Demonte (dirs.), *Gramática descriptiva de la lengua española*, vol. 3. Madrid: Espasa Calpe, pp. 4757-4842.

Valladares Reguero, Aurelio (1997): «El Bachiller Juan Pérez de Moya: Apuntes bio-bibliográficos», en *Boletín del Instituto de Estudios Giennenses*, nº 165, pp. 371-412.

Van Egmond, Warren (1980): *Practical Mathematics in the Italian Renaissance: A Catalog of Italian Abbacus Manuscripts and Printed Books to 1600*. Firenze: Instituto e Museo di Storia della Scienza.

Varela Ortega, Soledad (1990): *Fundamentos de morfología*. Madrid: Síntesis.

— (ed.) (1993): *La formación de palabras*. Madrid: Taurus.

— (2005a): *Morfología léxica: la formación de palabras*. Madrid: Gredos.

— (2005b): «Lexicalización y cambio categorial», en L. Santos Río *et al.* (eds.), *Palabras, Norma, Discurso en memoria de Fernando Lázaro Carreter*. Salamanca: Universidad de Salamanca, pp. 1133-1145.

Varela Ortega, Soledad y Josefa Martín García (1999): «La prefijación», en I. Bosque y V. Demonte (dirs.), *Gramática descriptiva de la lengua española*, vol. 3. Madrid: Espasa Calpe, pp. 4993-5040.

Ventura Sousa, Manuel (1985): *Vida e Obra de Pedro Nunes*. Lisboa: Instituto de Cultura e Língua Portuguesa.

Vera, Francisco (1991) [José Cobos (ed.)]: *La matemática en el Occidente latino medieval*. Badajoz: Diputación de Badajoz.

Verdonk, Robert (2004): «Cambios en el léxico del español durante la época de los Austrias», R. Cano (coord.), *Historia de la lengua española*. Barcelona: Ariel, pp. 895-916.

Verdonk, Robert y Mª Jesús Mancho Duque (eds.) (2010): *Aspectos de la neología en el Siglo de Oro. Lengua general y lenguajes especializados*. Amsterdam / New York: Rodopi.

Vernet, Juan (1978): *La cultura hispanoárabe en Oriente y Occidente*. Barcelona: Ariel.

— (1986): «La matemática árabe», en *Historia de la Matemática hasta el siglo xvii*. Madrid: Real Academia de Ciencias Exactas, Físicas y Naturales, pp. 139-146.

— (1998): *Historia de la ciencia española*. Barcelona: Alta Fulla.

— (2006²): *Lo que Europa debe al Islam de España*. Barcelona: Acantilado.

Vicente Maroto, Mª Isabel y Mariano Esteban Piñeiro (1991): *Aspectos de la ciencia aplicada en la España del Siglo de Oro*. Salamanca: Junta de Castilla y León.

Vitrac, Bernard (2005): «Peut-on parler d'algèbre dans les mathématiques grecques anciennes?», en *Mirror of Heritage (Ayene-ne Miras)*, nº 3, pp. 1-44.

Willerding, Margaret F. (1979⁴): *Conceptos matemáticos: un enfoque histórico*. México D. F.: Continental.

Wolf, Lothar (1982): «Signo lingüístico y estructuras semánticas», en G. Haensch *et al.*, *La lexicografía. De la lingüística teórica a la lexicografía práctica*. Madrid: Gredos, pp. 329-359.

WOTJAK, Gerd y Juan CUARTERO OTAL (eds.) (2005): *Entre semántica léxica, teoría del léxico y sintaxis*. Frankfurt: Peter Lang.

YOUSCHKEVITCH, Adolph P. (1976): *Les mathématiques arabes (VIIIe-XVe siècles)*. Paris: Vrin. Trad. de M. Cazenaze y K. Jaouiche.

ÍNDICE DE SIGLAS Y ABREVIATURAS DE DICCIONARIOS

Aut. = Real Academia Española: *Diccionario de Autoridades*
Cov. = Sebastián de Covarrubias: *Tesoro de la lengua castellana o española*
DBE = VV. AA.: *Diccionario biográfico español*
DECH = Joan Corominas y José Antonio Pascual: *Diccionario crítico etimológico castellano e hispánico*
DELI = Manlio Cortelazzo y Paolo Zoli: *Dizionario Etimologico della Lingua Italiana*
Dicc. Hist. = Real Academia Española: *Diccionario histórico de la lengua española*
DICTER = Mª Jesús Mancho (dir.): *Diccionario de la Ciencia y de la Técnica del Renacimiento*
DLE = Real Academia Española: *Diccionario de la lengua española*
DLP = *Diccionário da Língua Portuguesa*
DSAL = Juan Gutiérrez (dir.): *Diccionario Salamanca*
Nebr. = Nebrija: *Vocabulario español-latino*
NTLLE = Real Academia Española: *Nuevo tesoro lexicográfico de la lengua española*
OLD = Peter G. W. Glare (dir.): *Oxford Latin Dictionary*
Terr. = Esteban de Terreros y Pando: *Diccionario castellano con las voces de las ciencias y las artes*
TLF = Paul Ibms (dir.): *Trésor de la langue française*
TLIO = Pietro Beltrami (dir.): *Tesoro della lingua italiana delle origini*
TLL = *Tesaurus Lingua Latinae*
VME = Felipe Picatoste y Rodríguez: *Vocabulario matemático-etimológico*

ÍNDICE ONOMÁSTICO